A SOLUÇÃO DO INOVADOR

A SOLUÇÃO DO INOVADOR

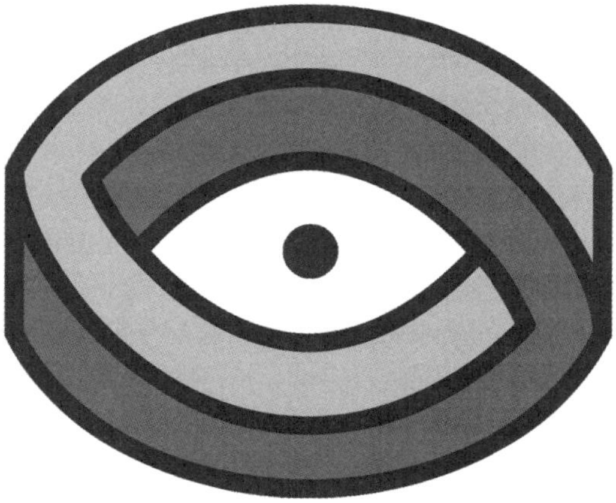

Criando e Mantendo um Crescimento Bem-sucedido

PREFÁCIO DE **SCOTT D. ANTHONY** PROFESSOR NA DARTMOUTH COLLEGE E CONSULTOR SÊNIOR DA INNOSIGHT

CLAYTON M. CHRISTENSEN
MICHAEL E. RAYNOR

ALTA BOOKS
GRUPO EDITORIAL
Rio de Janeiro, 2025

A Solução do Inovador

ISBN: 978-85-508-2532-8

Alta Books é uma Editora do Grupo Editorial Alta Books.

Translated from original The Innovator's Solution © 2024 by Clayton M. Christensen, Michael E. Raynor. ISBN 978-1-64782-678-9. This translation is published and sold by Harvard Business Review Press, the owner of all rights to publish and sell the same. PORTUGUESE language edition published by Starlin Alta Editora e Consultoria Eireli, Copyright © 2025 by STARLIN ALTA EDITORA E CONSULTORIA LTDA.

Impresso no Brasil — 1ª Edição, 2025 — Edição revisada conforme o Acordo Ortográfico da Língua Portuguesa de 2009.

Dados Internacionais de Catalogação na Publicação (CIP)
(Câmara Brasileira do Livro, SP, Brasil)

Christensen, Clayton M.
A solução do inovador : criando e mantendo um crescimento bem-sucedido / Clayton M. Christensen, Michael E. Raynor ; tradução Eveline Machado. -- 1. ed. -- Rio de Janeiro : Alta Books, 2025.

Título original: The innovator's solution, with a new foreword.
ISBN 978-85-508-2532-8

1. Administração de empresa 2. Clientes - Relacionamento 3. Empreendedorismo 4. Inovações disruptivas 5. Marketing 6. Tecnologia I. Raynor, Michael E. II. Título.

24-217736 CDD-658.4063

Índices para catálogo sistemático:

1. Inovação : Administração de empresas 658.4063

Aline Graziele Benitez - Bibliotecária - CRB-1/3129

Grupo Editorial Alta Books

Produção Editorial: Grupo Editorial Alta Books
Diretor Editorial: Anderson Vieira
Editor da Obra: José Ruggeri
Vendas Governamentais: Cristiane Mutüs
Gerência Comercial: Claudio Lima

Produtor Editorial: Thiê Alves
Tradução: Eveline Machado
Copidesque: Alessandro Thomé
Revisão: Maria Rodrigues
Diagramação: Natalia Curupana

ALTA BOOKS
GRUPO EDITORIAL

Rua Viúva Cláudio, 291 — Bairro Industrial do Jacaré
CEP: 20.970-031 — Rio de Janeiro (RJ)
Tels.: (21) 3278-8069 / 3278-8419
www.altabooks.com.br — altabooks@altabooks.com.br
Ouvidoria: ouvidoria@altabooks.com.br

Editora **afiliada à:**
ASSOCIADO

SUMÁRIO

AGRADECIMENTOS

Passei grande parte da última década intrigado com duas perguntas. A primeira: é fácil explicar por que as empresas mal gerenciadas fracassam; mas muitas das empresas mais bem-sucedidas e mais bem administradas da história também perderam suas posições de liderança. Por que é tão difícil manter o sucesso? *O Dilema da Inovação* resumiu o que aprendi sobre esse quebra-cabeça. Não são apenas os erros de gestão que levam ao fracasso. Certas práticas essenciais para o sucesso de uma empresa — como atender às necessidades de seus melhores clientes e focar os investimentos onde a rentabilidade é mais atraente — também podem levar a isso.

A segunda pergunta gira em torno da oportunidade no dilema: se eu quisesse começar uma empresa que pudesse se tornar significativa e bem-sucedida, finalmente derrubando as empresas que agora lideram o setor, como eu poderia fazê-lo? Se de fato houver razões previsíveis pelas quais as empresas tropeçam, podemos ajudar os gerentes a evitar essas causas de fracasso e a tomar decisões que previsivelmente levem ao crescimento bem-sucedido. Esta é *A Solução do Inovador*.

O desafio dessa pesquisa rapidamente superou minhas habilidades, e confiei em algumas pessoas extraordinárias para me ajudar a concluí-la. Michael Raynor, que me ensinou desde o dia em que chegou como estudante de doutorado em Harvard, tem sido um colega excepcional. Descrever a compreensão integrada de Michael em artes, letras, discurso filosófico e história como "incisiva" subestimaria seu intelecto. Confiante de que eu poderia expor e corrigir as lacunas em minha evidência e lógica, examinando minhas ideias gerais pelas lentes das disciplinas acadêmicas variadas que a mente de Michael dominava, pedi-lhe para se juntar a mim como coautor. Michael equilibrou este trabalho com seus deveres como marido, pai e diretor de pesquisa da Deloitte Consulting, viajando entre Toronto e

Boston. Aprecio profundamente seu altruísmo, sua humildade e persistência ao moldar corretamente essas ideias. Ele se tornou um grande amigo.

Scott Anthony, Mark Johnson e Matt Eyring abandonaram ou adiaram carreiras muito mais lucrativas para se juntar a mim neste esforço. Como meu principal pesquisador assistente, Scott gerenciou nossa equipe de pesquisadores, escreveu estudos de caso cruciais, ajudou-me a ensinar e explicar conceitos complexos, revisou e aprimorou cada rascunho deste livro. Mark e Matt, por meio de nossa empresa, a Innosight, traduziram esses conceitos em ferramentas e processos práticos para ajudar os gerentes a montar negócios que serão significativos e exitosos — e, ao fazê-lo, me ensinaram como nossas descobertas podem interagir com a realidade gerencial. Minha gerente de escritório, Christine Gaze, e os parceiros de pesquisa, Sally Aaron, Mick Bass, Will Clark, Jeremy Dann, Tara Donovan, Taddy Hall, John Kenagy, Michael e Amy Overdorf, Nate Redmond, Erik Roth e David Sundahl, me ajudaram a ficar atento ao enorme volume de ideias interessantes, às oportunidades de pesquisa e investigação e aos pedidos de assistência que entram e saem de meu escritório. Eles nos auxiliaram meticulosamente a obter os dados, a lógica e a linguagem certas para todos os fins.

Tenho uma grande dívida com a Harvard Business School e meus colegas de lá. A pesquisa criteriosa dos professores Clark Gilbert e Steve Spear foi excepcionalmente valiosa. Outros professores, incluindo Kent Bowen, Joseph Bower, Hank Chesbrough, Kim Clark, Tom Eisenmann, Lee Fleming, Frances Frei, Alan MacCormack, Gary Pisano, Richard Rosenbloom, Bill Sahlman, Don Sull, Richard Tedlow, Stefan Thomke, Michael Tushman e Steve Wheelwright, também moldaram o que viemos a entender — como também os professores Rebecca Henderson, Paul Carlile, James Utterback e Eric von Hippel, do MIT; Robert Burgelman, de Stanford; e Stuart Hart, da UNC. O benefício extraordinário do método de ensino do caso de Harvard é o de que os professores podem levar as questões que não compreendem para a sala de aula, fazer perguntas aos alunos no contexto de um caso e, depois, ouvir e aprender com algumas das pessoas mais brilhantes do mundo. Portanto, expresso meu amor e minha gratidão aos meus alunos por se prepararem tanto todos os dias para, de muitas maneiras, ensinar uns aos outros e a seu professor. É um sistema de aprendizagem sem paralelos.

Também me conselhei com alguns dos pensadores e executivos de negócios mais capazes do mundo. Matt Verlinden e Steve King, da Integral; Geoffrey Moore, do Chasm Group; Tony Ulwick, da Strategyn; Crawford del Prete, da IDC; Andy Grove, da Intel; Ken Dobler, da Johnson & Johnson; Dan Carp e Willy Shih, da Kodak; Dennis Hunter, da Applied Materials; Michael Putz, da Cisco; Chris Rowen, da Tensilica; Bill George, da Medtronic; Meir Weinstein, da EMC; Michael Packer e Kelly Martin, da Merrill Lynch; Mark Ross, da Cypress Semiconductor; e Ron Dollens, Ginger Graham e Rod Nash, da Guidant, me ensinaram tudo.

Tenho uma grande dívida com minha família. Meus filhos, Matthew, Ann, Michael, Spencer e Katie, discutiram, usaram e melhoraram minha compreensão por meio de seu próprio trabalho e de sua escolaridade. Minha esposa, Christine, é a pessoa mais inteligente que conheço. Seus padrões de clareza e integridade são inquestionáveis, sua linguagem e intelecto estão impressos em *cada* conceito deste livro — o que é notável, dado que muitos de seus conselhos vieram no final de longos dias repletos das pressões da maternidade e de seu serviço altruísta com os outros. Ela traz amor e luz para mim e para todos que encontra, todos os dias.

Para alguns, a academia pode ser uma iniciativa de atividades solitárias. Em comparação, sou abençoado com o trabalho dentro de uma comunidade de homens e mulheres altruístas, humildes, inteligentes e intelectualmente corajosos que, como grupo, fizeram o progresso substancial que está resumido neste livro. Sou grato por ter sido capaz de desempenhar meu papel nesse esforço.

— Clayton M. Christensen
Boston, Massachusetts

Tal como Clayton, agradeço a muitas pessoas que compartilharam conosco suas experiências e seus talentos. Sem sua vontade de fazer parte de nossos processos de aprendizagem, este livro e nossas respectivas carreiras não seriam possíveis.

A liberdade que tenho desfrutado dentro da Deloitte Research é, tanto quanto sei, incomparável no setor de consultoria. A empresa foi além de simplesmente tolerar meus compromissos idiossincráticos, dos quais este livro é certamente único, para incentivá-los ativamente, tornando possível a exploração de uma forma diferente de criar e compartilhar conhecimento. Sou especialmente grato a Ann Baxter, chefe da Deloitte Research, e Larry Scott, líder global de estratégia e operações da Deloitte Consulting, por tornarem possível o pontapé inicial, e a inúmeros outros na Deloitte Consulting e na Deloitte & Touche pelo entusiasmo e pelo apoio que mantiveram e com que aceleraram esse impulso.

Estas poucas frases são uma oportunidade que terei de reconhecer para a posteridade a minha dívida intelectual com Clayton. Meu primeiro contato com o trabalho de Clayton foi em meu doutorado na Harvard Business School. Em seus escritos, encontrei uma rara combinação de elegância teórica, rigor intelectual, análise criativa de dados e relevância gerencial. Quando li o livro *O Dilema da Inovação*, eu, como tantos outros, senti que minha visão se abriu e que tudo o que eu havia visto antes apenas vagamente, se é que vi, foi de repente trazido à luz. O trabalho de Clayton tornou-se, para mim, um padrão ao qual continuo a aspirar, e por isso é realmente um privilégio ter tido a oportunidade de contribuir e fazer parte do desenvolvimento e da elaboração contínuos dessas ideias. Durante meus estudos de doutorado, tive a sorte de tê-lo como professor. No decorrer de nosso trabalho conjunto neste livro, ele se tornou mentor, colega e amigo.

Guardo para o fim a pessoa a quem mais devo: minha esposa, Annabel. Seu amor e apoio têm sido incondicionais ao longo dos anos de estudos de doutorado, com as ausências inevitáveis que acompanham uma carreira em consultoria, minha preocupação com este e outros projetos (mas principalmente este!) e os vários outros desafios resultantes do caminho um pouco estranho que escolhi. Sem ela, eu não poderia seguir meus sonhos. Sem ela, e sem nossa filha, Charlotte, eu não teria qualquer valor a seguir.

— Michael E. Raynor
Mississauga, Ontário

NOTA DA EDITORA

Originalmente publicado em 2003, *A Solução do Inovador* é um clássico dos negócios. Nesta releitura do livro de referência do falecido Clayton M. Christensen e do coautor Michael E. Raynor, nós, os editores, escolhemos não mexer no texto original e mantê-lo como foi escrito e editado há mais de vinte anos. Muito mudou nas décadas seguintes, e os leitores podem encontrar alguns exemplos, referências e linguagem datados. Mas optamos por reeditar o livro como ele foi originalmente escrito no espírito de enfatizar a atemporalidade dos *insights* e das lições para gerar um crescimento bem-sucedido e sustentável em uma era de disrupção — mais relevante agora do que nunca.

PREFÁCIO

Era o outono de 2000. Eu tinha 25 anos, começando meu segundo ano como estudante na Harvard Business School. A bolha pontocom havia estourado e falava-se sobre recessão. Eu não sabia o que queria fazer depois da formatura. Voltar para a empresa de consultoria em que eu havia trabalhado antes? Entrar para a empresa de software onde fiz meu estágio no verão? Entrar para uma grande empresa? Começar algo sozinho?

Então, a vida aconteceu.

Fiz inscrição para um novo curso. O professor, alguns anos antes, havia escrito um livro que ganhou alguma notoriedade. O curso dava uma perspectiva do gerente-geral sobre inovação e crescimento.

A primeira sessão foi memorável. Embora o livro do professor fosse muito popular nos círculos tecnológicos, decididamente ele era "*old school*". Tinha slides — não PowerPoint, mas acetatos em um projetor — descrevendo as teorias que seriam a base da aula.

Alguns de meus colegas arrastaram seus assentos. Eu me inclinei para a frente.

Algo nas ideias, algo no modo como foram passadas, chamou minha atenção, me cativou. Outras aulas ensinavam estruturas ou ferramentas. Essa ensinava a *pensar*.

No meio da aula, o professor avisou que tinha fundos suficientes para contratar dois pesquisadores. A compensação reduziria a média de material da classe, disse o professor, mas o trabalho seria interessante.

Por que não?, decidi.

O professor, claro, era Clayton Christensen. E essa decisão mudou a minha vida.

Trabalhei diretamente com Clay de 2001 a 2003, chefiando uma pequena equipe de pesquisadores. Ajudei com a pesquisa e a redação deste livro. Em paralelo, fui coautor do *Seeing What's Next* com Clay e Erik Roth. Durante esse tempo, aprendi duas grandes lições: uma sobre como desenvolver uma ideia, outra sobre como viver a vida.

O Capítulo 3 deste livro introduz a ideia do "trabalho a ser feito". Ao trabalhar no livro, Clay disse que achava que o conceito seria a contribuição mais duradoura nele. Ele estava certo.

A ideia de que as pessoas não compram produtos e serviços, mas que elas os contratam para resolver os trabalhos que aparecem na vida, surgiu enquanto o livro estava em desenvolvimento. Voltei e olhei as notas de meu curso de 2000 com Clay (sim, ainda as tenho… isso diz muito sobre mim!). A frase "trabalho a ser feito" não aparece.

Quando ouvi pela primeira vez Clay falar sobre o conceito, ele não contou a famosa história do milkshake que está no livro. Pelo contrário, ele contou o que eu considerava ser uma história bem bizarra sobre margarina.[1] Como Clay refinou a ideia? Prática cuidadosa e deliberada. Estávamos em uma reunião e alguém fazia uma pergunta. E Clay dizia: "Excelente pergunta, deixe-me contar uma história."

A história mudou de margarina para milkshakes. E Clay continuou praticando. A história mudava, às vezes sutilmente, toda vez que ele a contava. Floreios verbais. Conexões conceituais. Sua interpretação poética se juntou talvez na quinquagésima vez que ouvi uma versão dessa história. Quando vi Clay pela última vez, em 2018, ouvi a história do milkshake outra vez. Talvez já fosse a milésima vez que ele a contava. Não importava. Ele contou com a mesma paixão e entusiasmo.

Enquanto assistia, eu me perguntava se ele nunca havia se cansado daquela história. Suspeito que não. Vai saber. Talvez tenha sido a primeira vez que alguém ouviu a história. Ou foi o momento em que alguém fez uma nova conexão.

Clay me ensinou muito sobre como moldar uma ideia. Aprendi sobre a importância da prática incansável, melhoria contínua, compromisso com a excelência e dedicação ao ensino.

Clay também me ensinou, e a inúmeras outras pessoas, os princípios para viver uma vida plena. Devo ter visto uma das primeiras apresentações principais do que acabou se tornando o livro *Como Avaliar Sua Vida?* (Alta Books, 2012). Foi nossa última aula em 2000, e Clay disse: "Farei algumas reflexões sobre como usar fora da aula aquilo que temos falado em aula." Sua esposa, Christine, estava no quarto, assim como uma de suas filhas.

Foi incrível. A conexão entre a teoria dos negócios e a vida forneceu *insights* inesperados. Veja o conceito de estratégia emergente, detalhado no Capítulo 8 deste livro. Embora você possa ter uma estratégia *pretendida* na vida, a estratégia *real* que você segue depende das decisões incrementais tomadas no dia a dia à medida que os desafios e as oportunidades surgem. Sem controle, sua própria estratégia emergente pessoal normalmente prioriza as decisões de curto prazo. Com muita frequência, isso deixa você infeliz em seu trabalho e insatisfeito com seus relacionamentos pessoais. Clay ensinou a importância da intencionalidade, fundamentada em um propósito orientador, bem antes de o propósito ser um tópico da moda.

Clay era um gigante intelectual, sem dúvidas. Mas seu presente para o mundo foi mais do que modelos, estruturas, estudos de caso, histórias e livros. Seu maior presente foi um modelo de como ter uma vida humilde e intelectualmente curiosa. Tudo isso está fundamentado nas ideias seminais compartilhadas neste livro.

Clay acreditava que as ideias importam. Ele acreditava que elas poderiam, de fato, mudar o mundo. Em sua essência, a inovação é uma atividade otimista. Baseia-se na crença de que amanhã pode ser melhor do que hoje. Que amanhã *deve* ser melhor do que hoje. Que a ambiguidade do hoje cria as oportunidades do amanhã.

Este livro se baseia na convicção de Clay de que os gerentes que entendem a disrupção e olham para a frente usando a teoria, em vez de para trás usando dados, podem navegar uma mudança disruptiva e tomar posse do futuro. Para entender as raízes dessa convicção, não leia apenas o texto. Leia — não, estude — as notas de rodapé. Reflita sobre o que leu. Isso o permitirá a ver o que era invisível, o que o ajudará a fazer o que seria impossível.

Em algum lugar, Clay estará sorrindo. E contando a alguém uma história sobre milkshakes. Com brilho nos olhos.

— Scott D. Anthony, professor
na Tuck School of Business,
Dartmouth College, e consultor sênior da Innosight

NOTAS

1. A história é detalhada em Clayton M. Christensen e David Sundahl, "Getting the Innovation Job Done: Matching the Right New Product with the Right Market", documento de trabalho na Harvard Business School 02-025, 2001.

CAPÍTULO UM

CRESCIMENTO OBRIGATÓRIO

Os mercados financeiros pressionam incansavelmente os executivos a crescer e continuar crescendo cada vez mais rápido. É possível ter sucesso com esse mandato? As inovações que podem atender às demandas de crescimento dos investidores não exigem que se assumam riscos inaceitáveis para esses mesmos investidores? Existe uma saída para tal dilema?

Este é um livro sobre como gerar um novo crescimento nos negócios. O crescimento é importante porque as empresas criam valor para os acionistas com um crescimento rentável. No entanto, há fortes evidências de que, uma vez que o negócio principal de uma empresa amadureceu, a busca de novas plataformas para o crescimento implica um risco assustador. Cerca de uma empresa em cada dez é capaz de sustentar o tipo de crescimento que se traduz em um aumento acima da média nos retornos dos acionistas ao longo de alguns anos.[1] Muitas vezes, a própria tentativa de crescer faz com que toda a corporação caia. Consequentemente, a maioria dos executivos fica em um beco sem saída: os mercados de ações exigem que eles cresçam, mas é difícil saber *como* crescer. Buscar crescimento da maneira errada pode ser pior do que nenhum crescimento.

Considere a AT&T. Na sequência da alienação de seus serviços de telefonia local em 1984, a AT&T tornou-se principalmente um provedor de serviços de telecomunicações de longa distância. O acordo de dissolução liberou a empresa para investir em novos negócios, de modo que a administração quase imediatamente começou a buscar caminhos para o crescimento e o valor do acionista que este gera.

A primeira dessas tentativas surgiu de uma visão amplamente compartilhada de que os sistemas de computadores e as redes telefônicas convergiriam. A AT&T primeiro tentou construir sua própria divisão de computadores para se posicionar nessa interseção, mas só conseguiu perdas anuais de US$200 milhões. Em vez de se retirar do negócio que se mostrou inatacável de fora, em 1991, a empresa decidiu apostar ainda mais, adquirindo a NCR, na época a quinta maior fabricante de computadores do mundo, por US$7,4 bilhões. Foi apenas o começo: a AT&T perdeu mais US$2 bilhões tentando fazer a aquisição funcionar. Por fim, ela abandonou essa visão de crescimento em 1996, vendendo a NCR por US$3,4 bilhões, cerca de um terço do que havia investido na oportunidade.

Mas a empresa *tinha* de crescer. Então, mesmo quando a aquisição da NCR fracassou, a AT&T procurou oportunidades de crescimento em tecnologias mais próximas de sua essência. À luz do sucesso dos serviços sem fio que várias de suas empresas de telefonia local haviam alcançado, em 1994, a empresa comprou a McCaw Cellular, na época a maior operadora nacional de telefonia sem fio nos Estados Unidos, por US$11,6 bilhões, gastando US$15 bilhões no total em seu próprio negócio sem fio. Quando os analistas de Wall Street se queixaram posteriormente de que não conseguiam avaliar adequadamente o negócio combinado de alta energia sem fio dentro da empresa de telefonia fixa de menor crescimento, a AT&T decidiu criar uma ação negociada e separada para o negócio sem fio em 2000. O negócio foi avaliado em US$10,6 bilhões, cerca de dois terços do investimento que ela fez no empreendimento.

Mas esse movimento deixou as ações da AT&T exatamente onde ela havia começado, e a empresa *teve* de crescer. Assim, em 1998, embarcou em uma estratégia para entrar e reinventar o negócio de telefonia local com tecnologia de banda larga. A aquisição da TCI e da MediaOne por um preço combinado de US$112 bilhões fez da AT&T Broadband a maior operadora a cabo dos Estados Unidos. Então, mais rápido do que qualquer um poderia prever, as dificuldades na implementação e na integração se mostraram insuperáveis. Em 2000, a AT&T concordou em vender seus ativos a cabo para a Comcast por US$72 bilhões.[2]

Em pouco mais de dez anos, a AT&T desperdiçou cerca de US$50 bilhões e destruiu ainda mais o valor do acionista, tudo na esperança de *criar* tal valor com crescimento.

A má notícia é que a AT&T não é um caso especial. Considere a Cabot Corporation, a maior produtora mundial de carbono negro, um composto que confere a produtos como pneus muitas de suas propriedades mais importantes. Esse negócio tem sido muito forte, mas os principais mercados não cresceram rapidamente. Para ter um crescimento que agrega valor aos acionistas, os executivos da Cabot, no início dos anos 1980, realizaram várias iniciativas agressivas de crescimento em materiais avançados, adquirindo um conjunto de promissores negócios de metais especiais e cerâmicas de alta tecnologia. Estes constituíam plataformas operacionais nas quais a empresa infundiria novas tecnologias de processo e materiais surgindo em seus próprios laboratórios de pesquisa e trabalho patrocinado no MIT.

Wall Street recebeu esses investimentos acelerando a trajetória de crescimento da Cabot com entusiasmo e elevou o preço das ações da empresa para o triplo do nível em que havia definhado antes das iniciativas. Mas como as perdas criadas pelos investimentos da Cabot nesses negócios começaram a arrastar os ganhos de toda a corporação para baixo, Wall Street derrubou o preço da ação. Embora o mercado global desfrutasse de uma taxa robusta entre 1988 e 1991, o valor das ações da Cabot caíram para menos da metade. No início da década de 1990, sentindo pressão para aumentar os lucros, o conselho da Cabot trouxe uma nova administração, cuja missão era fechar novos negócios e se concentrar na essência. Com a recuperação da rentabilidade da Cabot, Wall Street dobrou com entusiasmo o preço das ações da empresa. O problema, claro, foi que essa reviravolta não deixou a nova equipe de gestão melhor do que seus antecessores: buscando desesperadamente oportunidades de crescimento para empresas maduras com perspectivas limitadas.[3]

Poderíamos citar muitos casos de tentativas semelhantes das empresas de criar novas plataformas de crescimento depois que o negócio principal amadureceu. Elas seguem um padrão muito semelhante. Quando o negócio principal se aproxima da maturidade e os investidores exigem novo crescimento, os executivos desenvolvem estratégias aparentemente sensatas para gerá-lo. Embora invistam agressivamente, seus planos não conseguem ter o crescimento necessário com rapidez suficiente, os investidores derrubam o preço da ação, a gerência é demitida, e Wall Street recompensa a nova equipe executiva por simplesmente restaurar o *status quo ante*: um negócio lucrativo, mas de baixo crescimento.[4]

Mesmo as empresas em expansão enfrentam uma variante do crescimento obrigatório. Não importa a velocidade da esteira de crescimento, ela não é rápida o suficiente. O motivo: os investidores têm a tendência desagradável de descontar no valor *presente* do preço das ações de uma empresa qualquer que seja a taxa de crescimento que *preveem* que a empresa atinja. Assim, mesmo que a atividade principal de uma empresa esteja crescendo vigorosamente, a única maneira de seus gestores entregarem uma taxa de retorno aos acionistas no futuro que exceda a média do mercado ajustada pelo risco é crescer *mais rápido* do que os acionistas esperam. As mudanças nos preços das ações são impulsionadas não simplesmente pela *direção* do crescimento, mas em grande parte por mudanças *inesperadas* na *taxa de mudança* nos ganhos e nos fluxos de caixa de uma empresa. Desse modo, uma empresa projetada para crescer 5% e que, de fato, continua crescendo em 5%, e outra empresa projetada para crescer 25% e que entrega um crescimento de 25% produzirão para os futuros investidores uma taxa de retorno ajustada pelo risco de mercado no futuro.[5] Uma empresa deve entregar a taxa de crescimento que o mercado está projetando apenas para impedir a queda do preço das ações. Ela deve *exceder* a taxa de crescimento prevista por consenso para aumentar o preço das ações. É uma carga pesada e onipresente para todos os executivos sensíveis ao aumento do valor para os acionistas.[6]

É ainda mais difícil. Essa horda astuta de investidores não apenas desconta a taxa esperada de crescimento dos negócios *existentes* de uma empresa no valor presente do preço das ações, mas também desconta o crescimento das linhas de negócios novas ainda a serem estabelecidas que esperam que a equipe de gestão seja capaz de criar no futuro. A magnitude da aposta do mercado no crescimento de fontes desconhecidas é, em geral, baseada no histórico da empresa. Se o mercado ficou impressionado com a capacidade histórica de uma empresa de alavancar seus pontos fortes para gerar novas linhas de negócios, o componente do preço de suas ações com base no crescimento de fontes desconhecidas será grande. Se os esforços anteriores de uma empresa para fazer negócios NGT [New Growth Theory] não deram frutos, sua avaliação de mercado será dominada pelo fluxo de caixa projetado dos negócios conhecidos e estabelecidos.

A Tabela 1-1 apresenta a análise de uma empresa de consultoria sobre os preços das ações de um número selecionado de empresas *Fortune 500*, mostrando a proporção do preço das ações de cada empresa em 21 de agosto de 2002, atribuível ao caixa gerado pelos ativos existentes, *versus* o caixa que os investidores esperavam ser gerado pelos novos investimentos.[7] Dessa amostra, a empresa endividada naquele momento para gerar o maior percentual de seu crescimento total a partir de investimentos futuros era a Dell Computer. Apenas 22% do preço de suas ações de US$28,05 eram justificados pelo dinheiro descartado pelos ativos atuais da empresa, enquanto 78% da avaliação da Dell refletiam a confiança dos investidores de que a empresa poderia aplicar em novos ativos que gerariam muito dinheiro. Os 66% da avaliação de mercado da Johnson & Johnson e os 37% da avaliação da Home Depot foram baseados nas expectativas de crescimento de investimentos ainda a serem feitos. Essas empresas estavam *muito* endividadas. Por outro lado, apenas 5% do preço das ações da General Motors naquela data eram baseados em investimentos futuros. Embora seja um reflexo arrepiante do histórico da antiga administração da GM ao gerar negócios NGT, isso significa que, se a atual gerência fizer um trabalho melhor, o preço das ações da empresa poderá responder generosamente.

Provavelmente, o maior desafio na entrega de crescimento é que, se você falhar uma vez em entregá-lo, as chances de que será capaz de entregar no futuro serão muito baixas. É a conclusão de um notável estudo *Stall Points*, que o Conselho de Estratégia Corporativa publicou em 1998.[8] Ele examinou as 172 empresas que fizeram parte da lista *Fortune* das 50 maiores empresas entre 1955 e 1995. Apenas 5% delas conseguiram sustentar uma taxa de crescimento real ajustada à inflação de mais de 6% em todo o seu mandato nesse grupo. As outras 95% chegaram a um ponto em que seu crescimento simplesmente estagnou, com taxas iguais ou inferiores à taxa de crescimento do PIB. A estagnação é compreensível, dadas nossas expectativas de que todos os mercados em crescimento ficam saturados e maduros. O assustador é que, de todas essas empresas cujo crescimento havia estagnado, apenas 4% conseguiram retomar com sucesso seu crescimento, mesmo a uma taxa de 1% acima do crescimento do PIB. Em outras palavras, uma vez que o crescimento parou, foi quase impossível reiniciá-lo.

Os mercados de ações puniram brutalmente as empresas que permitiram que seu crescimento estagnasse. Vinte e oito por cento delas perderam mais de 75% de sua capitalização de mercado. Quarenta e um por cento das empresas viram seu valor de mercado cair entre 50% e 75% quando estagnaram, e 26% das empresas perderam entre 25% e 50% de seu valor. As 5% restantes perderam menos de 25% de sua capitalização de mercado.

TABELA 1-1

Parte do valor de mercado das empresas selecionadas com base nos retornos esperados de novos investimentos em 21 de agosto de 2002

Ranking *Fortune 500*	**Nome da empresa**	**Preço das ações**	**Base do percentual de avaliação:** **Novos investimentos**	**Ativos existentes**
53	Dell Computer	US$28,05	78%	22%
47	Johnson & Johnson	US$56,20	66%	34%
35	Procter & Gamble	US$90,76	62%	38%
6	General Electric	US$32,80	60%	40%
77	Lockheed Martin	US$62,16	59%	41%
1	Walmart Stores	US$53,88	50%	50%
65	Intel	US$19,15	49%	51%
49	Pfizer	US$34,92	48%	52%
9	IBM	US$81,93	46%	54%
24	Merck	US$53,80	44%	56%
92	Cisco Systems	US$15,00	42%	58%
18	Home Depot	US$33,86	37%	63%
16	Boeing	US$28,36	30%	70%
11	Verizon	US$31,80	21%	79%
22	Kroger	US$22,20	13%	87%
32	Sears Roebuck	US$36,94	8%	92%
37	AOL Time Warner	US$35,00	8%	92%
3	General Motors	US$49,40	5%	95%
81	Phillips Petroleum	US$35,00	3%	97%

Fonte: CSFB/HOLT; análise da Deloitte Consulting.

Claro, isso aumentou a pressão sobre a gerência para produzir crescimento e fazê-lo rápido, dificultando ainda mais a obtenção de sucesso. Os gestores não podem escapar da obrigação de crescer.[9] No entanto, as chances de sucesso, se a história é um guia, são assustadoramente pequenas.

A Inovação É uma Caixa Preta?

Por que é tão difícil alcançar e manter o crescimento? Uma resposta comum é culpar os gestores por não gerarem um novo crescimento, o que implica que pessoas mais capazes e prescientes teriam sucesso. A abordagem "resolver o problema encontrando um gestor melhor" pode ter credibilidade se as falhas para reiniciar o crescimento foram eventos isolados. No entanto, inúmeros estudos concluem que cerca de 90% de todas as empresas de capital aberto se mostraram incapazes de sustentar por mais de alguns anos uma trajetória de crescimento que cria retornos para os acionistas acima da média.[10] A menos que acreditemos que o conjunto de talentos de gestão nas empresas estabelecidas é como um Lago Wobegon perverso, em que 90% dos gestores estão abaixo da média, tem de haver uma explicação mais fundamental para a grande maioria dos bons gestores não conseguir resolver esse problema.

Uma segunda explicação comum para a incapacidade das empresas, outrora prósperas, de manter o crescimento é que seus gestores se tornam avessos ao risco. Mas os fatos refutam essa explicação também. Os executivos corporativos geralmente apostam o futuro das empresas de bilhões de dólares em uma inovação. A IBM apostou seu capital no *mainframe* System 360 e ganhou. A DuPont gastou US$400 milhões em uma fábrica para fazer um reforço nos pneus Kevlar e perdeu. A Corning colocou bilhões em jogo para construir seu negócio de fibra ótica e ganhou muito. Mais recentemente, vendeu vários de seus outros negócios para investir mais em telecomunicações óticas e foi golpeada. *Muitos* dos executivos incapazes de gerar um crescimento corporativo sustentado mostraram coragem para o risco.

Há uma terceira explicação amplamente aceita para o crescimento parecer tão difícil de alcançar repetidamente e bem, e que também acreditamos não ser válida: criar negócios NGT é algo simplesmente imprevisível. Muitos acreditam que as chances de sucesso são apenas isso — chances — e que são pequenas. Muitos dos pensadores de gestão mais perspicazes aceitaram a suposição de que gerar crescimento é arriscado e imprevisível, portanto, usaram seus talentos para ajudar os executivos a gerenciar essa imprevisibilidade. Recomendações sobre deixar mil flores florescerem, trazer o Vale do Silício para dentro, fracassar rápido e acelerar as pressões da seleção são formas de lidar com a imprevisibilidade supostamente irredutível de uma inovação bem-sucedida.[11] A estrutura do setor de capital de risco é, de fato, um testemunho da crença generalizada de que não podemos prever quais negócios NGT terão êxito. A máxima do setor diz que, para cada dez investimentos, todos acreditando no sucesso, dois fracassarão de imediato, seis sobreviverão como feridos em pé e dois acertarão em cheio naquilo em que o sucesso de todo o portfólio se transforma. Com a crença de que o processo de criação de negócios é insondável, poucos procuraram abrir a caixa preta para estudar o *processo* pelo qual os negócios NGT são criados.

Não aceitamos que a maioria das empresas para de crescer porque as chances de sucesso para o negócio NGT lançado são incrivelmente pequenas. Os resultados históricos podem, de fato, parecer aleatórios, mas acreditamos que é porque o processo de criação de negócios NGT ainda não foi bem compreendido. Neste livro, pretendemos abrir a caixa preta e estudar os processos que levam ao sucesso ou ao fracasso em tais negócios.

Para ilustrar por que é importante entender os processos que criam esses resultados, considere estas sequências de números:

1, 2, 3, 4, 5, 6
75, 28, 41, 26, 38, 64

Qual você diria ser aleatória e qual é previsível? A primeira sequência parece previsível: os dois números seguintes devem ser 7 e 8. Mas e se disséssemos que foram realmente os números vencedores de uma loteria, sorteados de um cilindro de bolas caindo, e que a segunda é a sequência de estradas estaduais e municipais a seguir em um passeio panorâmico pela margem norte da Península Superior de Michigan a caminho de Sault Ste. Marie, Ontário, para Saxon, Wisconsin? Dada a rota implícita pelas primeiras seis estradas, você pode prever com segurança os próximos dois números — 2 e 122 — em um mapa. A lição: não é possível dizer, apenas olhando o resultado do processo, se o processo que criou esses resultados é capaz de gerar resultados previsíveis. Você deve entender o processo em si.

As Forças que Modelam a Inovação

O que pode tornar o processo de inovação mais previsível? Isso *não* implica aprender a prever o que os *indivíduos* podem fazer. Pelo contrário, tal capacidade vem da compreensão das *forças* que atuam sobre os indivíduos envolvidos na criação do negócio — as forças que influenciam intensamente o que os gestores escolhem ou não fazer.

Raramente uma ideia para um negócio NGT surge totalmente formada na cabeça de um funcionário inovador. Não importa o quão bem articulado um conceito ou um *insight* possa ser, ele deve ser moldado e modificado, muitas vezes significativamente, à medida que é desenvolvido em um plano de negócios que pode ganhar financiamento da corporação. Ao longo do caminho, ele encontra uma série de forças altamente previsíveis. Os gestores, como indivíduos, podem, de fato, ser idiossincráticos e imprevisíveis, mas todos enfrentam forças parecidas em seu mecanismo de ação, seu tempo e seu impacto na natureza do produto e do plano de negócios que a empresa tenta implementar.[12] Entender e gerenciar essas forças pode tornar a inovação mais previsível.

A ação e o impacto dessas forças na formação de ideias nos planos de negócios são ilustrados em um estudo de caso do Big Idea Group (BIG), uma empresa que identifica, desenvolve e comercializa ideias para novos brinquedos.[13] Após citar o executivo sênior de uma empresa de brinquedos multibilionária reclamando da falta de novas ideias para brinquedos por anos, o caso relata como o BIG ataca o problema, ou melhor, a oportunidade.

O BIG convida mães, crianças, inventores e aposentados com ideias para novos brinquedos para participar do “Big Idea Hunts”, que é realizado em todo o país. Esses convidados apresentam suas ideias para um grupo de especialistas em cuja intuição os executivos do BIG confiem. Quando o grupo vê uma boa ideia, o BIG pega licença com o inventor e, nos meses seguintes, molda a ideia em um plano de negócios com um protótipo de trabalho que eles acreditam que irá vender. O BIG, então, licencia o produto para uma empresa de brinquedos, que a produz e comercializa em seus próprios canais. A empresa tem sido extraordinariamente bem-sucedida em encontrar, desenvolver e implantar no mercado uma sequência de produtos de crescimento verdadeiramente interessante.

Como é possível haver um florescimento de oportunidades de novos produtos com alto potencial no sistema do BIG e uma escassez de oportunidades no grande setor de brinquedos? Ao discutir o caso, os alunos geralmente sugerem que os desenvolvedores de produtos da empresa de brinquedos não são tão criativos ou que os executivos desse grande setor são muito avessos ao risco. Se esses diagnósticos fossem verdadeiros, a empresa simplesmente precisaria encontrar gestores mais criativos que pudessem pensar fora da caixa. Mas um desfile de pessoas passou pela empresa de brinquedos, e nenhuma conseguiu decifrar a aparente falta de ideias interessantes para brinquedos. Por quê?

A resposta está no processo pelo qual as ideias são moldadas. Os gerentes intermediários desempenham um papel crucial no processo de inovação de *toda* empresa, pois guiam as ideias parcialmente formadas em planos de negócios completos em um esforço para obter financiamento da alta administração. São os gerentes intermediários que devem decidir quais ideias afloram e ficam óbvias para eles apoiarem e levarem para a aprovação da alta gerência e quais delas eles simplesmente deixam definhar. Em primeiro lugar, essa é uma das principais razões pelas quais as empresas empregam gerentes intermediários. Seu trabalho é peneirar as boas ideias e as más e tornar as boas muito melhores, para terem o financiamento imediato da alta administração.

Como eles selecionam e moldam? Os gerentes intermediários normalmente hesitam em colocar seu peso em novos conceitos de produtos sem garantias no mercado. Se um mercado não se materializar, a empresa terá desperdiçado milhões de dólares. O sistema, portanto, exige que os gerentes intermediários apoiem suas propostas com dados confiáveis sobre o tamanho e o potencial de crescimento dos mercados que cada ideia visa. Opiniões e feedbacks de clientes importantes aumentam muito a credibilidade das alegações de que uma ideia tem potencial. De onde vem essa evidência, dado que o produto ainda não foi totalmente desenvolvido? Normalmente, vem de clientes e mercados existentes para produtos similares que foram bem-sucedidos no passado.

Fatores pessoais também entram em ação nesse processo de modelagem. Gerentes que apoiam ideias que fracassam muitas vezes têm suas perspectivas de promoção efetivamente truncadas. Na verdade, os gerentes ambiciosos hesitam até em propor ideias que os gerentes seniores provavelmente não aprovarão. Se eles favorecem uma ideia que seus superiores posteriormente acreditam ser fracas, sua reputação de bom julgamento pode ser manchada entre os próprios executivos que eles esperam impressionar. Além disso, os programas de desenvolvimento de gestão das empresas raramente deixam seus gerentes intermediários mais talentosos em uma posição por muitos anos — eles os transferem para novas atribuições para ampliar suas habilidades e sua experiência. Porém isso significa que os gerentes intermediários que desejam uma reputação de entrega de resultados estarão inclinados a promover apenas as ideias NGT que compensarão na janela de tempo em que residem nesse trabalho específico.

Em outras palavras, o processo de classificar e colocar as ideias em planos que podem ganhar financiamento molda essas ideias para parecerem ideias que foram aprovadas e bem-sucedidas no passado. Na verdade, os processos evoluíram para eliminar as propostas de negócios que visam mercados em que a demanda pode ser pequena. O problema para os gerentes que buscam o crescimento, claro, é que os mercados de crescimento interessantes de amanhã são pequenos hoje.

É por isso que os gerentes seniores da grande empresa de brinquedos e do BIG podem viver no mesmo mundo e, ainda assim, ver coisas muito diferentes. Em cada empresa significativa, não apenas no negócio de brinquedos, o conjunto de ideias que foi processado e reunido para a aprovação da alta administração é muito diferente das ideias borbulhando na base.

A escassez de boas ideias raramente é o principal problema em uma empresa que luta para lançar negócios NGT interessantes. O problema está no processo de modelagem. Novas ideias potencialmente inovadoras parecem ser inexoravelmente reformuladas em tentativas de tornar os clientes existentes ainda mais felizes. Acreditamos que muitas das ideias que surgem desse processo de montagem e modelagem como inovações do tipo "eu também" podem ser facilmente moldadas em planos de negócios que criam um crescimento realmente disruptivo. Os gestores que entendem essas forças e aprendem a aproveitá-las para tomar decisões importantes desenvolverão negócios NGT bem-sucedidos com muito mais consciência do que historicamente parecia possível.[14]

De Onde Vem a Previsibilidade: A Boa Teoria

A busca pela previsibilidade em um esforço tão complexo quanto a inovação não é quixotesca. O que traz previsibilidade para qualquer campo é um corpo de *teoria* bem pesquisada — afirmações contingentes do que causa o que e por quê. Os executivos, muitas vezes, descontam o valor da teoria da gestão porque ela está associada à palavra *teórico*, com a conotação de *impraticável*. Mas a teoria é perfeitamente prática. A lei da gravidade, por exemplo, na verdade, é uma teoria e é útil. Isso nos permite prever que, se sairmos da trilha em um penhasco, cairemos.[15]

Embora a maioria dos gestores não se considere como sendo orientada pela teoria, eles são, na realidade, consumidores vorazes de teoria. Sempre que os gestores fazem planos ou agem, isso se baseia em um modelo mental dentro da cabeça deles que os leva a acreditar que a ação que está sendo tomada levará ao resultado desejado.[16] O problema é que os gestores raramente estão cientes das teorias que estão usando e muitas vezes usam as teorias erradas para a situação em que estão. É a ausência de teorias conscientes e confiáveis de causa e efeito que faz o sucesso parecer aleatório na criação de novos negócios.

Para ajudar os executivos a saber se e quando podem confiar nas recomendações de livros ou artigos de gestão (incluindo este) que leem para ter orientação à medida que desenvolvem seus negócios, descrevemos nas seções a seguir um modelo de como as boas teorias são construídas e usadas. Voltaremos repetidamente a esse modelo para ilustrar como uma teoria ruim fez com que, no passado, os criadores de crescimento tropeçassem e como o uso de uma teoria sólida pode remover muitas causas do fracasso.[17]

Como as Teorias São Criadas

O processo de construção de uma teoria sólida é pesquisado em várias disciplinas, e os estudiosos parecem concordar que ele ocorre em três estágios. Ele começa descrevendo o fenômeno que queremos entender. Na física, o fenômeno pode ser o comportamento das partículas de alta energia. Na criação de novos negócios, os fenômenos de interesse são as coisas que os inovadores fazem em seus esforços para ter sucesso e quais são os resultados dessas ações. Uma teoria de má gestão é o resultado de quando os pesquisadores observam com impaciência uma ou duas histórias de sucesso e depois presumem que já viram o suficiente.

Depois que o fenômeno foi completamente caracterizado, os pesquisadores começam o segundo estágio, que é classificar tal fenômeno em categorias. Diabetes juvenil *versus* diabetes em adultos é um exemplo da medicina. Integrações vertical e horizontal são categorias de diversificação corporativa. Os pesquisadores precisam categorizar para destacar as diferenças mais significativas na complexa gama de fenômenos.

No terceiro estágio, os pesquisadores articulam uma teoria que afirma o que faz com que o fenômeno ocorra e por quê. A teoria também deve mostrar se e por que o mesmo mecanismo causal pode ter resultados diferentes, dependendo da categoria ou da situação. O processo de construção da teoria é iterativo, pois pesquisadores e gestores continuam percorrendo as três etapas, refinando sua capacidade de prever quais ações causarão quais resultados, em quais circunstâncias.[18]

Obtendo as Categorias Certas

A etapa intermediária nesse ciclo — obter as categorias certas — é o segredo para desenvolver uma teoria útil. Para ver o motivo, imagine ir ao médico em busca de tratamento para determinados sintomas e, antes de ter a chance de descrever o que o aflige, o médico lhe dá uma receita e diz para "tomar dois comprimidos e ligar para ele de manhã".

"Mas como você sabe que isso vai me ajudar?", você pergunta. "Eu não disse qual é o problema."

"Por que não funcionaria?", é a resposta. "Curou meus dois pacientes anteriores muito bem."

Nenhum paciente são aceitaria remédios assim. Mas acadêmicos, consultores e gestores *regularmente* dispensam e aceitam dessa maneira remédios para os problemas de gestão. Quando algo funcionou para algumas empresas "excelentes", eles prontamente aconselham todas as outras empresas que tomar o mesmo medicamento também será bom para elas. Uma razão pela qual os resultados da inovação parecem ser aleatórios é que muitos que escrevem sobre estratégia e gestão ignoram a categorização. Eles observam algumas empresas de sucesso e depois escrevem um livro recomendando que outros gestores também façam as mesmas coisas para terem sucesso, sem levar em conta a possibilidade de que podem haver algumas circunstâncias em que sua solução favorita seja uma má ideia.[19]

Por exemplo, há trinta anos, muitos escritores afirmavam que a integração vertical era o segredo do sucesso extraordinário da IBM. Mas no final da década de 1990, lemos que a *não* integração explicava o triunfo da terceirização de titãs, como a Cisco e a Dell. Autores de evangelhos de "melhores práticas" como esses não são melhores do que o médico que apresentamos antes. A questão crítica que esses pesquisadores precisam resolver é: "Quais são as *circunstâncias* cuja integração é competitiva e quando uma estratégia de parceria e terceirização tem maior probabilidade de levar ao sucesso?"

Como os estudiosos da criação da teoria lutam para definir a categorização correta e relevante das circunstâncias, eles raramente podem definir as situações de imediato. Os primeiros estudos quase sempre colocam as observações dos pesquisadores em categorias definidas pelos *atributos* dos próprios fenômenos. Suas afirmações sobre as ações ou os eventos que levam aos resultados neste ponto só podem ser afirmações sobre a *correlação* entre atributos e resultados, não sobre causalidade. É o melhor que eles podem fazer nos ciclos iniciais de construção da teoria.

Considere, por exemplo, a história das tentativas do homem de voar. Os primeiros pesquisadores observaram as fortes correlações entre ser capaz de voar e ter penas e asas. Ter esses atributos tinha uma alta *correlação* com a capacidade de voar, mas quando os seres humanos tentaram seguir as "melhores práticas" dos voadores mais bem-sucedidos, amarrando asas emplumadas em seus braços, saltando de penhascos e batendo com força, eles não tiverem sucesso — porque, por mais fortes fossem as correlações, os futuros aviadores não tinham compreendido o mecanismo causal fundamental que permitia que certos animais voassem. Só quando o estudo da mecânica dos fluidos de Bernoulli o ajudou a articular o mecanismo pelo qual os aerofólios criam sustentação foi que o voo humano começou a ser *possível*. Mas entender o mecanismo em si ainda não foi suficiente para tornar a capacidade de voar perfeitamente *previsível*. Mais pesquisas, envolvendo uma experimentação cuidadosa e uma medição sob várias condições, foram necessárias para identificar as *circunstâncias* em que esse mecanismo produzia ou não o resultado desejado.

Quando o mecanismo não resultou em um voo bem-sucedido, os pesquisadores tiveram de decifrar com atenção *o motivo* — quais eram as circunstâncias em que o resultado inesperado ocorreu, levando ao fracasso. Assim que as categorias foram declaradas em termos das diferentes circunstâncias em que os aviadores poderiam se encontrar, estes puderam prever as condições em que o voo era ou não possível. Eles puderam desenvolver tecnologias e técnicas para voar com sucesso nas circunstâncias em que o voo era viável. E puderam ensinar outros aviadores a reconhecer quando as circunstâncias mudavam para poderem mudar seus métodos de acordo. Entender o mecanismo (o que causa o que e por quê) tornou o voo possível; compreender as categorias das circunstâncias tornou o voo previsível.[20]

Como os pesquisadores da aviação sabiam quais eram os limites marcantes entre essas categorias de circunstâncias? Desde que uma mudança nas condições não exigisse alteração no modo como o piloto conduzia o avião, o limite entre essas condições não importava. Os limites das circunstâncias que importavam eram aqueles que exigiam uma mudança fundamental nas técnicas de pilotagem para manter o avião voando com sucesso.

Avanços semelhantes na pesquisa de gestão aumentam a previsibilidade de gerar negócios NGT. Indo além de afirmações correlatas como "Grandes empresas são lentas ao inovar" ou "Em nossa amostra de empresas de sucesso, cada uma foi administrada por um CEO promovido internamente", o pesquisador inovador primeiro descobre o mecanismo *causal* fundamental por trás do fenômeno de sucesso. Isso permite que aqueles que procuram "uma resposta" ultrapassem a mentalidade de asas e penas, copiando os atributos das empresas de sucesso. A base para a previsibilidade só começa a ser construída quando o pesquisador vê o mesmo mecanismo causal criar um resultado *diferente* daquele que ele esperava — uma anomalia. Isso leva o pesquisador a definir qual era a circunstância ou as circunstâncias em que a anomalia ocorreu e que fez o mecanismo idêntico ter um resultado diferente.

Como saber qual é a categorização correta? Como na aviação, um limite entre as circunstâncias é marcante somente quando os executivos precisam usar técnicas de gestão fundamentalmente diferentes para terem sucesso nas variadas circunstâncias definidas por esse limite. Se a mesma afirmação de causa e efeito leva ao mesmo resultado em duas circunstâncias, então a distinção entre essas circunstâncias não é significativa para efeitos de previsibilidade.

Para saber com certeza em quais circunstâncias estão, os gestores também devem saber em quais circunstâncias *não* estão. Quando as *categorias de circunstâncias* coletivamente completas e mutuamente exclusivas são definidas, as coisas ficam previsíveis: podemos afirmar o que causará o que e por quê e podemos prever como essa declaração de causalidade pode variar segundo a circunstância. As teorias baseadas nas categorias das circunstâncias tornam-se fáceis para as empresas utilizarem, pois os gestores vivem e trabalham nas circunstâncias, não nos atributos.[21]

Quando os gestores fazem perguntas como "Isso se aplica ao meu setor?" ou "Isso se aplica a empresas de serviços e produtos?", eles realmente estão sondando para entender as circunstâncias. Em nossos estudos, observamos que os esquemas de categorização baseados no setor ou no produto/serviço quase nunca são uma base útil para uma teoria confiável. *O Dilema da Inovação*, por exemplo, descreveu como o mesmo mecanismo que permitiu que as empresas concorrentes derrubassem as principais empresas estabelecidas em unidades de disco e computadores também derrubassem as principais empresas em escavadeiras mecânicas, aço, varejo, motocicletas, software de contabilidade e controles motorizados.[22] As circunstâncias que importavam não eram o setor em que você estava. Pelo contrário, houve um mecanismo, o processo de alocação de recursos, que fez com que os líderes estabelecidos vencessem as lutas competitivas quando uma inovação era financeiramente atraente para seu modelo de negócios. O mesmo mecanismo invalidou esses líderes estabelecidos quando foram atacados por inovadores disruptivos, cujos produtos, modelos de lucro e clientes não eram atraentes.

Podemos confiar em uma teoria somente quando sua declaração de quais ações levarão ao sucesso descreve como isso variará à medida que as circunstâncias de uma empresa mudam.[23] Essa é uma das principais razões para os resultados dos esforços de inovação parecerem tão aleatórios: uma categorização de má qualidade levou a recomendações universais, que, por sua vez, levaram a resultados errados em muitas circunstâncias.[24] É a capacidade de começar a pensar e agir de acordo com as circunstâncias que traz previsibilidade para nossa vida.

Muitas vezes, admiramos a intuição que os empreendedores de sucesso parecem ter para criar negócios de crescimento. Quando eles praticam sua intuição sobre quais ações levarão aos resultados desejados, realmente estão empregando teorias que lhes dão o senso da coisa certa a fazer em várias circunstâncias. Essas teorias não estavam lá no nascimento, elas foram aprendidas com um conjunto de experiências e mentores no início da vida.

Se algumas pessoas aprenderam as teorias que chamamos de intuição, então esperamos que essas teorias também possam ser ensinadas aos outros. É nossa aspiração neste livro. Esperamos ajudar os gestores que tentam criar negócios NGT a usar a melhor pesquisa que conseguimos reunir para que aprendam a combinar suas ações e as circunstâncias para ter os resultados de que precisam. À medida que nossos leitores usarem essas formas de pensar repetidas vezes, esperamos que os processos mentais inerentes a essas teorias possam fazer parte de sua intuição também.

Escrevemos este livro da perspectiva dos gerentes seniores em empresas estabelecidas que foram encarregados de manter a saúde e a vitalidade de suas empresas. Mas acreditamos que nossas ideias serão igualmente valiosas para empreendedores independentes, startups e investidores de capital de risco. Simplesmente para resumir, usaremos neste livro o termo *produto* quando descrevermos o que uma empresa faz ou fornece. Queremos dizer, no entanto, que isso engloba negócios de produtos *e* serviços, porque os conceitos no livro se aplicam prontamente a ambos.

Visão Geral Deste Livro

O Dilema da Inovação resumiu uma teoria que explica como, sob certas circunstâncias, o mecanismo de alocação de recursos maximizadores de lucro faz com que empresas bem administradas acabem. Já o livro *A Solução do Inovador* resume um conjunto de teorias que podem orientar os gestores que precisam expandir novos negócios com um sucesso previsível — para se tornarem os disruptores, em vez de quem sofre a disrupção — e, finalmente, acabar com os concorrentes estabelecidos e bem administrados. Para ter um sucesso previsível, os disruptores devem ser bons teóricos. À medida que moldam o crescimento do negócio para ser disruptivo, eles devem alinhar todos os processos e decisões críticos para se adequarem à circunstância disruptiva.

Como ter um crescimento bem-sucedido nos negócios é um tópico muito vasto, este livro se concentra em nove decisões mais importantes que todos os gestores devem tomar ao gerar crescimento — decisões que representam as principais ações que impulsionam o sucesso dentro da caixa preta da inovação. Cada capítulo oferece uma teoria específica que os gestores podem usar para tomar uma dessas decisões de forma que melhore muito sua probabilidade de sucesso. Parte dessa teoria surgiu de nossos próprios estudos, mas estamos em dívida com muitos outros estudiosos em grande parte do que se segue. Aqueles cujo trabalho utilizamos contribuíram para melhorar a previsibilidade da criação do negócio porque suas afirmações de causalidade foram construídas em categorias baseadas em circunstâncias. É por causa de seu trabalho cuidadoso que acreditamos que os gestores podem começar a usar essas teorias explicitamente ao passo que tomam essas decisões, confiando que suas previsões serão aplicáveis e confiáveis, dadas as circunstâncias em que estão.

A lista a seguir resume as questões endereçadas:

- *Capítulo 2:* como vencemos nossos concorrentes mais fortes? Quais estratégias resultarão nos concorrentes acabando conosco e quais cursos de ação podem realmente nos dar vantagem?
- *Capítulo 3:* quais produtos devemos desenvolver? Quais melhorias em relação aos produtos anteriores os clientes recompensarão entusiasmados com preços premium e quais eles receberão com indiferença?
- *Capítulo 4:* quais clientes iniciais constituirão a base mais viável para criar um negócio de sucesso?
- *Capítulo 5:* quais atividades são necessárias para planejar, produzir, vender e distribuir nosso produto, caso nossa empresa o faça internamente, e para quais devemos confiar em nossos parceiros e fornecedores?
- *Capítulo 6:* como podemos ter certeza de que mantemos fortes vantagens competitivas que geram lucros atraentes? Como podemos saber quando a comoditização ocorrerá e o que podemos fazer para continuar tendo retornos atraentes?
- *Capítulo 7:* qual a melhor estrutura organizacional para esse empreendimento? Qual(is) unidade(s) organizacional(is) e quais gestores devem contribuir e ser responsáveis por seu sucesso?
- *Capítulo 8:* como acertar nos detalhes de uma estratégia vencedora? Quando a flexibilidade é importante e quando nos levará ao fracasso?
- *Capítulo 9:* o capital de investimento de quem nos ajudará a ter sucesso e o de quem pode ser fatal? Quais fontes financeiras nos ajudarão mais nos diferentes estágios de nosso desenvolvimento?
- *Capítulo 10:* que papel o CEO deve desempenhar ao sustentar o crescimento do negócio? Quando os CEOs devem se afastar do novo negócio e quando devem se envolver?

As questões que abordamos nesses capítulos são críticas, mas não são uma lista completa do que deve ser relevante para o lançamento de um negócio NGT. Só podemos esperar ter abordado as mais importantes, e embora não possamos tornar a criação dos negócios NGT totalmente sem riscos, podemos ajudar os gestores a dar passos importantes nessa direção.

NOTAS

1. Embora não tenhamos feito uma verdadeira meta-análise, há quatro estudos publicados há pouco tempo que parecem convergir nessa estimativa de que aproximadamente uma empresa em cada dez consegue manter o crescimento. Chris Zook e James Allen descobriram em seu estudo de 2001, *Profit from the Core* (Boston: Harvard Business School Press), que apenas 13% de sua amostra de 1.854 empresas foram capazes de crescer com consistência em um período de 10 anos. Richard Foster e Sarah Kaplan publicaram um estudo no mesmo ano, *Creative Destruction* (Nova York: Currency/Doubleday), em que acompanharam 1.008 empresas de 1962 a 1998. Eles descobriram que apenas 160, ou cerca de 16% delas, conseguiram meramente sobreviver nesse período de tempo e concluíram que a empresa superando perenemente o desempenho é uma quimera, algo que nunca existiu. Jim Collins também publicou seu livro *Empresas Feitas para Vencer* (Alta Books) em 2018, em que examinou um universo de 1.435 empresas ao longo de 30 anos (1965–1995). Collins encontrou apenas 126, ou cerca de 9%, que conseguiram superar as médias do mercado de ações por uma década ou mais. As descobertas do Corporate Strategy Board em *Stall Points* (Washington, D.C.: Corporate Strategy Board, 1988), resumidas em detalhes no texto, mostram que 5% das empresas *Fortune 50* tiveram êxito em seu crescimento e outros 4% foram capazes de reacender algum grau de crescimento depois da estagnação. Todos os estudos apoiam nossa afirmação de que uma probabilidade de 10% de sucesso em uma busca por crescimento sustentado é, quando muito, uma estimativa generosa.
2. Como todas essas transações incluíam ações, as medidas "verdadeiras" do valor dos diferentes negócios são ambíguas. Apesar de que, quando um negócio realmente fecha, um valor definitivo pode ser fixado, o valor implícito da transação no momento em que um negócio é anunciado pode ser útil: ele sinaliza o que as partes relevantes estavam dispostas a pagar e aceitar em um momento específico. As mudanças no preço das ações após o anúncio do negócio muitas vezes ocorrem em função de outros eventos exógenos que têm pouca relação com o negócio em si. Sempre que possível, usamos o valor dos negócios no anúncio, e não no fechamento. As fontes de dados sobre essas várias transações incluem o seguinte:

   NCR

   "Fatal Attraction (AT&T's Failed Merger with NCR)", *The Economist,* 23 março 1996.

"NCR Spinoff Completes AT&T Restructure Plan", *Bloomberg Business News,* 1º janeiro 1997.

McCaw e AT&T Wireless Sale

The Wall Street Journal, 21 setembro 1994.

"AT&T Splits Off AT&T Wireless", comunicado da AT&T, 9 julho 2001.

AT&T, TCI e MediaOne

"AT&T Plans Mailing to Sell TCI Customers Phone, Web Services", *The Wall Street Journal,* 10 março 1999.

"The AT&T-Mediaone Deal: What the FCC Missed", *Business Week,* 19 junho 2000.

"AT&T Broadband to Merge with Comcast Corporation in $72 Billion Transaction", comunicado da AT&T, 19 dezembro 2001.

"Consumer Groups Still Questioning Comcast-AT&T Cable Merger", Associated Press Newswires, 21 outubro 2002.

3. O preço das ações da Cabot superou o desempenho do mercado entre 1991 e 1995 ao se concentrar em seu negócio principal, por dois motivos. De um lado da equação, a demanda por carbono negro aumentou na Ásia e na América do Norte à medida que as vendas de automóveis subiram, aumentando assim a demanda por pneus. Do lado da oferta, dois outros produtores norte-americanos de carbono negro deixaram o setor porque não estavam dispostos a fazer o investimento necessário em controles ambientais, aumentando o poder de precificação da Cabot. O aumento da demanda e a redução da oferta se traduziram em um tremendo aumento na lucratividade das operações tradicionais do carbono negro da Cabot, o que se refletiu no preço das ações da empresa. No entanto, entre 1996 e 2000, o preço de suas ações caiu de novo, refletindo a escassez das perspectivas de crescimento.
4. Um importante estudo da tendência das empresas em fazer investimentos que não conseguem gerar crescimento foi feito pelo professor Michael C. Jensen: "The Modern Industrial Revolution, Exit, and the Failure of Internal Control Systems", *Journal of Finance* (julho 1993): 831–880. O professor Jensen também usou esse documento como seu discurso presidencial à Associação Americana de Finanças. Curiosamente, muitas das empresas que Jensen cita como tendo colhido produtivamente o crescimento de seus investimentos foram inovadoras disruptivas — um conceito importante neste livro.

   Nossa unidade de análise neste livro, como no trabalho de Jensen, é a empresa individual, não o sistema maior de criação de crescimento manifestado em um mercado livre, a economia capitalista. Trabalhos como *Theory of* Economic *Development* (Cambridge, MA: Harvard University Press, 1934) e *Capitalismo, Socialismo e Democracia* (Editora Unesp, 2017), de Joseph Schumpeter, são obras marcantes e seminais que abordam o ambiente em que as empresas funcionam. Nossa afirmação aqui é a de que, qualquer que seja o histórico das economias de livre mercado em gerar crescimento no nível macro, o histórico das empresas individuais é bem fraco. Esperamos contribuir para o desempenho das empresas dentro de um mercado competitivo.

5. Esta história simples é um pouco complicada pela aparente incorporação do mercado de uma "diminuição" esperada na taxa de crescimento de qualquer empresa. A análise empírica sugere que o mercado não espera que nenhuma empresa cresça, ou mesmo sobreviva, para sempre. Por conseguinte, parece incorporar nos preços atuais um declínio previsto das taxas de crescimento em relação aos níveis atuais e a eventual dissolução da empresa. Essa é a razão para a importância dos valores terminais na maioria dos modelos de avaliação. Esse período de diminuição é estimado usando-se a análise de regressão, e as estimativas variam muito. Então, estritamente falando, se uma empresa tivesse de crescer 5% com um período de diminuição de 40 anos, e 5 anos depois desse período ela ainda estivesse crescendo 5%, o preço das ações aumentaria em taxas que gerassem retornos econômicos para os acionistas, porque o período de diminuição de 40 anos começaria de novo. No entanto, como essa qualificação se aplica às empresas que crescem 5%, bem como àquelas que crescem 25%, isso não muda o que desejamos mostrar, isto é, o mercado é um capataz severo, e simplesmente atender às expectativas não gera uma recompensa significativa.
6. Em média, no decorrer de seus longos históricos, claro, as empresas de crescimento mais rápido produzem retornos mais altos. No entanto, a empresa de crescimento mais rápido terá produzido retornos mais elevados do que a empresa de crescimento mais lento apenas para os investidores no passado. Se os mercados descontam com eficiência, então os investidores que colhem retornos acima da média são aqueles que tiveram a sorte de ter comprado ações no passado, quando a taxa de crescimento futura não havia sido totalmente descontada no preço da ação. Aqueles que compraram quando o potencial de crescimento futuro já havia sido descontado no preço da ação não receberiam um retorno acima do mercado. Uma excelente referência para esse argumento pode ser encontrada em Alfred Rappaport e Michael J. Mauboussin, *Expectations Investing: Reading Stock Prices for Better Returns* (Boston: Harvard Business School Press, 2001). Rappaport e Mauboussin orientam os investidores em métodos para detectar quando as expectativas de um mercado para o crescimento de uma empresa podem estar incorretas.
7. Estes eram os preços de mercado no fechamento das ações ordinárias dessas empresas em 21 de agosto de 2002. Não há significado nessa data em particular, é simplesmente quando a análise foi feita. A HOLT Associates, uma unidade do Credit Suisse First Boston (CSFB), fez esses cálculos usando uma metodologia patenteada aplicada a dados financeiros publicamente disponíveis. O percentual futuro é uma medida de quanto o preço atual das ações de uma empresa pode ser atribuído aos fluxos de caixa atuais e quanto é devido às expectativas dos investidores de crescimento e desempenho futuros. Como o CSFB/HOLT define:

> O percentual futuro é a porcentagem do valor total de mercado que o mercado atribui ao investimento futuro esperado da empresa. O futuro percentual começa com o valor total de mercado (dívida mais capital próprio) menos a parcela atribuída ao valor presente dos ativos e dos investimentos existentes, e divide isso pelo valor total de mercado da dívida e do capital próprio.

O CSFB/Holt calcula o valor presente dos ativos existentes como o valor presente dos fluxos de caixa associados à liquidação dos ativos e à liberação do capital de giro não depreciado associado. A metodologia de avaliação HOLT CFROI inclui uma diminuição de retornos de quarenta anos igual ao retorno médio total do mercado.

Percentual Futuro = [Dívida Total e Capital Próprio (mercado) – Ativos Existentes com Valor Presente]/[Dívida Total e Capital Próprio (mercado)]

As empresas listadas na Tabela 1-1 não são um ranking sequencial das empresas *Fortune 500*, porque alguns dos dados necessários para realizar esses cálculos não estavam disponíveis para algumas delas. As empresas listadas nessa tabela foram escolhidas apenas para fins ilustrativos, e não de modo a sugerir que o preço das ações de qualquer uma provavelmente aumentará ou diminuirá. Para ter mais informações sobre a metodologia utilizada pela HOLT, veja http://www.holtvalue.com.

8. Veja *Stall Points* (Washington, D.C.: Corporate Strategy Board, 1998).
9. No texto, focamos apenas a pressão que os mercados de ações impõem às empresas para crescerem, mas há muitas outras fontes de pressão intensa. Mencionaremos apenas algumas aqui. Primeiro, quando uma empresa está crescendo, há mais oportunidades para os funcionários serem promovidos para novos cargos de gestão sendo abertos. Assim, o potencial de crescimento em responsabilidade e capacidade gerencial é muito maior em uma empresa em crescimento do que em uma estagnada. Quando o crescimento diminui, os gestores sentem que suas possibilidades de avanço serão limitadas não por seu talento e desempenho pessoal, mas por quantos anos são necessários até que os gerentes seniores acima deles se aposentem. Quando isso acontece, muitos dos funcionários mais capazes tendem a deixar a empresa, afetando as habilidades dela em gerar de novo o crescimento.

   O investimento em novas tecnologias também fica difícil. Quando uma empresa em crescimento fica sem capacidade e precisa construir uma nova fábrica ou loja, é fácil empregar a tecnologia mais recente. Quando uma empresa parou de crescer e tem excesso de capacidade de fabricação, propostas para investir em novas tecnologias normalmente não se saem bem, uma vez que o custo total de capital e o custo médio de fabricação para produzir com a nova tecnologia se comparam com o custo marginal de produzir em uma fábrica totalmente depreciada. Como resultado, as empresas em crescimento normalmente têm uma vantagem tecnológica sobre os concorrentes de crescimento lento. Mas essa vantagem não está tão enraizada na sabedoria visionária dos gestores como está na diferença das circunstâncias de crescimento *versus* nenhum crescimento.
10. O suporte detalhado para essa estimativa é fornecido na nota 1.
11. Por exemplo, veja James Brian Quinn, *Strategies for Change: Logical Incrementalism* (Homewood, IL: R.D. Irwin, 1980). Quinn sugere que o primeiro passo que os executivos corporativos precisam dar na criação de novos negócios é "deixar mil flores florescerem", depois, cuidar das mais promissoras e deixar o resto murchar. Nessa visão, o segredo para a inovação bem-sucedida está na escolha das flores certas para cuidar, e essa decisão deve depender de uma intuição complexa, calibrada pela experiência.

O trabalho mais recente de Tom Peters (*Thriving on Chaos: Handbook for a Management Revolution* [Nova York: Knopf/Random House, 1987]) estimula que os gestores inovadores "fracassem rapidamente" — buscando novas ideias de negócios em pequena escala e de forma a gerar um feedback rápido sobre a viabilidade de uma ideia. Os defensores dessa abordagem instam os executivos corporativos a não punirem as falhas porque é somente com tentativas repetidas que novos negócios bem-sucedidos surgirão.

Outros recorrem a analogias com a evolução biológica, em que as mutações surgem de formas que parecem ser aleatórias. A teoria evolutiva postula que, se um organismo mutante prospera ou morre, depende de sua adaptação ao "ambiente de seleção", as condições dentro das quais ele deve competir com outros organismos pelos recursos necessários para prosperar. Assim, acreditando que as boas e as más inovações surgem aleatoriamente, esses pesquisadores aconselham os executivos corporativos a se concentrar em criar um "ambiente de seleção" no qual novas ideias de negócios viáveis sejam retiradas do ruim o mais rápido possível. Gary Hamel, por exemplo, defende a criação do "Vale do Silício interno", um ambiente cujas estruturas existentes são constantemente desmontadas, recombinadas de novas formas e testadas, a fim de encontrar algo que realmente funcione. (Veja Gary Hamel, *Leading the Revolution* [Boston: Harvard Business School Press, 2001].)

Não criticamos esses livros. Eles podem ser muito úteis, dado o estado atual de compreensão, porque, se os processos que criam inovações fossem de fato aleatórios, então um contexto no qual os gestores poderiam acelerar a criação e o teste de ideias ajudaria de verdade. Mas se o processo *não* é intrinsecamente aleatório, como afirmamos, então abordar apenas o contexto é tratar o sintoma, não a fonte do problema.

Para ver o motivo, considere os estudos da famosa capacidade da 3M de criar um fluxo de inovações geradoras de crescimento. Um destaque persistente desses estudos é a "regra dos 15%" da 3M: na 3M, muitos funcionários podem usar 15% de seu tempo para se dedicar ao desenvolvimento de suas próprias ideias para negócios NGT. Essa "folga" em como as pessoas gastam seu tempo é apoiada por um orçamento de capital disperso que os funcionários podem aproveitar para financiar seus motores de possível crescimento em uma base experimental.

Mas que orientação essa política dá a um engenheiro de bancada da 3M? Ele tem 15% do tempo "de folga" para se dedicar à criação de negócios NGT. E mais, o que quer que venha a ser apresentado estará primeiro sujeito a pressões de seleção do mercado interno, depois a pressões de seleção do mercado externo. Tudo é informação útil. Mas nada disso ajuda o engenheiro a criar uma nova ideia ou decidir quais das várias ideias propostas valem a pena prosseguir. Essa situação se generaliza para gestores e executivos em todos os níveis de uma organização. De engenheiro de bancada a gerente intermediário, chefe de unidade de negócios e CEO, não é suficiente ocupar-se apenas da criação de um contexto para a inovação que escolhe os frutos desse contexto. Em última análise, cada gestor deve criar algo concreto, e o sucesso dessa criação reside nas decisões que os gestores devem tomar.

Todas essas abordagens geram uma "regressão infinita". Ao trazer o mercado "para dentro", simplesmente apoiamos o problema: como os gestores podem decidir quais ideias serão desenvolvidas até o ponto em que possam ser submetidas às pressões de seleção de seu mercado interno? Trazer o mercado ainda mais para dentro simplesmente cria o mesmo enigma. Em última análise, os inovadores devem julgar em que eles trabalharão e como farão isso — e o que devem considerar ao tomar essas decisões é o que está na caixa preta. Assim, a aceitação da aleatoriedade na inovação não é um trampolim no caminho para uma maior compreensão; é uma barreira.

Dr. Gary Hamel foi um dos primeiros estudiosos desse problema, com o professor Christensen, a levantar a possibilidade de que a gestão da inovação realmente tem o potencial de produzir resultados previsíveis. Expressamos nossos agradecimentos a ele por suas considerações úteis.

12. Os estudiosos que nos apresentaram essas forças são o professor Joseph Bower, da Harvard Business School, e o professor Robert Burgelman, da Stanford Business School. Temos uma profunda dívida intelectual com eles. Veja Joseph L. Bower, *Managing the Resource Allocation Process* (Homewood, IL: Richard D. Irwin, 1970); Robert Burgelman e Leonard Sayles, *Inside Corporate* Innovation (Nova York: Free Press, 1986); e Robert Burgelman, *Strategy Is Destiny* (Nova York: Free Press, 2002).
13. Clayton M. Christensen e Scott D. Anthony, "What's the BIG Idea?" Caso 9-602-105 (Boston: Harvard Business School, 2001).
14. Escolhemos conscientemente frases como "aumentar a probabilidade de sucesso" porque é improvável que a criação de negócios se torne perfeitamente previsível, por pelo menos três motivos. O primeiro está na natureza dos mercados competitivos. Empresas cujas ações eram perfeitamente previsíveis seriam relativamente fáceis de derrotar. Portanto, toda empresa tem interesse em se comportar de formas profundamente imprevisíveis. Um segundo motivo é o desafio computacional associado a qualquer sistema com um grande número de resultados possíveis. O xadrez, por exemplo, é um jogo totalmente determinado: após certo movimento da Branca, a Preta sempre deve abandonar. Mas o número de partidas possíveis é tão grande, e o desafio computacional é tão esmagador, que os resultados das partidas, mesmo entre os supercomputadores, permanecem imprevisíveis. Um terceiro motivo é sugerido pela teoria da complexidade, que sustenta que mesmo os sistemas totalmente determinados que não superam nossas habilidades computacionais ainda podem gerar resultados profundamente aleatórios. Avaliar em que medida os resultados da inovação podem ser previstos, e o significado de qualquer incerteza residual ou imprevisibilidade, continua sendo um desafio teórico profundo com importantes implicações práticas.
15. O desafio de melhorar a previsibilidade tem sido abordado com algum sucesso em certas ciências naturais. Hoje, muitos campos da ciência parecem ser simples — previsíveis, regidos por leis claras de causa e efeito, por exemplo. Mas nem sempre foi assim: muitos acontecimentos no mundo natural pareciam bem aleatórios, complexos e insondáveis para os antigos e os primeiros cientistas. Pesquisas que seguiram cuidadosamente o método científico trouxeram a previsibilidade que baseou muito progresso. Mesmo quando nossas teorias mais avançadas convenceram os cientistas de que o mundo não é determinístico, pelo menos os fenômenos se mostraram previsivelmente aleatórios.

As doenças infecciosas, por exemplo, a certa altura pareciam atacar aleatoriamente. As pessoas não entendiam o que as causava. Quem sobrevivia ou não parecia ser algo imprevisível. Embora o resultado parecesse aleatório, o processo que levou aos resultados não era, apenas não era suficientemente compreendido. Com muitos cânceres hoje, como no mundo dos capitalistas de risco, as probabilidades de sobrevivência dos pacientes só podem ser articuladas em porcentagens. No entanto, isso não acontece porque os resultados são imprevisíveis. Nós simplesmente ainda não entendemos o processo.

16. Peter Senge chama as teorias de *modelos mentais* (veja Peter Senge, *A Quinta Disciplina* [Best Seller, 2013]). Consideramos usar o termo *modelo* neste livro, mas optamos por usar *teoria*. Fizemos isso para provocar, para inspirar os profissionais a valorizar algo que é realmente de valor.

17. Uma descrição completa do processo de construção da teoria e das formas como escritores de negócios e acadêmicos ignoram e violam os princípios fundamentais desse processo está disponível em um artigo atualmente em revisão, "The Process of Theory Building", de Clayton Christensen, Paul Carlile e David Sundahl. Cópias em papel ou eletrônicas estão disponíveis no escritório do professor Christensen, cchristensen@hbs.edu. Os estudiosos em que nos baseamos ao sintetizar o modelo de construção da teoria apresentado neste artigo (e apenas resumidamente neste livro) são, em ordem alfabética: E. H. Carr, *What Is History?* (Nova York: Vintage Books, 1961); K. M. Eisenhardt, "Building Theories from Case Study Research", *Academy of Management Review* 14, nº 4 (1989): 532–550; B. Glaser e A. Straus, *The Discovery of Grounded Theory: Strategies of Qualitative Research* (Londres: Wiedenfeld and Nicholson, 1967); A. Kaplan, *The Conduct of Inquiry: Methodology for Behavioral Research* (Scranton, PA: Chandler, 1964); R. Kaplan, "The Role for Empirical Research in Management Accounting", *Accounting, Organizations and Society* 4, nº 5 (1986): 429–452; T. Kuhn, *A Estrutura das Revoluções Científicas* (Perspectiva); M. Poole e A. Van de Ven, "Using Paradox to Build Management and Organization Theories", *Academy of Management Review* 14, nº 4 (1989): 562–578; K. Popper, *A Lógica da Pesquisa Científica* (Editora Cultrix); F. Roethlisberger, *The Elusive Phenomena* (Boston: Harvard Business School Division of Research, 1977); Arthur Stinchcombe, "The Logic of Scientific Inference", capítulo 2 em *Constructing Social Theories* (Nova York: Harcourt, Brace & World, 1968); Andrew Van de Ven, "Professional Science for a Professional School", em *Breaking the Code of Change,* Michael Beer e Nitin Nohria (eds.) (Boston: Harvard Business School Press, 2000); Karl E. Weick, "Theory Construction as Disciplined Imagination", *Academy of Management Review* 14, nº 4, (1989): 516–531; e R. Yin, *Case Study Research* (Beverly Hills, CA: Sage Publications, 1984).

18. O que estamos dizendo é que o sucesso de uma teoria deve ser medido pela precisão com que ela pode prever resultados em todas as situações em que os gestores se encontram. Como consequência, não buscamos a "verdade" em nenhum sentido absoluto platônico; nosso padrão é praticidade e utilidade. Se permitirmos que os gestores alcancem os resultados que procuram, então fomos bem-sucedidos. Medir o sucesso das teorias com base em sua utilidade é uma tradição respeitada na filosofia da ciência, articulada mais plenamente na escola do positivismo lógico. Por exemplo, veja R. Carnap, *Empiricism, Semantics and Ontology* (Chicago: University of Chicago Press, 1956); W. V.

O. Quine, *Two Dogmas of Empiricism* (Cambridge, MA: Harvard University Press, 1961); e W. V. O. Quine, *Epistemology Naturalized* (Nova York: Columbia University Press, 1969).

19. É uma deficiência séria de muita pesquisa de gestão. Os econometristas chamam essa prática de "amostragem na variável dependente". Muitos escritores, e muitos que pensam em si mesmos como acadêmicos sérios, estão tão ansiosos para provar o valor de suas teorias que evitam com cuidado a descoberta de anomalias. Na pesquisa de estudo de caso, isso é feito selecionando-se cuidadosamente exemplos que dão suporte à teoria. Em pesquisas acadêmicas mais formais, isso é feito chamando os pontos de dados que não se encaixam no modelo de "valores atípicos", encontrando uma justificativa para excluí-los da análise estatística. Ambas as práticas limitam seriamente a utilidade do que está escrito. Na verdade, é a descoberta de fenômenos que a teoria existente não pode explicar que permite aos pesquisadores construir uma teoria melhor baseada em um esquema de classificação melhor. Precisamos fazer pesquisa *para buscar anomalias*, não uma pesquisa para evitá-las.

    Pedimos aos estudantes de doutorado que buscam perguntas potencialmente produtivas para sua pesquisa de tese que simplesmente perguntem quando uma teoria da "moda" não funcionará — por exemplo, "Quando a reengenharia do processo é uma má ideia?" ou "Você deseja terceirizar algo que *é* sua competência principal e fazer internamente algo que não *é* sua competência principal?" Fazer perguntas como essas quase sempre melhora a validade da teoria original. A oportunidade de melhorar nossa compreensão existe, muitas vezes, mesmo para as partes da pesquisa muito bem feitas e altamente conceituadas. Por exemplo, uma conclusão importante no extraordinário livro de Jim Collins *Empresas Feitas para Vencer* (Alta Books, 2018) é a de que os executivos dessas empresas de sucesso não eram homens e mulheres carismáticos e chamativos. Eram pessoas humildes que respeitavam as opiniões dos outros. Uma boa oportunidade para estender a validade da pesquisa de Collins é fazer uma pergunta como: "Há circunstâncias em que você realmente *não* quer um CEO humilde e não carismático?" Suspeitamos que existem, e definir as diferentes circunstâncias em que carisma e humildade são virtudes e vícios poderia ser um grande serviço nos conselhos de administração.

20. Agradecemos a Matthew Christensen do Boston Consulting Group por sugerir essa ilustração do mundo da aviação como uma forma de explicar como obter as categorias certas é a base para trazer previsibilidade para um empreendimento. Observe como foi importante para os pesquisadores descobrir as circunstâncias em que os mecanismos de elevação e estabilização *não* resultavam em um voo bem-sucedido. Foi a própria busca por falhas que tornou o sucesso consistentemente possível. Infelizmente, muitos dos envolvidos em pesquisas de gestão parecem ansiosos para *não* destacar as instâncias que sua teoria não previu com precisão. Eles evitam a anomalia, em vez de procurá-la, pesquisam e, como resultado, contribuem para a perpetuação da imprevisibilidade. Portanto, colocamos muita responsabilidade pela imprevisibilidade percebida da construção de negócios aos pés das exatas pessoas cujo negócio é estudar e escrever sobre esses problemas. Podemos, às vezes, sucumbir à mesma adversidade. Podemos afirmar que, ao desenvolver

e refinar as teorias resumidas neste livro, realmente procuramos descobrir as exceções ou as anomalias que a teoria não teria previsto; ao fazê-lo, melhoramos consideravelmente as teorias. Mas as anomalias permanecem. Onde estamos cientes delas, tentamos colocá-las no texto ou nas notas deste livro. Se algum de nossos leitores estiver familiarizado com anomalias que essas teorias ainda não podem explicar, pedimos que nos ensinem sobre elas, para que juntos possamos trabalhar para melhorar ainda mais a previsibilidade da construção de negócios.

21. Nos estudos de como as empresas lidam com a mudança tecnológica, por exemplo, os primeiros pesquisadores sugeriam categorias baseadas em atributos, como mudança incremental *versus* radical e mudança do produto *versus* processo. Cada categorização fundamentou uma teoria, baseada em correlação, sobre como as empresas concorrentes e as estabelecidas provavelmente seriam afetadas pela mudança, e cada uma representou uma melhoria no poder preditivo em relação aos esquemas de categorização anteriores. Nessa fase do processo, raramente há uma teoria de melhor consenso, porque há muitos atributos dos fenômenos. Estudiosos desse processo observaram amplamente que essa confusão é um estágio importante, mas inevitável, na teoria da construção. Veja Thomas Kuhn, *A Estrutura das Revoluções Científicas* (Perspectiva). Kuhn narra as grandes energias gastas pelos defensores de várias teorias concorrentes nessa fase, antes do advento de um paradigma.

    Além disso, um dos manuais mais influentes para gestão e pesquisa em ciências sociais foi escrito por Barney G. Glaser e Anselm L. Strauss (*The Discovery of Grounded Theory: Strategies of Qualitative Research* [Londres: Wiedenfeld and Nicholson, 1967]). Embora eles nomeiem seu conceito-chave de "teoria fundamentada", o livro realmente é sobre categorização, porque esse processo é muito central para a construção da teoria válida. Seu termo "teoria substantiva" é semelhante ao nosso termo "categorias baseadas em atributos". Eles descrevem como uma comunidade de pesquisadores de construção de conhecimento consegue transformar sua compreensão em "teoria formal", que denominamos "categorias baseadas em circunstâncias".

22. Clayton M. Christensen, *O Dilema da Inovação* (M. Books, 2011).

23. Os gestores precisam saber se uma teoria se aplica em sua situação se quiserem confiar nela. Um livro muito útil sobre o assunto é *Estudo de Caso — Planejamento e Métodos* (Bookman, 2010), de Robert K. Yin. Com base no conceito de Yin, diríamos que a amplitude de aplicabilidade de uma teoria, que Yin chama de sua *validade externa*, é estabelecida pela solidez de seu esquema de categorização. Não há outra forma de avaliar onde a teoria se aplica ou não. Para ver o motivo, considere o modelo de inovação disruptiva que surgiu do estudo do setor de disco rígido nos primeiros capítulos do livro *O Dilema da Inovação*. A preocupação que os leitores do estudo de disco rígido levantaram, claro, foi se a teoria se aplicava a outros setores também. *O Dilema da Inovação* tentou abordar essas questões mostrando como a mesma teoria que explicava quem teve sucesso e fracassou nos discos rígidos também explicava o que aconteceu em escavadeiras mecânicas, aço, varejo, motocicletas, software de contabilidade, controles motorizados, cuidados com diabetes e computadores. A variedade foi escolhida para estabelecer a amplitude da aplicabilidade da teoria. Mas isso não deixou dúvidas. Os leitores continu-

aram a perguntar se a teoria se aplicava a produtos químicos, software de banco de dados, e assim por diante.

Aplicar qualquer teoria a vários setores não pode provar sua aplicabilidade porque sempre deixará os gestores se perguntando se há algo diferente em suas circunstâncias atuais que torna a teoria não confiável. Uma teoria pode ser empregada com confiança na previsão somente quando as categorias que definem suas contingências são claras. Alguns pesquisadores acadêmicos, em um esforço bem-intencionado para não ultrapassar a validade do que eles podem reivindicar em defesa ou não, fazem grandes esforços para articular as "condições de limite" dentro das quais suas descobertas podem ser confiáveis. Está tudo muito bem. Mas a menos que se preocupem em definir o que são as outras circunstâncias que estão além das "condições de limite" de seu próprio estudo, eles se limitam àquilo com que podem contribuir para um corpo de teoria útil.

24. Uma ilustração de como é importante obter as categorias certas pode ser vista na fascinante justaposição de dois livros recentes, solidamente pesquisados por estudantes muito inteligentes de gestão e concorrência que mostram casos convincentes para soluções diametralmente opostas para um problema. Cada equipe de pesquisadores aborda o mesmo problema subjacente: o desafio de oferecer um crescimento persistente e lucrativo. Em *Creative Destruction* (Nova York: Currency/Doubleday, 2001), Richard Foster e Sarah Kaplan argumentam que, se as empresas esperam gerar riqueza de forma sustentável e em uma taxa comparável ao mercado mais amplo, elas devem estar dispostas a explorar radicalmente novos modelos de negócios e visitar por si mesmas a desordem que caracteriza os mercados de capitais. Ao mesmo tempo, outro estudo bem realizado, *Profit from the Core* (Boston: Harvard Business School Press, 2001), dos consultores Chris Zook e James Allen da Bain, baseou-se na mesma evidência fenomenológica de que só uma pequena minoria de empresas é capaz de sustentar retornos acima do mercado por um tempo significativo. Mas *seu* livro incentiva as empresas a focar e melhorar seus negócios estabelecidos, em vez de tentar antecipar ou até responder aos caprichos dos investidores de ações buscando gerar novo crescimento em mercados menos afins. Enquanto Foster e Kaplan motivam suas descobertas em termos da adequação histórica do incrementalismo em um contexto de continuidade competitiva e defendem mudanças mais radicais à luz das exigências de hoje, Zook e Allen afirmam que o foco é atemporal e continua sendo o segredo do sucesso. Suas prescrições são mutuamente exclusivas. Qual conselho seguir? Hoje, os gestores que lidam com seus próprios problemas de crescimento não têm opção, exceto escolher um campo com base na reputação dos autores e nos endossos na capa do livro. A resposta é que há uma grande oportunidade para pesquisadores focados nas circunstâncias se basearem nos valiosos princípios que os dois conjuntos de autores estabeleceram. A pergunta que agora precisa de resposta é: quais são as circunstâncias em que focar a essência ou algo próximo dela produzirá lucro e crescimento sustentados, e quais são as circunstâncias em que a destruição criativa mais ampla do conceito de Richard Foster é a abordagem de sucesso?

CAPÍTULO DOIS

COMO VENCEMOS NOSSOS CONCORRENTES MAIS FORTES?

Como saber antes da batalha se seremos capazes de vencer a competição? Por que a disrupção provou ser uma estratégia tão consistentemente eficaz para fazer com que concorrentes fortes fujam dos invasores, em vez de combatê-los? Como podemos moldar nossa ideia de negócio em uma dessas estratégias disruptivas? Podemos realmente prever os vencedores em uma corrida por crescimento inovador? E se pudéssemos escolher nossas batalhas competitivas sabendo que podemos vencer quase todas as vezes? E se soubéssemos de antemão quais estratégias de crescimento teriam sucesso e quais fracassariam?

Os gerentes há muito procuram formas de prever o resultado das lutas competitivas. Alguns analisaram os atributos das empresas envolvidas, prevendo que as maiores e com mais recursos para enfrentar um problema superarão os concorrentes menores. É interessante como muitas vezes os CEOs de grandes empresas ricas em recursos baseiam suas estratégias nessa teoria, apesar das repetidas evidências de que o nível de recursos comprometidos geralmente tem pouca relação com o resultado.

Outros consideraram os atributos da mudança: quando as inovações são incrementais, as empresas líderes estabelecidas em um setor provavelmente reforçarão sua dominância; porém, em comparação com os concorrentes, serão conservadoras e ineficazes na exploração da inovação revolucionária.[1] Observamos na introdução que as previsões fundamentadas em categorias baseadas em atributos, como estas, são pouco confiáveis e frustrantes.

Nosso estudo contínuo de inovação sugere outra forma de entender quando os titulares ganharão e quando os concorrentes provavelmente os vencerão. *O Dilema da Inovação* identificou duas categorias distintas — sustentável e disruptiva — com base nas *circunstâncias* da inovação. Nas *circunstâncias sustentáveis*, quando a corrida envolve fazer melhores produtos que podem ser vendidos por mais para clientes atraentes, descobrimos que os titulares quase sempre prevalecem. Nas *circunstâncias disruptivas*, quando o desafio é comercializar um produto mais simples e conveniente que vende por menos e agrada a um conjunto de clientes novo ou pouco atraente, os concorrentes provavelmente vencerão os titulares. Este é o fenômeno que derrota com frequência as empresas de sucesso. Isso implica, claro, que a melhor forma de os iniciantes atacarem os concorrentes estabelecidos é com a disrupção.

Poucas tecnologias ou ideias de negócios são intrinsecamente sustentáveis ou disruptivas no caráter. Pelo contrário, seu impacto disruptivo deve ser moldado na estratégia à medida que os gestores formam a ideia em um plano e depois a implementam. Os criadores de negócios NGT de sucesso sabem, de modo intuitivo ou explícito, que as estratégias disruptivas aumentam muito as chances do sucesso competitivo.

O objetivo deste capítulo é rever o modelo de inovação disruptiva sob a perspectiva de quem sofre *e* de quem faz a disrupção, a fim de ajudar os geradores de crescimento a moldar suas estratégias para que escolham lutas disruptivas que possam vencer. Como a disrupção acontece quer queiramos ou não, este capítulo também ajudará os gestores das empresas estabelecidas a capturar um crescimento disruptivo, em vez de ver suas empresas serem aniquiladas por ele.

Modelo da Inovação Disruptiva

O Dilema da Inovação identificou três elementos críticos de disrupção, como descrito na Figura 2-1. Primeiro, em todo mercado há uma taxa de melhoria que os clientes podem utilizar ou absorver, representada pela linha pontilhada inclinada suavemente para cima no gráfico. Por exemplo, as empresas de automóveis continuam fornecendo motores novos e melhorados, mas não podemos utilizar todo o desempenho disponibilizado sob o capô. Fatores como engarrafamentos, limites de velocidade e questões de segurança restringem quanto desempenho podemos usar.

FIGURA 2-1

Modelo da inovação disruptiva

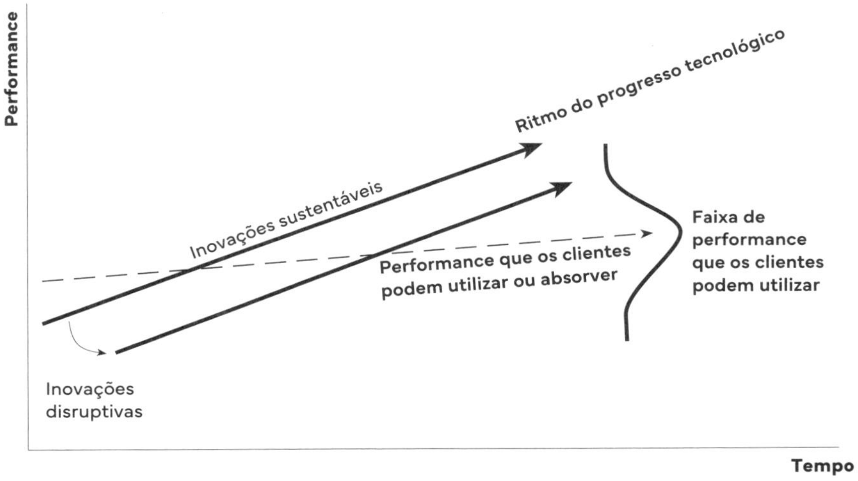

Para simplificar o gráfico, descrevemos a capacidade dos clientes de utilizar a melhoria como uma única linha. Na realidade, há uma distribuição de clientes em torno dessa mediana: há muitas dessas linhas, ou níveis, em um mercado, uma faixa indicada pela curva de distribuição à direita. Os clientes nos níveis mais altos ou mais exigentes podem nunca estar satisfeitos com o melhor disponibilizado, e aqueles nos níveis mais baixos ou menos exigentes podem ficar satisfeitos com muito pouco.[2] Essa linha pontilhada representa a tecnologia que é "boa o suficiente" para atender às necessidades dos clientes.

Em segundo lugar, em todo mercado há uma trajetória distintamente diferente de melhoria que as empresas inovadoras fornecem à medida que introduzem produtos novos e aprimorados. Esse ritmo de progresso tecnológico quase sempre supera a capacidade de uso dos clientes em qualquer nível do mercado, como sugerem as linhas sólidas mais inclinadas na Figura 2-1. Assim, uma empresa cujos produtos estão posicionados diretamente nas necessidades atuais dos clientes tradicionais provavelmente superará o que esses mesmos clientes poderão utilizar no futuro. Isso acontece porque as empresas continuam se esforçando para fazer produtos melhores que possam vender com margens de lucro mais altas para clientes ainda não satisfeitos nos níveis mais exigentes do mercado.

Para visualizar isso, pense em 1983, quando as pessoas começaram a usar computadores pessoais para o processamento de texto. Os digitadores muitas vezes tinham de parar para o chip Intel 286 acompanhar. Como descrito no lado esquerdo da Figura 2-1, a tecnologia não era boa o suficiente. Mas os processadores de hoje oferecem muito mais velocidade do que os clientes tradicionais podem usar, embora ainda existam alguns clientes insatisfeitos nos níveis mais exigentes do mercado que precisam de chips ainda mais rápidos.

O terceiro elemento crítico do modelo é a distinção entre inovação sustentável e disruptiva. Uma *inovação sustentável* visa clientes exigentes e sofisticados com melhor desempenho em relação ao que estava disponível anteriormente. Algumas inovações sustentáveis são as melhorias incrementais ano a ano que todas as boas empresas conseguem. Outras inovações sustentáveis são produtos revolucionários, que ultrapassam a concorrência. Não importa a dificuldade tecnológica da inovação, os concorrentes estabelecidos quase sempre vencem as batalhas da tecnologia sustentável. Como essa estratégia implica fazer um produto melhor que eles podem vender com maiores margens de lucro para seus melhores clientes, os concorrentes estabelecidos têm grandes motivações para as batalhas sustentáveis. E têm recursos para vencer.

Já as *inovações disruptivas* não tentam trazer melhores produtos para os clientes estabelecidos em mercados existentes. Em vez disso, elas fazem uma disrupção e redefinem a trajetória, introduzindo produtos e serviços que não são tão bons quanto aqueles atualmente disponíveis. Mas as tecnologias disruptivas oferecem outros benefícios — normalmente, são produtos mais simples, mais convenientes e menos caros que atraem clientes novos ou menos exigentes.[3]

Uma vez que o produto disruptivo ganha posição nos mercados novos ou de baixa qualidade, o ciclo de melhoria começa. E como o ritmo do progresso tecnológico supera as habilidades dos clientes em usá-lo, a tecnologia não tão boa anterior acaba melhorando o suficiente para cruzar com as necessidades dos clientes mais exigentes. Quando isso acontece, os disruptores acabam por esmagar os titulares. Essa distinção é importante para os inovadores que buscam criar negócios NGT. Enquanto os atuais líderes do setor quase sempre triunfam nas batalhas da inovação sustentável, as disrupções bem-sucedidas foram lançadas com mais frequência pelas empresas concorrentes.[4]

A disrupção tem um efeito paralisante nos líderes do setor. Com processos de alocação de recursos planejados e aperfeiçoados para dar suporte a inovações sustentáveis, eles são constitucionalmente incapazes de responder. Eles são sempre motivados a entrar no mercado de ponta e quase nunca a defender os mercados novos ou de baixo custo que os disruptores acham atraentes. Chamamos esse fenômeno de *motivação assimétrica*. É a essência do dilema da inovação e o início da solução do inovador.

Disrupção em Ação: Como as Miniusinas Derrubaram as Siderúrgicas Integradas

A disrupção das siderúrgicas integradas pelas miniusinas, cuja história foi parcialmente revisada no livro *O Dilema da Inovação*, tem um exemplo clássico do porquê de os líderes estabelecidos serem muito mais fáceis de vencer se a ideia de um novo produto ou negócio for moldada em uma disrupção.

Historicamente, a maior parte do aço do mundo vem de enormes usinas integradas que fazem de tudo, desde a reação do minério de ferro, coque e calcário em altos-fornos até a laminação de produtos acabados na outra extremidade. Custa cerca de US$8 bilhões construir uma enorme fábrica integrada hoje. Já as miniusinas derretem a sucata de aço em fornos de arco elétrico — cilindros com cerca de 20 metros de diâmetro e 10 metros de altura. Como podem produzir aço fundido de forma econômica em uma câmara muito pequena, as miniusinas não precisam das operações de laminação e acabamento em larga escala necessárias para lidar com a saída dos altos-fornos eficientes, e é por isso que são chamadas de *miniusinas*. O mais importante, porém, é que a tecnologia direta delas pode produzir aço de qualquer qualidade por um custo 20% menor do que uma usina integrada.

O aço é uma *commodity*. Você poderia imaginar que toda siderúrgica integrada no mundo teria adotado agressivamente a tecnologia de miniusina de baixo custo. No entanto, ainda em 2000, nenhuma siderúrgica integrada havia investido com sucesso em uma miniusina, mesmo que elas tenham crescido para representar quase metade da produção de aço da América do Norte e uma parcela significativa de outros mercados também.[5]

Podemos explicar por que algo que faz tanto sentido foi tão difícil para as usinas integradas. As miniusinas se tornaram tecnologicamente viáveis na metade dos anos 1960. Como elas derretem sucata de produtos químicos incertos e variados em seus fornos de arco elétrico, a qualidade do aço que elas inicialmente podiam produzir era ruim. De fato, o único mercado que aceitava a produção das miniusinas era o de barras de reforço de concreto (vergalhões). As especificações para os vergalhões são vagas, então era um mercado ideal para produtos de qualidade baixa e variada.

Quando as miniusinas atacaram o mercado de vergalhões, as usinas integradas ficaram felizes em se livrar dessa *commodity* cruel. Devido às diferenças em suas estruturas de custo e às oportunidades de investimento que cada um enfrentava, o mercado de vergalhões parecia muito diferente para quem fazia e sofria a disrupção. Para os produtores integrados, as margens de lucro bruto sobre o vergalhão geralmente pairavam em 7%, e toda a categoria de produtos representava apenas 4% da tonelagem do setor. Era o menos atraente em qualquer nível de mercado em que poderiam investir para crescer. Assim, à medida que as miniusinas estabeleceram uma posição no mercado de vergalhões, as fábricas integradas reconfiguraram suas linhas de vergalhões para tornar os produtos mais lucrativos.

Por outro lado, com uma vantagem de custo de 20%, as miniusinas desfrutaram de lucros atraentes em concorrência com as usinas integradas de vergalhões — até 1979, quando as miniusinas finalmente conseguiram tirar a última usina integrada do mercado. As estatísticas históricas de preços mostram que o preço do vergalhão caiu 20%. Contanto que as miniusinas pudessem competir com as usinas integradas de custo mais alto, o jogo era lucrativo para elas. Mas assim que a miniusina de baixo custo foi colocada contra outra miniusina em um mercado de *commodities*, a recompensa da vitória foi a de que nenhuma conseguiu ter lucros atraentes com vergalhões.[6] Pior, como todas procuravam rentabilidade tornando-se produtores mais eficientes, descobriram que reduzir os custos significava sobrevivência, mas não rentabilidade, em uma *commodity* como o vergalhão.[7]

Mas logo as miniusinas buscaram o mercado de ponta e o que viram lá significou alívio. Se pudessem descobrir como fabricar aço maior e melhor

FIGURA 2-2

Migração para o mercado de ponta das miniusinas de aço

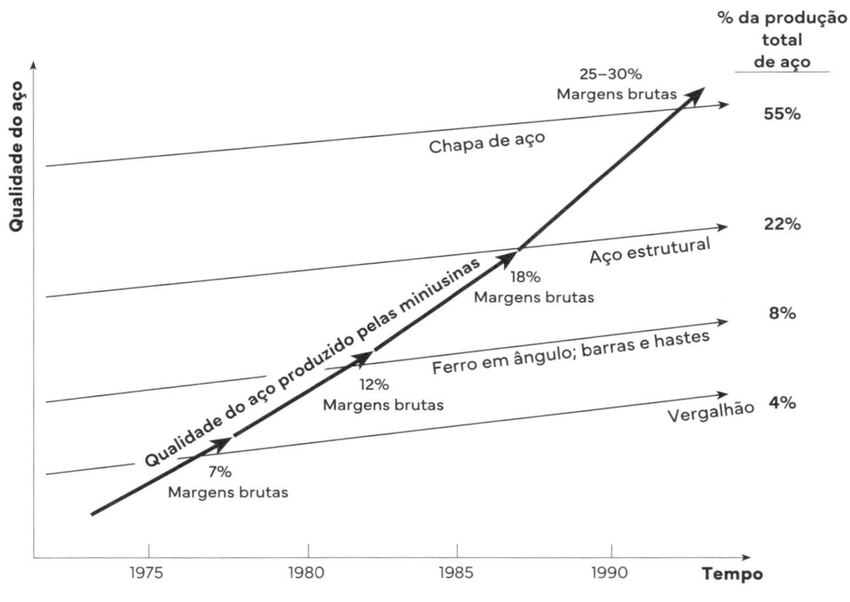

Fonte: American Iron and Steel Institute; entrevistas com executivos da empresa. Observe que as porcentagens da tonelagem não totalizam 100% porque há outras categorias especiais do aço.

— formas como ferro em ângulo, barras e hastes mais grossas —, poderiam fazer *toneladas* de dinheiro, porque nesse nível do mercado, como sugerido na Figura 2-2, as usinas integradas ganhavam margens brutas de cerca de 12%, quase o dobro das margens que conseguiam ganhar com vergalhões. Esse mercado também era duas vezes maior que o segmento de vergalhões, representando cerca de 8% da tonelagem do setor. À medida que as miniusinas descobriram como fabricar aço maior e melhor e atacaram esse nível do mercado, as usinas integradas ficaram quase aliviadas por se livrar do negócio de barras e hastes também. Era uma *commodity* cruel, em comparação com seus produtos de margem mais alta, ao passo que, para as miniusinas, era uma oportunidade atraente, em relação ao seu vergalhão com margem menor. Assim, à medida que as miniusinas expandiram sua capacidade de fabricar ferro em ângulo, barras e hastes mais grossas, as usinas integradas fecharam suas linhas ou as reconfiguraram para fazer produtos mais lucrativos. Com uma vantagem de custo de 20%, as miniusinas tiveram lucros significativos em concorrência com as usinas integradas até 1984, quando finalmente conseguiram tirar a última usina integrada do mercado. Mais uma vez, as miniusinas tiveram sua recompensa: com uma miniusina de baixo custo colocada contra outra, o preço da barra e da haste colapsou em 20%, e elas não conseguiram mais ter lucros atraentes. O que fazer?

O movimento contínuo para o mercado de ponta nas vigas estruturais pareceu ser a resposta óbvia seguinte. As margens brutas nesse setor eram de 18%, e o mercado era três vezes maior que o de barras e hastes. A maioria dos especialistas do setor pensou que as miniusinas não conseguiriam laminar as vigas estruturais. Muitas das propriedades necessárias para atender às especificações do aço usado na construção de edifícios e pontes foram transmitidas ao aço nos processos de laminação das grandes usinas integradas, e simplesmente não era possível ter essas propriedades nas instalações reduzidas das miniusinas. Mas os especialistas não contaram com a motivação desesperada das miniusinas a resolver o problema, porque era a única forma de ganhar um bom dinheiro. Elas conseguiram inovações extraordinariamente inteligentes conforme foram do ferro em ângulo para as vigas em I, coisas como o molde de osso de cachorro da Chaparral Steel em sua moldagem contínua, que ninguém imaginava que poderia ser feito. Embora não fosse previsto qual seria a solução técnica, é possível antever com perfeita certeza que as miniusinas estavam muitíssimo motivadas para descobrir isso. A necessidade continua sendo a mãe da invenção.

No início de sua invasão nas vigas estruturais, as maiores que as miniusinas podiam laminar eram pequenas vigas de seis polegadas do tipo que apoiava as casas móveis. Elas atacaram a ponta inferior do mercado de vigas estruturais, e novamente as usinas integradas ficaram quase aliviadas por se livrar dele. Era uma *commodity* cruel, em comparação com seus outros produtos de margem mais alta, em que o investimento focado pode trazer um volume mais atraente. Mas para as miniusinas, era um produto atraente, em comparação com as margens que ganhavam com vergalhões e ferro em ângulo. Assim, conforme as miniusinas expandiram sua capacidade de laminar vigas estruturais, as usinas integradas fecharam as de vigas estruturais para focar os produtos de chapa de aço mais lucrativos. Com uma vantagem de custo de 20%, as miniusinas tiveram lucros significativos, desde que pudessem competir com as usinas integradas. Em meados dos anos 1990, quando finalmente conseguiram tirar a última usina integrada do mercado, os preços entraram em colapso de novo. Mais uma vez, a recompensa pela vitória foi o fim do lucro.

A sequência se repetiu quando a principal miniusina, Nucor, atacou o negócio de chapas de aço. Sua capitalização de mercado agora supera a da maior empresa siderúrgica integrada, a US Steel. A Bethlehem Steel está falida no momento da escrita deste livro.

Esta não é uma história de gestão malfeita da empresa de aço. É uma história de gestores racionais enfrentando o dilema da inovação: investimos para proteger a parte menos lucrativa do negócio, mantendo nossos clientes menos leais e mais sensíveis ao preço? Ou investimos para fortalecer nossa posição nos níveis mais lucrativos do negócio, com clientes que nos recompensam com preços premium por produtos melhores?

Os executivos que enfrentam esse dilema são de todo tipo: tímidos, mal-humorados, analíticos e orientados pela ação. Em um mundo desestruturado, suas ações podem ser imprevisíveis. Mas, como grandes titulares do setor, eles encontram forças poderosas e previsíveis que os motivam a fugir, em vez de lutar quando atacados por baixo. É por isso que moldar uma ideia de negócio em uma disrupção é uma estratégia eficaz para vencer um concorrente estabelecido. A disrupção funciona porque é *muito* mais fácil vencer os concorrentes quando eles estão motivados a fugir, ao invés de lutar.

As forças que levam as empresas bem gerenciadas ao mercado de ponta estão *sempre* em ação, em todas as empresas de todos os setores. Se as concorrentes fizeram ou não disrupção nos líderes estabelecidos, as forças estão em ação, levando previsivelmente a uma direção. Não é apenas um fenômeno das "empresas de tecnologia", como as envolvidas em microeletrônica, software, fotônica ou bioquímica. De fato, quando usamos o termo *tecnologia* neste livro, significa o processo que qualquer empresa usa para converter insumos de trabalho, materiais, capital, energia e informações em resultados de maior valor. Com o propósito de ter um crescimento previsível, tratar a "alta tecnologia" como diferente da "baixa tecnologia" não é o modo certo de categorizar o mundo. Toda empresa tem tecnologia, e cada uma está sujeita a essas forças fundamentais.

O Papel da Inovação Sustentável ao Gerar Crescimento

Devemos ressaltar que *não* argumentamos contra a busca agressiva da inovação sustentável. Vários outros livros esclarecedores oferecem técnicas de gestão para ajudar as empresas a se destacarem nas inovações sustentáveis, e sua contribuição é importante.[8] Quase sempre, uma série de empresas similares entra em um setor nos primeiros anos, e ficar à frente dos outros — avançar na trajetória da inovação sustentável de forma mais decidida — é fundamental para a *exploração* exitosa da oportunidade disruptiva. Mas esta é a fonte do dilema: as inovações sustentáveis são tão importantes e atraentes, em relação às disruptivas, que as melhores empresas sustentáveis ignoram sistematicamente as ameaças e as oportunidades disruptivas até o fim do jogo.

Uma inovação sustentável implica basicamente criar uma ratoeira melhor. Iniciar uma nova empresa com inovação sustentável não é necessariamente uma má ideia: às vezes, as empresas focadas podem desenvolver novos produtos mais rapidamente do que as empresas maiores por causa dos conflitos e das distrações que o amplo escopo muitas vezes cria. A teoria da disrupção sugere, no entanto, que, uma vez que tenham desenvolvido e estabelecido a viabilidade de seu produto superior, os empreendedores que entraram em uma trajetória sustentável devem se virar e vender para um dos líderes do setor atrás deles. Se feito com sucesso, ficar à frente dos líderes na curva sustentável e vender rápido pode ser uma forma simples de ter um retorno financeiro atraente. É uma prática comum no setor de saúde e foi o mecanismo bem documentado pelo qual a Cisco Systems "terceirizou" (e financiou com capital próprio, em vez de gastar dinheiro) grande parte de seu desenvolvimento de produtos sustentáveis na década de 1990.

No entanto, uma estratégia de tecnologia sustentável *não* é uma maneira viável de criar negócios NGT. Se você criar e tentar vender um produto melhor em um mercado estabelecido para capturar os melhores clientes dos concorrentes estabelecidos, os concorrentes serão motivados a lutar, em vez de fugir.[9] Esse conselho vale mesmo quando o participante é uma grande corporação mais endinheirada que o titular.

Por exemplo, as caixas registradoras eletrônicas eram uma inovação radical, mas sustentável, em relação às caixas eletromecânicas, cujo mercado era dominado pela National Cash Register (NCR). A NCR perdeu *totalmente* o advento da nova tecnologia na década de 1970 — tanto que as vendas de seus produtos literalmente foram a zero. As registradoras eletrônicas eram tão superiores que não havia razão para comprar um produto eletromecânico, exceto como uma antiguidade. No entanto, a NCR sobreviveu com receitas de serviços por mais de um ano, e quando finalmente introduziu sua própria caixa registradora eletrônica, sua extensa organização de vendas rapidamente conquistou a mesma cota de mercado que a empresa desfrutava no domínio eletromecânico.[10] As tentativas que a IBM e a Kodak fizeram nas décadas de 1970 e 1980 para vencer a Xerox no negócio de fotocopiadoras de alta velocidade são outro exemplo. Essas empresas eram *muito* maiores e, todavia, não conseguiram superar a Xerox em uma competição de tecnologia sustentável. A empresa que venceu a Xerox foi a Canon, e essa vitória começou com uma estratégia disruptiva de copiadora de mesa.

Da mesma forma, as gigantes corporativas RCA, General Electric e AT&T não conseguiram superar a IBM na trajetória da tecnologia sustentável em computadores mainframe. Apesar dos enormes recursos colocados na IBM, não conseguiram nem arranhar a posição dela. No final, foram os fabricantes de computadores pessoais disruptivos, e não as grandes corporações que escolheram uma luta direta e de inovação sustentável, que superaram a IBM em computadores. A Airbus entrou no setor de aeronaves comerciais enfrentando a Boeing, mas isso exigiu subsídios em massa dos governos europeus. No futuro, o crescimento mais lucrativo no setor de aeronaves provavelmente virá de empresas com estratégias disruptivas, como a Embraer e a Canadair da Bombardier, cujos voos regionais estão avançando agressivamente por baixo no mercado de ponta.[11]

Disrupção É um Termo *Relativo*

Uma ideia que é disruptiva para um negócio pode ser sustentável para outro. Dadas as fortes probabilidades que favorecem os titulares na corrida sustentável, mas os concorrentes nas disruptivas, recomendamos uma regra rígida: se sua ideia para um produto ou um negócio parece disruptiva para algumas empresas estabelecidas, porém pode representar uma melhoria *sustentável* para outras, então você deve voltar para a prancheta. É preciso definir uma oportunidade que seja disruptiva em relação a *todos* os atores estabelecidos no mercado-alvo, ou você não deve investir na ideia. Se é uma inovação sustentável em relação ao modelo de negócios de um titular importante, é muito improvável que você ganhe a luta escolhida.

Veja a internet, por exemplo. No final da década de 1990, os investidores colocaram bilhões nas empresas de internet, convencidos de seu potencial "disruptivo". Uma razão importante pela qual muitos deles fracassaram foi que a internet era uma inovação sustentável em relação aos modelos de negócios de uma série de empresas. Antes do advento da internet, a Dell Computer, por exemplo, vendia computadores diretamente aos clientes por correio e telefone. Esse negócio já era um disruptor de baixo custo, com uma trajetória ascendente. Os vendedores por telefone da Dell foram altamente treinados para orientar seus clientes nas várias configurações de componentes que eram ou não viáveis. Então, eles inseriam manualmente as informações nos sistemas de pedidos da Dell.

Para a Dell, a internet era uma tecnologia sustentável. Isso fez com que os principais processos de negócios dela funcionassem melhor e ajudou a empresa a ganhar mais dinheiro na forma como foi estruturada para tanto. Mas a estratégia idêntica de venda direta aos clientes pela internet foi muito disruptiva em relação ao modelo de negócios da Compaq, porque a estrutura de custos e os processos de negócios da empresa eram direcionados à distribuição de varejo na loja.

A teoria da disrupção concluiu que, se a Dell (e a Gateway) não existissem, os varejistas de computadores de internet teriam feito uma disrupção nos concorrentes como a Compaq. Mas como a internet sustentava poderosos titulares, os varejistas de computadores de internet concorrentes não prosperaram.

Um Modelo de Negócio Disruptivo É um Ativo Corporativo Valioso

Um modelo de negócios disruptivo que pode gerar lucros atraentes com preços reduzidos necessários para ganhar negócios de baixo custo é um ativo de crescimento extraordinariamente valioso. Quando seus executivos elevam o preço do modelo de negócios para criar produtos de maior desempenho que vendem a preço mais alto, grande parte do incremento nos preços cai nos resultados financeiros e continua caindo enquanto o disruptor segue subindo, competindo na margem com o prejudicado de custo mais alto. Quando uma empresa tenta reduzir os preços de um modelo de negócios de custo mais alto no mercado para vender produtos a preços mais baixos, quase nenhuma receita incremental cai nos resultados financeiros. Isso é absorvido nas despesas gerais. É por isso que, como discutiremos no Capítulo 7, as empresas estabelecidas que esperam capturar o crescimento criado pela disrupção precisam fazê-lo de dentro de um negócio autônomo com uma estrutura de custos que ofereça o máximo de espaço possível para a migração lucrativa subsequente para o mercado de ponta.

A trajetória ascendente para níveis de margem sucessivamente mais altos do mercado e a colocação de produtos menos lucrativos de baixo custo é algo que todos os bons gestores devem fazer a fim de manter suas margens fortes e seu preço de ações saudável. Ficar parado não é uma opção, porque as empresas que param de subir se encontram na situação das vigas de aço, sobrecarregando com produtos difíceis de diferenciar em relação aos concorrentes com custos comparáveis.[12]

Em última análise, isso significa que, ao fazer o que deve, toda empresa prepara o caminho para sua própria disrupção. Este é o dilema da inovação. Mas também é o início da solução do inovador. A disrupção não garante o sucesso, mas com certeza ajuda: *O Dilema da Inovação* mostrou que seguir uma estratégia de disrupção aumentou as chances de criar um negócio de crescimento bem-sucedido de 6% para 37%.[13] Como o curso de ação da empresa estabelecida é obrigatório e claro, também fica óbvio o que os executivos que buscam criar negócios NGT devem fazer: segmentar produtos e mercados que as empresas estabelecidas são motivadas a ignorar ou dos quais fugir. Muitas das trajetórias de crescimento mais lucrativas da história foram iniciadas por inovações disruptivas.

Dois Tipos de Disrupção

Para simplificar, *O Dilema da Inovação* apresentou o diagrama da inovação disruptiva em apenas duas dimensões. Na realidade, há dois tipos diferentes de disrupção, que podem ser mais bem visualizados adicionando-se um terceiro eixo ao diagrama de disrupção, como mostrado na Figura 2-3.

FIGURA 2-3

Terceira dimensão do modelo de inovação disruptiva

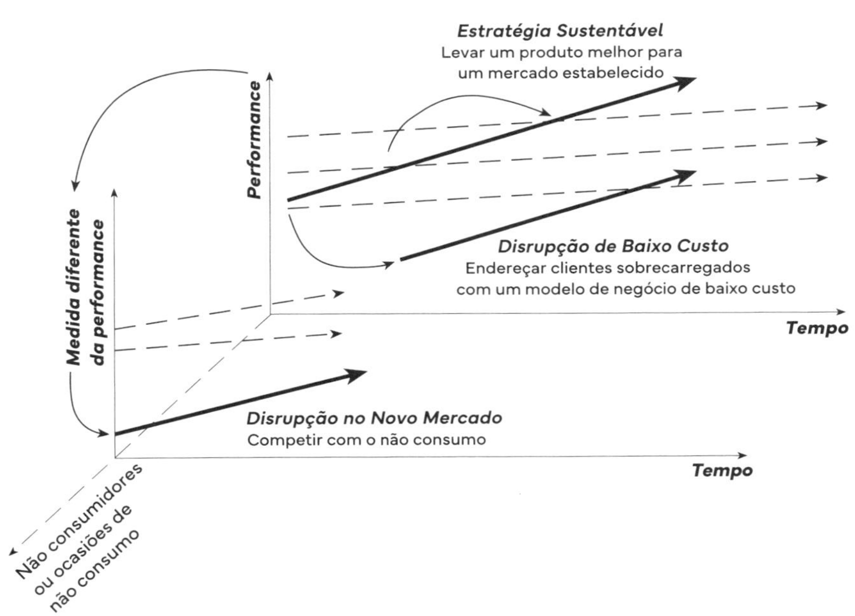

Os eixos verticais e horizontais são como antes: o desempenho do produto no eixo vertical, com o tempo plotado na dimensão horizontal. O terceiro eixo representa novos clientes e novos contextos de consumo.

Nossas dimensões originais (tempo e performance) definem uma aplicação de mercado específica na qual os clientes compram e usam um produto ou um serviço. Em termos geométricos, essa aplicação e esse conjunto de clientes residem em um plano de competição e consumo, que o livro *O Dilema da Inovação* chamou de *rede de valor*. Uma rede de valor é o contexto no qual uma empresa estabelece uma estrutura de custos e processos operacionais, além de trabalhar com fornecedores e parceiros de canal para responder de forma lucrativa às necessidades comuns de uma classe de clientes. Em uma rede de valor, a estratégia competitiva de cada empresa, e particularmente sua estrutura de custos, suas escolhas de mercados e clientes para atender, determina suas percepções do valor econômico de uma inovação. Essas percepções, por sua vez, moldam as recompensas e as ameaças que as empresas esperam vivenciar por meio de inovações disruptivas *versus* sustentáveis.[14]

A terceira dimensão que se estende até nós no diagrama representa os novos contextos de consumo e competição, que são as novas redes de valor. Eles constituem novos clientes que anteriormente não tinham dinheiro ou capacidade para comprar e usar o produto, ou diferentes situações em que um produto pode ser usado, possibilitadas por melhorias na simplicidade, na portabilidade e no custo. Para cada uma dessas novas redes de valor, um eixo vertical pode ser desenhado representando a performance de um produto como definido nesse contexto (que é uma medida diferente do que é valorizado na rede de valor original).

Diferentes redes de valor podem surgir em distâncias opostas da original ao longo da terceira dimensão do diagrama de disrupção. Na discussão a seguir, iremos nos referir às disrupções que criam uma nova rede de valor no terceiro eixo como *disrupções no novo mercado*. Em oposição, as *disrupções de baixo custo* serão aquelas que atacam os clientes menos rentáveis e mais sobrecarregados na ponta inferior da rede de valor original.

Disrupções no Novo Mercado

Dizemos que as disrupções no novo mercado competem com o "não consumo" porque os produtos disruptivos do novo mercado são tão mais acessíveis e simples de usar que permitem que toda uma nova população comece a ter e utilizar o produto, em um cenário mais conveniente. O computador pessoal e o primeiro rádio de bolso com transistor a bateria da Sony foram disrupções no novo mercado, no sentido de que seus clientes iniciais eram novos consumidores; eles não tinham nem usavam a geração anterior de produtos e serviços. As fotocopiadoras para desktop da Canon também foram uma disrupção no novo mercado na medida em que permitiram que as pessoas começassem a fazer suas próprias fotocópias perto dos escritórios, em vez de levar seus originais para o centro de fotocópias de alta velocidade corporativo onde um técnico fazia o trabalho para elas. Quando a Canon tornou a fotocópia conveniente, as pessoas acabaram fazendo *muito* mais cópias. O desafio dos disruptores no novo mercado é criar uma nova rede de valor, em que é o não consumo, não o titular, que deve ser superado.

Apesar de as disrupções no novo mercado inicialmente competirem com o não consumo em sua rede de valor única, quando seu desempenho melhora, elas acabam ficando muito boas em tirar os clientes da rede de valor original e colocar na nova, começando com o nível menos exigente. A inovação disruptiva não invade o mercado principal; ao contrário, ela tira os clientes da rede de valor principal e coloca na nova porque esses clientes acham mais conveniente usar o novo produto.

Como as disrupções no novo mercado competem com o não consumo, os líderes históricos sentem pouca ameaça e nenhuma dor até que a disrupção esteja em seus estágios finais. Na verdade, quando os disruptores começam a tirar os clientes da ponta inferior da rede de valor original, isso realmente parece bom para as empresas líderes, porque à medida que elas vão para o mercado de ponta em seu próprio mundo, por um tempo elas substituem as receitas de baixa margem que os disruptores roubam por receitas de maior margem provenientes das inovações sustentáveis.[15]

Disrupções de Baixo Custo

Chamamos de *disrupções de baixo custo* aquelas que criam raízes na ponta inferior da rede de valor original ou principal. Disrupções como miniusinas de aço, varejo de desconto e a entrada das montadoras coreanas no mercado norte-americano foram puras disrupções de baixo custo no sentido de que elas não criaram novos mercados; eram simplesmente modelos de negócios de baixo custo que cresceram ao eliminar os clientes menos atraentes das empresas estabelecidas. Embora sejam diferentes, as disrupções no novo mercado e de baixo custo criam o mesmo dilema irritante para os titulares. As disrupções no novo mercado induzem os titulares a ignorar os invasores, e as disrupções de baixo custo os motivam a fugir do ataque.

A disrupção de baixo custo ocorreu várias vezes no varejo.[16] Por exemplo, lojas de departamento completas tinham um modelo de negócios que lhes permitia girar os estoques três vezes ao ano. Elas precisavam ter 40% de margens brutas para ganhar dinheiro dentro de sua estrutura de custos. Assim, elas ganhavam 40% três vezes por ano, com um retorno anual de 120% sobre o capital investido no estoque (ROCII). Na década de 1960, varejistas de desconto como Walmart e Kmart atacaram a ponta baixa do mercado das lojas de departamento — bens duráveis de marca nacional, como tintas, ferragens, utensílios de cozinha, brinquedos e artigos esportivos — que eram tão familiares que se vendiam sozinhos. Os clientes nesse nível do mercado estavam sobrecarregados com as lojas de departamento, na medida em que não precisavam de vendedores bem treinados para ajudá-los a ter o que precisavam. O modelo de negócios dos descontos permitia que elas ganhassem dinheiro com margens brutas de cerca de 23%, em média. Suas políticas de estoque e seus processos operacionais permitiam que girassem os estoques mais de cinco vezes ao ano, de modo que também ganhassem cerca de 120% de ROCII anual. Os descontos não aceitavam níveis mais baixos de rentabilidade: seu modelo de negócios simplesmente tinha um lucro aceitável com uma fórmula diferente.[17]

É muito difícil para as empresas estabelecidas *não* fugir de um disruptor de baixo custo. Considere, por exemplo, a escolha que os executivos das lojas de departamento completas tiveram de fazer quando os varejistas de desconto atacaram com bens duráveis de marca na ponta baixa do mix de mercadorias das lojas de departamento. A decisão crítica de alocação de recursos dos varejistas é o uso do piso ou da prateleira. Uma opção para os executivos das lojas de departamento foi alocar mais espaço para cosméticos de margem ainda maior e vestuário de alta moda, cujas margens brutas geralmente excediam 50%. Como seu modelo de negócios girava os estoques três vezes por ano, essa opção prometia 150% de ROCII.

A alternativa foi defender os negócios de bens de marca, que as lojas de desconto atacavam com preços 20% abaixo daqueles das lojas de departamento. Competir com descontos nesses níveis levaria a margens despencando em 20%, mas com giros de estoque três vezes ao ano, em média, inerentes ao seu modelo de negócios, isso implicava um ROCII de 60%. Assim, fazia todo sentido que as lojas de departamento completas fugissem para sair dos níveis de mercado em que as lojas de desconto eram motivadas a entrar.[18]

Muitas disrupções são híbridas, combinando abordagens do novo mercado e de baixo custo, como descrito pela continuidade do terceiro eixo na Figura 2-3. Por exemplo, a Southwest Airlines é, na verdade, um disruptor híbrido. Inicialmente, visou clientes que não voavam, pessoas que anteriormente usavam carros e ônibus. Mas a Southwest tirou também os clientes da ponta baixa da rede de valor das principais companhias aéreas. Charles Schwab é um disruptor híbrido. Ele roubou alguns clientes de corretores *full service* com suas taxas de negociação com desconto, mas também criou novos mercados, permitindo pessoas que historicamente não eram investidores de ações, como estudantes, a começar a ter e negociar ações.[19]

A Figura 2-4 mostra onde alguns dos disruptores mais bem-sucedidos da história se posicionaram no continuum da disrupção do novo mercado até a disrupção de baixo custo no início. O apêndice deste capítulo tem uma breve explicação histórica de cada um dos produtos disruptivos ou das empresas listadas no gráfico. Não é um censo completo das empresas disruptivas, claro, e sua posição no gráfico é apenas aproximada. No entanto, a matriz transmite nossa sensação de que a disrupção é uma fonte primária de crescimento. A prevalência de empresas japonesas como Sony, Nippon Steel, Toyota, Honda e Canon no período entre 1960 e 1980, e a ausência das

FIGURA 2-4

Exemplos de empresas e produtos com raízes na disrupção

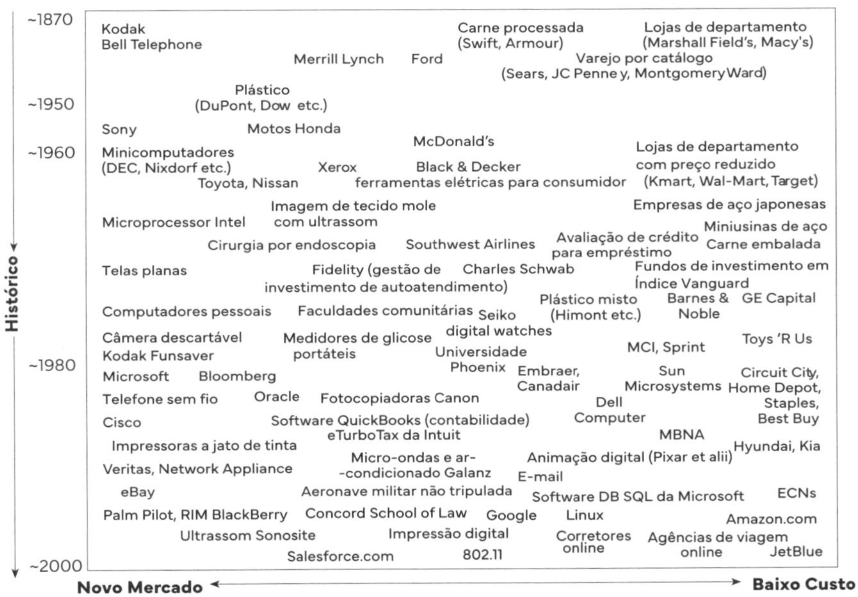

empresas japonesas disruptivas na década de 1990, por exemplo, explicam muito por que a economia do Japão estagnou. Muitas de suas empresas mais influentes cresceram radicalmente fazendo disrupção nas outras; mas a estrutura do sistema econômico do Japão inibe a criação de novas ondas de crescimento disruptivo, em parte porque podem ameaçar essas empresas hoje.[20]

O gráfico também mostra que a disrupção é uma força contínua que está sempre em ação, o que significa que os disruptores em uma geração se tornam os prejudicados mais tarde. O Modelo T da Ford, por exemplo, criou a primeira onda em massa de crescimento disruptivo nos automóveis. Toyota, Nissan e Honda criaram a próxima onda, e as montadoras coreanas Hyundai e Kia começaram a terceira. O negócio de telefonia fixa a longa distância da AT&T, que causou disrupção na Western Union, está sofrendo disrupção com a comunicação sem fio. Fabricantes de plásticos como Dow, DuPont e General Electric continuam a fazer disrupção no aço, mesmo que seu baixo custo esteja sendo devorado por fornecedores de plásticos de poliolefina misto, como a Himont.

Moldando Ideias para Ser Disruptivo: Três Testes Decisivos

No início deste capítulo, mencionamos que poucas tecnologias ou ideias de produtos são inerentemente sustentáveis ou disruptivas quando surgem da mente do inovador. Ao contrário, eles passam por um processo de desenvolvimento e moldagem em um plano estratégico para ganhar financiamento. Muitas, mas não todas, ideias iniciais que se moldam em inovações sustentáveis poderiam ser facilmente adaptadas em planos de negócios disruptivos com um potencial de crescimento muito maior. Porém o processo de modelagem deve ser conscientemente gerenciado, e não deixado para as decisões dispersas e instintivas daqueles que escrevem os planos de negócios.

Os executivos devem responder a três conjuntos de perguntas para determinar se uma ideia tem potencial disruptivo. O primeiro explora se a ideia pode se tornar uma nova disrupção do mercado. Para que isso aconteça, pelo menos uma e geralmente ambas as perguntas devem ser respondidas afirmativamente:

- Há uma grande população que historicamente não tinha dinheiro, equipamento ou habilidade para fazer isso sozinha e, como resultado, ficou sem algo ou precisou pagar alguém com mais experiência para fazê-lo por ela?
- Para usar o produto ou o serviço, os clientes precisam ir a uma localização central e inconveniente?

Se a tecnologia pode ser desenvolvida para que pessoas menos qualificadas ou abastadas possam começar a ter e usar, em um contexto mais conveniente, algo que historicamente estava disponível apenas para pessoas mais qualificadas ou ricas em uma localização central e inconveniente, então há potencial para moldar a ideia em uma disrupção no novo mercado.

O segundo conjunto de perguntas explora o potencial para uma disrupção de baixo custo. Isso é possível se estas duas perguntas puderem ser respondidas afirmativamente:

- Há clientes na ponta baixa do mercado que ficariam felizes em comprar um produto com menos performance (mas bom o suficiente) se pudessem obtê-lo por um preço menor?
- Podemos criar um modelo de negócio que nos permite ter lucros atraentes com os preços reduzidos necessários para ganhar o negócio desses clientes sobrecarregados na ponta baixa?

Muitas vezes, as inovações que permitem uma disrupção de baixo custo são melhorias que reduzem os custos gerais, permitindo que uma empresa tenha retornos atraentes em margens brutas menores, juntamente com melhorias nos processos de fabricação ou de negócios que tornam os ativos mais rápidos.

Assim que uma inovação passa no teste do novo mercado ou de baixo custo, ainda há uma terceira questão crítica, ou teste decisivo, a responder afirmativamente:

- A inovação é disruptiva para *todos* os grandes titulares do setor? Se parece sustentar um ou mais atores significativos no setor, então as probabilidades serão a favor dessa empresa, e é improvável que o concorrente vença.

Se uma ideia falha nos testes decisivos, então não pode ser moldada em uma disrupção. Ela pode ter promessas como uma tecnologia sustentável, mas nesse caso esperaríamos que não possa constituir a base de um negócio NGT para uma concorrente.

TABELA 2-1

Três abordagens para criar negócios NGT

Dimensão	Inovações sustentáveis	Disrupções de baixo custo	Disrupções no novo mercado
Performance segmentada do produto ou do serviço	Melhoria na performance *em atributos mais valorizados pelos clientes mais exigentes do setor.* Essas melhorias podem ser incrementais ou de caráter inovador.	Performance que é boa o suficiente nas métricas tradicionais de desempenho na ponta baixa do mercado principal.	Menor performance em atributos "tradicionais", mas *melhor desempenho em novos atributos, normalmente simplicidade e conveniência.*
Clientes segmentados ou aplicação no mercado	Os *clientes mais atraentes (ou seja, lucrativos)* nos principais mercados que estão dispostos a pagar por uma melhor performance.	*Clientes sobrecarregados* na ponta baixa do mercado principal.	Visa o *não consumo*: clientes que historicamente não tinham dinheiro nem capacidade para comprar e usar o produto.
Impacto no modelo de negócio necessário (processos e estrutura de custos)	Melhora ou mantém as margens de lucro explorando *os processos e a estrutura de custos existentes,* e fazendo melhor uso das vantagens competitivas atuais.	Usa *uma nova abordagem operacional ou financeira* ou uma combinação de margens de lucro brutas mais baixas e maior utilização de ativos que podem ter retornos atraentes com preços reduzidos necessários para fazer negócios na ponta baixa do mercado.	O modelo de negócios deve ganhar dinheiro a um preço menor por unidade vendida e em volumes de produção unitários que inicialmente serão pequenos. A margem bruta em dinheiro por unidade vendida será bem menor.

Para resumir, a Tabela 2-1 sintetiza e contrasta as características das três estratégias que as empresas podem seguir ao criar negócios NGT: inovações sustentáveis, disrupções de baixo custo e no novo mercado. Ela compara o desempenho ou os recursos do produto segmentado, os clientes ou os mercados segmentados e as implicações do modelo de negócios que cada rota implica. Esperamos que os gestores usem isso como um modelo para que possam categorizar e ver as implicações dos diferentes planos apresentados a eles para a aprovação.

Os executivos podem usar essa categorização e os testes decisivos para prever as consequências competitivas de estratégias alternativas conforme moldam uma ideia. Para ilustrar, examinaremos três questões: se a Xerox poderia fazer disrupção no negócio de impressão a jato de tinta da Hewlett-Packard, como ter crescimento no ar-condicionado e se o banco online tinha (ou tem) o potencial de criar um negócio NGT disruptivo.

A Xerox Faria Disrupção na Hewlett-Packard?

Na verdade, não sabemos se a Xerox considerou a possibilidade de criar um novo negócio do tipo que examinaremos aqui, e usamos os nomes das empresas apenas para tornar o exemplo mais claro. Baseamos o cenário exclusivamente em informações de fontes públicas. A Xerox teria desenvolvido uma excelente tecnologia de impressão a jato de tinta. O que ela poderia fazer com isso? Poderia tentar ultrapassar a Hewlett-Packard fazendo a melhor impressora a jato de tinta do mercado. No entanto, mesmo que pudesse fazer uma impressora melhor, a Xerox entraria em uma batalha de tecnologia sustentável contra uma empresa com recursos superiores e mais em jogo. A HP venceria. Mas a Xerox poderia criar uma estratégia disruptiva para essa tecnologia? Testaremos as condições para uma estratégia de baixo custo primeiro.

Para determinar se essa estratégia é viável, os gestores da Xerox devem testar se os clientes nos níveis de mercado mais baixos estão dispostos a comprar uma impressora "boa o suficiente" e mais barata que os produtos existentes.[21] No nível mais alto do mercado, os clientes parecem dispostos a pagar bem mais por uma impressora mais rápida que produz imagens mais nítidas. No entanto, os consumidores nos níveis menos exigentes estão ficando cada vez mais indiferentes às melhorias. É provável que estejam interessados em alternativas de menor custo. Assim, a primeira pergunta recebe uma resposta afirmativa.

A próxima questão é se a Xerox poderia definir um modelo de negócio que geraria retornos atraentes nos preços reduzidos necessários para vencer o negócio na ponta baixa. As possibilidades aqui não parecem boas. A HP e outras empresas de impressão já terceirizam a fabricação e a montagem de componentes para as fontes de menor custo no mundo. A HP ganha dinheiro vendendo cartuchos de tinta, cuja fabricação também é terceirizada para fornecedores de baixo custo. A Xerox poderia entrar no mercado vendendo cartuchos de tinta a preços mais baixos, porém, a menos que definisse uma estrutura de custos gerais e processos de negócios que permitissem tornar os ativos mais rápidos, a Xerox não poderia sustentar uma estratégia de produto de disrupção de baixo custo.[22]

Isso significa que precisaremos avaliar o potencial de uma disrupção no novo mercado, competindo contra o não consumo. Há uma grande população inexplorada de proprietários de computadores que não têm dinheiro ou capacidade de comprar e usar uma impressora? Provavelmente não. A Hewlett-Packard já competiu com sucesso contra o não consumo quando lançou suas impressoras a jato de tinta fáceis de usar e baratas.

E quanto a atrair os já existentes proprietários de impressoras para comprar mais impressoras, permitindo o consumo em um contexto novo e mais conveniente? Agora isso pode ser possível. Os documentos criados em notebooks não são fáceis de imprimir. Os usuários de notebook precisam encontrar uma impressora de papelaria e se conectar a ela por rede ou cabo, ou precisam transferir o arquivo via mídia removível para um computador conectado a uma impressora. Se a Xerox incorporasse uma impressora leve e barata na base ou na coluna de um notebook para que as pessoas em trânsito pudessem fazer cópias impressas quando e onde precisassem, a empresa provavelmente poderia conquistar clientes, mesmo que a impressora não fosse tão boa quanto uma impressora a jato de papelaria. Somente os engenheiros da Xerox poderiam determinar se a ideia é tecnologicamente viável. Mas, como estratégia, passaria nos testes decisivos.[23]

Se a Xerox tentasse, esperaríamos que a HP inicialmente ignorasse essa disrupção no novo mercado, porque o mercado seria muito menor do que aquele de impressoras de papelaria. O negócio de impressoras da HP é enorme e a empresa precisaria de grandes fontes de receita para manter seu crescimento. Para prender a Hewlett-Packard no dilema da inovação, a Xerox deveria desenvolver um modelo de negócios que fosse atraente para ela, mas pouco atraente para os gestores da HP e outras empresas líderes de impressoras estabelecidas. Isso poderia implicar preços de cartuchos de tinta para impressoras de notebook incorporadas baixos o suficiente para que os executivos das impressoras a jato de tinta da HP achassem o mercado pouco atraente quanto aos investimentos feitos para entrar no mercado de ponta em busca dos lucros mais altos que poderiam encontrar, competindo com as impressoras a laser de papelaria e de custo mais elevado.

Condições de Crescimento no Ar-condicionado

O mercado de ar-condicionado em janelas é amplamente conhecido por ser maduro, dominado por gigantes como Carrier e Whirlpool. Uma empresa como a Hitachi poderia vencê-las? Prevemos a derrota se a Hitachi tentasse entrar nesse mercado com um produto mais silencioso que oferecesse mais recursos e melhor eficiência energética.[24] A disrupção de baixo custo é viável? Nossa intuição é a de que há clientes sobrecarregados na ponta baixa do mercado existente. Eles sinalizam sua sobrecarga optando por modelos menos caros que podem encontrar, não estando dispostos a pagar preços premium pelos produtos alternativos disponíveis para eles. A Hitachi pode expandir suas já substanciais operações de fabricação na China, produzindo aparelhos de ar para exportar para as economias desenvolvidas. Isso pode ter um sucesso modesto, mas temporário, porque depois que as empresas estabelecidas responderem, definindo suas próprias operações de fabricação na China, a Hitachi se encontrará em uma batalha com concorrentes cujos custos são comparáveis, cuja infraestrutura de distribuição e serviço é forte e onde os clientes-alvo já demonstram falta de vontade de pagar preços premium por produtos melhores. Empregar mão de obra de baixo custo constitui um modelo de negócios de baixo custo somente até que os concorrentes se aproveitem da mesma opção.

Que tal uma disrupção no novo mercado? Existem centenas de milhões de não consumidores de ar-condicionado residencial na China, que ficaram de fora desse mercado porque as máquinas caras e sedentas por energia que historicamente estavam disponíveis não cabem no bolso nem no apartamento da família média. Se a Hitachi pudesse projetar um produto de US$49,95 entrando com facilidade na janela de um apartamento apertado em Xangai, reduzindo a temperatura e a umidade em uma sala de 3m^2 com 10 amperes de corrente, as coisas poderiam ficar interessantes, porque, uma vez que a Hitachi tivesse um modelo de negócios ganhando dinheiro com esse preço, dominar o restante do mundo seria fácil. Fazendo um parêntese, enquanto os executivos no Ocidente estão compreensivelmente preocupados com a ameaça que a fabricação de baixo custo na China representa para eles, nosso palpite é o de que o maior ativo competitivo da China é a quantidade insondável de não consumo em seus mercados, o que os torna um terreno fértil para vários tipos de empresas disruptivas NGT.

O Potencial do Banco pela Internet

Quando fazemos as perguntas de teste sobre banco pela internet, concluímos que a disrupção usando essa tecnologia não é possível. Em primeiro lugar, não há uma grande população que não tenha conseguido abrir e manter uma conta bancária porque não tem o dinheiro ou capacidade. A penetração dos bancos existentes nesse mercado é alta. Isso exclui uma disrupção no novo mercado para o banco pela internet.

Em segundo lugar, há clientes bancários atuais na ponta baixa que ficariam felizes em ter uma conta com menos privilégios e recursos para ter um serviço a um preço menor? A existência de anúncios com contas sem taxa é um testemunho de que esses clientes existem. Mas é possível projetar um modelo de negócio que permitiria um banco online disruptivo ter lucros atraentes com preços reduzidos necessários para fazer negócios na ponta baixa? Isso é problemático. O custo do dinheiro é semelhante para todos os bancos. O E*Trade Bank e o Sony Bank estão buscando respostas para a questão do modelo de negócios de baixo custo.

Como a ideia provavelmente não atende as condições para uma disrupção no novo mercado ou de baixo custo, o banco pela internet provavelmente será implementado como uma inovação sustentável pelos bancos estabelecidos. Quanto ao terceiro teste, já existem muitos bancos e cooperativas de crédito, com apenas um número limitado de escritórios, tendo grande parte de suas transações feita pelo correio. O banco pela internet teria um impacto sustentável em seus modelos de negócios.

A disrupção é uma teoria: um modelo conceitual de causa e efeito que possibilita prever melhor os resultados das batalhas competitivas em diferentes circunstâncias. As assimetrias da motivação descritas neste capítulo são forças econômicas naturais que agem em todos os empresários, o tempo todo. Historicamente, essas forças quase sempre derrubaram os líderes do setor quando um invasor se aproveita delas, porque as estratégias disruptivas são baseadas em concorrentes fazendo o que é de seu maior interesse e mais urgente: atender seus clientes mais importantes e investir onde os lucros são mais atraentes. Em um mundo em busca de lucro, é uma boa aposta.

Mas nem todas as ideias inovadoras podem ser moldadas em estratégias disruptivas porque não existem as pré-condições necessárias; em tais situações, a oportunidade é mais bem licenciada ou deixada para as empresas que já se estabeleceram no mercado. Na ocasião, as concorrentes simplesmente pegaram os líderes dormindo na mudança e conseguiram uma estratégia de inovação sustentável. Mas é raro. A disrupção não garante o sucesso: apenas ajuda com um elemento importante na fórmula total. Aqueles que criam negócios NGT precisam ficar do lado certo de vários outros desafios, que veremos agora.

Apêndice: Uma Breve Descrição das Estratégias Disruptivas das Empresas na Figura 2-4

A Tabela 2-2 resume brevemente nossa compreensão das raízes disruptivas do sucesso das empresas dispostas na Figura 2-4. Devido a limites de espaço, foi omitido um detalhe muito importante. As empresas não estão listadas por ordem cronológica. Não pretendemos ser grandes historiadores de negócios e, como consequência, só podemos apresentar aqui uma listagem parcial das empresas disruptivas. Além disso, muitas vezes, é difícil identificar um ano específico em que a estratégia disruptiva de cada empresa foi lançada. Algumas delas existiram por um período considerável, geralmente em outras linhas de negócios, antes de a estratégia disruptiva que levou ao seu sucesso final ser implementada. Em alguns casos, parece mais fácil visualizar a disrupção em termos de uma categoria de produto, em vez de listar o nome da empresa. Por isso, pedimos aos nossos leitores que considerem essa informação apenas sugestiva, não definitiva.

TABELA 2-2

Estratégias e empresas disruptivas

Empresa ou produto	Descrição
802.11	Este é um protocolo para transferência de dados sem fio e de alta banda larga. Começou a disrupção nas LANs com fio. Suas limitações atuais se devem ao fato de que os sinais não podem percorrer longas distâncias.
Amazon.com	Uma disrupção de baixo custo em relação às livrarias tradicionais.
Barnes & Noble	Começou como um vendedor local de livros com excesso de estoque e excedentes. Evoluiu para se tornar o varejista dominante de livros impressos e promocionais.
Carne processada	Na década de 1880, a Swift and Armour iniciou enormes operações centralizadas de abate de carne bovina que transportavam grandes porções de carne por vagões refrigerados para açougues locais. Isso fez uma disrupção nas operações de abate locais.
Bell Telephone	O telefone original de Bell só podia transportar um sinal por 4,8km, portanto, foi rejeitado pela Western Union, cujo negócio era a telegrafia de longa distância, porque a empresa não podia usá-lo. A Bell iniciou uma disrupção no novo mercado oferecendo comunicação local e, à medida que a tecnologia melhorou, levou os clientes da rede de valor de longa distância da telegrafia para a telefonia.
Black & Decker	Antes de 1960, as ferramentas elétricas portáteis eram pesadas e robustas, projetadas para profissionais e muito caras. A B&D introduziu uma linha de ferramentas com plástico e motores universais com uma operação de apenas de cinco a trinta horas — na verdade, isso era mais do que adequado para a maioria das pessoas que fazem alguns furos por mês. Na moeda atual, a B&D reduziu o custo dessas ferramentas de US$150 para US$20, permitindo que uma população totalmente nova tivesse e usasse suas próprias ferramentas.

(continua)

TABELA 2-2 ***(continuação)***

Estratégias e empresas disruptivas

Empresa ou produto	Descrição
Plástico misto	Essas misturas de plásticos de poliolefina baratos, como o polipropileno, vendidos por empresas como a Himont, criam materiais compostos que, de muitas formas, compartilham as melhores propriedades de seus materiais constituintes. Estão melhorando a um ritmo impressionante, fazendo disrupção em mercados que historicamente eram o território de plásticos de engenharia feitos por empresas como a GE Plastics.
Bloomberg L.P.	A Bloomberg começou fornecendo dados financeiros básicos para analistas de investimentos e corretores. Aos poucos, ela melhorou suas ofertas de dados e análise, e depois, seguiu com notícias financeiras. Como resultado, fez uma disrupção substancial na Dow Jones e na Reuters. Mais recentemente, criou sua própria rede de compensação eletrônica para fazer disrupção nas bolsas de valores. Emissores de títulos do governo podem leiloar suas ofertas iniciais no sistema Bloomberg, fazendo disrupção nos bancos de investimento.
Carne embalada	O modelo de "carne embalada" da Iowa Beef Packers concluiu a disrupção das operações de abate locais. Em vez de enviar grandes pedaços de carne para açougues locais para o corte adicional, a IBP fez cortes acabados ou quase acabados de carne para a colocação direta nas vitrines do supermercado.
Fotocopiadoras Canon	Até o início dos anos 1980, quando as pessoas precisavam de fotocópias, era necessário levar seus originais para o centro de fotocópias corporativo, onde um técnico fazia o trabalho para elas. Ele tinha de ser um técnico, porque a máquina Xerox de alta velocidade era muito complicada e precisava de manutenção com frequência. Quando a Canon e a Ricoh introduziram suas fotocopiadoras de bancada, elas eram lentas, produziam cópias de baixa resolução e não aumentavam, reduziam ou agrupavam. Mas eram tão baratas e simples de usar que as pessoas podiam se dar ao luxo de ter uma por perto do escritório. No início, as pessoas ainda levavam seus trabalhos volumosos para o centro de cópias. A Canon melhorou suas máquinas a tal ponto que, de imediato, o acesso conveniente a cópias de alta qualidade e completas é quase um direito constitucional na maioria dos locais de trabalho hoje.

(continua)

TABELA 2-2 ***(continuação)***

Estratégias e empresas disruptivas

Empresa ou produto	Descrição
Catálogo de vendas	Sears, Roebuck e Montgomery Ward criaram raízes como varejistas por catálogo de vendas, permitindo que as pessoas na zona rural nos EUA comprassem coisas que historicamente não eram acessíveis. Seu modelo de negócios, que implicava um giro de estoque anual quatro vezes ao ano e margens brutas de 30%, era disruptivo em relação ao modelo das lojas de departamento completas que exigiam margens brutas de 40%, porque giravam os estoques apenas três vezes por ano. Mais tarde, a Sears e a Montgomery Ward foram o mercado de ponta, criando as lojas de varejo.
Charles Schwab	Começou em 1975 como um dos primeiros corretores de desconto. No final dos anos 1990, Schwab criou uma organização separada para um negócio de comércio online. Foi tão bem-sucedido que a empresa transformou sua organização original em uma disruptiva.
Circuit City, Best Buy	Fez disrupção nos departamentos de eletrônicos de consumo das lojas de departamento completas e de preço baixo, o que as levou ao mercado de ponta, com roupas com alta margem.
Cisco	O roteador da Cisco usa a tecnologia de comutação de pacotes para direcionar o fluxo de informações no sistema de telecomunicações, em vez da tecnologia de comutação de circuitos dos líderes estabelecidos do setor, como Lucent, Siemens e Nortel. A tecnologia divide as informações em "envelopes" virtuais chamados pacotes e os envia pela internet. Cada pacote pode tomar uma rota diferente para o destino endereçado; quando chegam, os pacotes são colocados na ordem certa e "abertos" para o destinatário ver. Como esse processo implicava um atraso de latência de alguns segundos, a comutação de pacotes não podia ser usada para telecomunicações de voz. Mas era boa o suficiente para permitir que um novo mercado surgisse: o de redes de dados. A tecnologia melhorou a ponto de que, hoje, o atraso de latência de uma chamada de voz comutada por pacote é quase imperceptivelmente mais lento do que o de uma chamada comutada por circuito, permitindo a telefonia VOIP ou de Voz sobre IP.

(continua)

TABELA 2-2 *(continuação)*

Estratégias e empresas disruptivas

Empresa ou produto	Descrição
Faculdades comunitárias	Em alguns estados nos EUA, até 80% dos graduandos de universidades estaduais renomadas com duração de quatro anos fazem alguns ou todos os cursos de educação geral necessários nas faculdades comunitárias bem menos caras, depois transferem esses créditos para a universidade, que (inconscientemente) está se tornando um provedor de cursos superiores. Algumas faculdades comunitárias começaram a oferecer cursos de quatro anos. Sua matrícula está crescendo, muitas vezes com estudantes não tradicionais que, de outra forma, não teriam feito esses cursos.
Concord School of Law	Fundada pela Kaplan, uma unidade da Washington Post Company, essa escola de direito online atraiu uma série (principalmente) de estudantes não tradicionais. O credenciamento da escola permite que seus alunos façam o exame da Ordem dos Advogados da Califórnia e a taxa de sucesso deles é comparável à de muitas outras escolas de direito. Mas muitos de seus alunos não se inscrevem para se tornarem advogados. Eles querem entender a lei para ajudá-los a ter sucesso em outras carreiras.
Avaliação de crédito	Um método estereotipado de determinação da solvabilidade, substituindo os julgamentos subjetivos dos agentes de empréstimos bancários. Desenvolvido por uma empresa de Minneapolis, Fair Isaac. Usado inicialmente para estender os cartões de crédito da Sears e da Penney. Conforme a tecnologia melhorava, esse método era usado para cartões de crédito em geral, em seguida, para empréstimos automáticos, hipotecários, e agora, para pequenos empréstimos.
Dell Computer	O modelo de varejo direto ao consumidor da Dell e seu modelo de fabricação de ativos e rápido processamento permitiram que ela se posicionasse atrás da Compaq, da IBM e da Hewlett-Packard como uma disruptora de baixo custo em computadores pessoais. Clayton Christensen, um consumidor final por excelência, escreveu sua tese de doutorado em um notebook Dell comprado em 1991 porque era o computador portátil mais barato do mercado. Por causa da reputação da Dell de qualidade marginal, os alunos precisavam de permissão especial de Harvard para usar o dinheiro do doutorado para comprar um Dell, em vez de um computador com uma marca mais respeitável. Hoje, a Dell fornece a maioria dos computadores da Harvard Business School.

(continua)

TABELA 2-2 *(continuação)*

Estratégias e empresas disruptivas

Empresa ou produto	Descrição
Lojas de departamento	Lojas de departamento como a Z.C.M.I., em Salt Lake City, a Marshall Field, em Chicago, e a Macy's, em Nova York, fizeram disrupção nos pequenos lojistas. As lojas de departamento ganhavam dinheiro acelerando os giros de estoque para três vezes ao ano, o que lhes permitia ter um lucro atraente com margens brutas de 40%. Como seus vendedores tinham muito menos conhecimento sobre os produtos, no início, as lojas de departamento tiveram de começar na ponta mais simples do mix de mercadorias, com produtos tão familiares em uso que se vendiam.
Animação digital	O custo fixo e a habilidade necessária para fazer um longa de animação era historicamente tão alto que quase ninguém poderia fazê-lo, exceto a Disney. A tecnologia de animação digital agora permite que muito mais empresas (como a Pixar) concorram com a Disney.
Impressão digital	A impressão offset sofre disrupção com a capacidade das impressoras locais de tinta e a laser de imprimir documentos coloridos personalizados sob demanda com velocidade e qualidade sempre melhores. Ela inicialmente ficou com aplicações como folhetos de vendas.
Lojas de departamento de preço baixo	Lojas de departamento, como Korvette, em Nova York, e Kmart, Walmart e Target, fizeram disrupção nas lojas de departamento completas. As lojas de preço baixo ganharam dinheiro acelerando o estoque para cinco vezes ao ano, o que lhes permitiu ter um lucro atraente com 23% de margens brutas. Como seus vendedores tinham muito menos conhecimento sobre produtos, no início, elas tiveram de começar na ponta mais simples do mix de mercadorias, com bens duráveis de marca que eram tão familiares que se vendiam. Posteriormente, foram para o mercado de ponta com bens duráveis, como roupas.
eBay	A maioria das startups de internet do final da década de 1990 tentou usar a internet como uma inovação sustentável em relação aos modelos de negócios das empresas estabelecidas. O eBay foi uma exceção notável porque buscou uma estratégia disruptiva no novo mercado, permitindo que os proprietários de coleções que nunca poderiam chamar a atenção dos executivos de leilões vendessem coisas de que não precisavam mais.

(continua)

TABELA 2-2 ***(continuação)***

Estratégias e empresas disruptivas

Empresa ou produto	**Descrição**
ECNs	As redes eletrônicas de compensação (ECNs) permitem que compradores e vendedores de ações as troquem usando um computador, com uma fração do custo de fazê-lo em uma bolsa de valores formal. A Island, uma das principais ECNs, pode lidar com um volume de estação de trabalho equivalente a 20% do volume da NASDAQ.
E-mail	O e-mail faz disrupção nos serviços postais. O volume de comunicação pessoal feito por carta está caindo vertiginosamente, deixando os serviços postais com revistas, contas e coisas indesejadas.
Jatos regionais Embraer e Canadair	O negócio regional de voos comerciais está crescendo, já que a capacidade de suas aeronaves nos últimos 15 anos passou de 30 para 50, 70 e agora 106. Mesmo que a Boeing e a Airbus se esforcem para fazer aviões maiores e mais rápidos para viagens transcontinentais e transoceânicas, seu crescimento estagnou; o setor se consolidou (a Lockheed e a McDonnell Douglas dobraram), e o crescimento está na parte inferior do mercado.
Cirurgia por endoscopia	A cirurgia minimamente invasiva foi ativamente desconsiderada pelos principais cirurgiões porque a técnica só podia abordar os procedimentos mais simples. Mas melhorou a ponto de que até certos procedimentos cardíacos relativamente complexos são feitos por um pequeno orifício. O impacto disruptivo tem ocorrido principalmente em fabricantes de equipamentos e hospitais.
Gestão da Fideliy	Criou a gestão financeira pessoal de "autoatendimento" com seus fundos mútuos fáceis de comprar, contas de aposentadoria, seguros etc. A Fidelity foi fundada alguns anos após a Segunda Guerra Mundial, mas iniciou seus movimentos disruptivos nos anos 1970, por assim dizer.

(continua)

TABELA 2-2 ***(continuação)***

Estratégias e empresas disruptivas

Empresa ou produto	Descrição
Tela plana (Sharp *et alii*)	Normalmente pensamos em tecnologias disruptivas como sendo baratas, e muitas pessoas ficam intrigadas por podermos chamar as telas planas de disruptivas. Elas não vieram do topo? Na verdade, não. As telas LCD planas iniciaram nos relógios digitais, depois foram para calculadoras, notebooks e pequenas televisões portáteis. Eram aplicações que historicamente não tinham visores eletrônicos, e as telas LCD eram *muito* mais baratas do que os meios alternativos de colocar imagens nessas aplicações. As telas planas começaram a invadir o mercado principal de monitores de computador e telas de televisão, fazendo disrupção no tubo de raios catódicos. Elas são capazes de manter preços premium substanciais por causa de seu caráter bidimensional.
Ford	O Modelo T de Henry Ford era tão barato que permitiu que uma população muito maior de pessoas, que historicamente não podia comprar carros, tivesse um.
Galanz	A chinesa Galanz conquistou quase 40% do mercado mundial de micro-ondas na década de 1990. Embora a empresa pudesse seguir uma estratégia de disrupção de baixo custo, usando o laboratório chinês para fazer aparelhos para exportação, ela escolheu ser uma disruptora no novo mercado, fazendo fornos bem pequenos e consumindo pouca energia para serem usados nos apartamentos chineses apertados, e eram baratos o suficiente para que quem não tinha um os comprasse. Assim que eles criaram um modelo de negócios que poderia ter lucros com preços favoráveis no mercado interno chinês, dominar o restante do mundo foi tão fácil quanto fazer sopa chinesa.
GE Capital	Fez disrupção em grandes partes dos mercados históricos dos bancos comerciais, principalmente com estratégias disruptivas de baixo custo.
Google	O Google e seus mecanismos de busca concorrentes da internet fazem disrupção em vários tipos de diretórios, incluindo nas Páginas Amarelas.

(continua)

TABELA 2-2 ***(continuação)***

Estratégias e empresas disruptivas

Empresa ou produto	Descrição
Motos da Honda	A Supercub da Honda, introduzida no final dos anos 1950, fez disrupção nos fabricantes das grandes motocicletas ensurdecedoras, como Harley-Davidson, Triumph, BMW e outras. Ela iniciou como uma bicicleta motorizada recreativa alternativa e, depois, melhorou. A Honda foi acompanhada pela Yamaha, pelaKawasaki e pelaSuzuki.
Impressoras a jato de tinta	Foram uma disrupção para as impressoras a jato de laser e uma tecnologia sustentável em relação às impressoras matriciais. Colocamos as impressoras a jato de tinta no "novo mercado" do espectro de disrupção porque seu tamanho compacto, leve e de baixo custo inicial permitiram que uma nova população de proprietários de computadores, principalmente estudantes, tivessem e usassem uma impressora individualmente. Embora fossem lentas e produzissem imagens difusas no início, elas são agora a principal impressora escolhida, empurrando a impressora a laser para o topo. A Hewlett-Packard permaneceu no topo do setor, criando uma unidade comercial a jato de tinta autônoma para competir com seu negócio de impressora a laser.
Microprocessador Intel	O primeiro microprocessador da Intel em 1971 só podia compor o cérebro de uma calculadora de quatro funções. Fabricantes de computadores cujos circuitos lógicos são baseados em microprocessadores fizeram disrupção nas empresas que fabricavam mainframes e minicomputadores, cujos circuitos lógicos eram baseados em placas de circuito impresso.
Software de contabilidade QuickBooks da Intuit	Considerando que os líderes estabelecidos do setor em software de contabilidade permitiram que os pequenos gerentes fizessem todo tipo de relatório sofisticado para fins analíticos, o QuickBooks, derivado do produto Quicken de software de finanças pessoais da Intuit, basicamente os ajudava a controlar seu caixa. Ele criou um novo e enorme mercado entre os proprietários de pequenas empresas (a maioria com menos de cinco funcionários) que historicamente não mantinham seus registros no computador. Dois anos após o lançamento, a Intuit capturou 85% do mercado de software contábil de pequeno porte, principalmente criando um novo crescimento. O roubo de clientes das empresas estabelecidas veio à medida que a funcionalidade do QuickBooks melhorou.

(continua)

TABELA 2-2 ***(continuação)***

Estratégias e empresas disruptivas

Empresa ou produto	Descrição
TurboTax da Intuit	O software de contabilidade para PCs faz disrupção na preparação de impostos pessoais, como o H&R Block.
Fabricantes de aço japoneses	Empresas como Nippon Steel, Nippon Kokkan, Kobe e Kawasaki Steel iniciaram seu crescimento exportando aço de baixa qualidade para os mercados ocidentais no final dos anos 1950. Conforme seus clientes (incluindo montadoras japonesas disruptivas como a Toyota) cresceram, a indústria siderúrgica japonesa teve de aumentar drasticamente a capacidade, incorporando a mais recente tecnologia de fabricação de aço, como a fundição contínua e fornos básicos de oxigênio, nas novas fábricas. Isso acelerou muito sua trajetória no mercado de alta qualidade.
JetBlue	Enquanto a Southwest Airlines inicialmente seguiu uma estratégia de disrupção no novo mercado, a abordagem da JetBlue é a disrupção de baixo custo. Sua viabilidade de longo prazo depende da motivação das principais companhias aéreas para fugir do ataque, como fizeram as siderúrgicas integradas e as lojas de departamento completas.
Kodak	Até o final dos anos 1800, a fotografia era extremamente complexa. Apenas profissionais podiam ter e operar o equipamento caro. A câmera Brownie simples do tipo "apontar e fotografar" de George Eastman permitiu que os consumidores tirassem suas próprias fotos. Eles poderiam, então, enviar o rolo de filme para a Kodak, que o revelava e retornava as fotos pelo correio.
Kodak Funsaver	A câmera descartável da marca Funsaver da Kodak nasceu após um trabalho doloroso dentro da empresa, porque seu modelo de lucro e suas margens brutas eram menores do que a Kodak poderia obter vendendo filme em rolo, e a qualidade das imagens não era tão boa quanto as tiradas com câmeras de alta qualidade de 35mm. Mas a Kodak comercializou-a em uma divisão diferente e a vendeu quase exclusivamente para pessoas que não teriam comprado filmes porque não tinham uma câmera. Embora tenha potencial para entrar no mercado de alta qualidade e ter participação se posicionando em relação às câmeras tradicionais com uma nova marca, a Maxx, tememos que a Kodak tenha parado de seguir nessa direção.

(continua)

TABELA 2-2 *(continuação)*

Estratégias e empresas disruptivas

Empresa ou produto	Descrição
Montadoras coreanas (Hyundai e Kia)	As montadoras coreanas, incluindo Hyundai e Kia, ganharam mais pontos de participação de mercado mundial na década de 1990 do que as montadoras de qualquer outro país. Mas poucas empresas estabelecidas se preocuparam, porque seus ganhos vieram com a porção de menor lucro do mercado para as empresas estabelecidas.
Linux	A disrupção do sistema operacional Linux só pode ser expressa em relação às alternativas agora no mercado. Sua implantação mais bem-sucedida até agora está dentro do mercado de sistemas operacionais de servidores, entre os sistemas UNIX de ponta e o sistema operacional Microsoft Windows NT (que vem entrando de forma disruptiva no mercado de alta qualidade do UNIX há algum tempo). A partir de sua posição inicial em servidores de internet, ganhou uma participação significativa contra os sistemas operacionais UNIX, como o Solaris da Sun. A posição do Linux pode realmente bloquear o futuro movimento do alto mercado do Microsoft NT. O Linux começou a disrupção no mercado de software do SO também nos dispositivos portáteis.
MBNA	Observamos antes que a pontuação de crédito é um método estereotipado para determinar a solvabilidade de um candidato a empréstimo. Foi originalmente implementado em bancos comerciais como uma tecnologia sustentável para reduzir os custos da avaliação de crédito. Mas na década de 1990, foi implantado em modelos de negócios de "uma linha", alto volume e baixo custo por empresas como MBNA, Capital One e First USA, que fizeram uma boa disrupção no negócio de cartões de crédito dos bancos comerciais. Durante a escrita deste livro, de fato, o Citibank é o único grande banco comercial remanescente com um negócio substancial e rentável de cartão de crédito.
McDonald's	A indústria de *fast food* foi um disruptor híbrido, tornando tão barato e conveniente comer na rua a ponto de criarem uma enorme onda de crescimento no setor de "comer fora". Suas primeiras vítimas foram os restaurantes pequenos. Na última década, o advento das praças de alimentação levou o *fast food* para o mercado mais exclusivo. Restaurantes caros e românticos ainda prosperam no topo, claro.

(continua)

TABELA 2-2 ***(continuação)***

Estratégias e empresas disruptivas

Empresa ou produto	Descrição
MCI, Sprint	Essas empresas eram disruptores de baixo custo em relação ao negócio de telefonia de longa distância da AT&T. Elas tiveram a oportunidade única para fazer isso porque as taxas de longa distância da AT&T foram estabelecidas por regulações em níveis artificialmente altos, a fim de subsidiar o serviço de telefonia residencial local.
Merrill Lynch	O mantra de Charles Merrill em 1912 era "Trazer Wall Street para as ruas". Ao empregar corretores assalariados, em vez de comissionados, ele tornou muito barato negociar ações para que os norte-americanos de classe média se tornassem investidores de ações. A Merrill Lynch entrou no mercado mais exclusivo ao longo dos noventa anos seguintes com investidores de maior patrimônio líquido. A maioria das corretoras com lugares na Bolsa de Valores de Nova York nas décadas de 1950 e 1960 deixou de existir porque a Merrill Lynch lhes causou disrupção.
Microsoft	Seu sistema operacional era inadequado *versus* os fabricantes de mainframe e minicomputadores, *versus* o UNIX e o sistema da Apple. Mas sua migração do DOS para o Windows e para o Windows NT está levando a empresa para o mercado de alta qualidade, a ponto de o mundo UNIX estar seriamente ameaçado. A Microsoft, por sua vez, enfrenta a ameaça do Linux. Veja também SQL.
Minicomputadores	Empresas como Digital Equipment, Prime, Wang, Data General e Nixdorf foram disruptores no novo mercado em relação aos fabricantes de mainframes. Sua relativa simplicidade e seu baixo preço permitiram que os departamentos (particularmente de engenharia) nas organizações tivessem seus próprios computadores, em vez de depender de mainframes centralizados e inconvenientes que normalmente eram otimizados para gerar relatórios financeiros.
Corretores online	A negociação online de ações é uma tecnologia sustentável em relação aos modelos de negócios de corretores de desconto, como a Ameritrade, e é disruptiva em relação aos corretores *full service*, como a Merrill Lynch. Para Schwab, que começou como um corretor de desconto geral, mas subiu para o mercado principal em meados dos anos 1990, a negociação pela internet foi disruptiva o suficiente para que a empresa tivesse de criar uma divisão separada.

(continua)

TABELA 2-2 *(continuação)*

Estratégias e empresas disruptivas

Empresa ou produto	Descrição
Agências de viagem online	Habilitadas pela emissão de bilhetes eletrônicos, as agências de viagens online, como a Expedia e a Travelocity, fizeram uma disrupção tão grande nas agências físicas com serviços completos, como a American Express, que muitas companhias aéreas cortaram drasticamente as comissões substanciais que historicamente pagavam a essa agências.
Oracle	O software BD relacional da Oracle foi disruptivo em relação aos líderes anteriores, Cullinet e IBM, cujo software de banco de dados hierárquico ou transacional era executado em mainframes e usado para gerar relatórios financeiros padrão. Os bancos de dados relacionais rodavam em minicomputadores (e computadores com microprocessadores). Usuários sem muito conhecimento de programação podiam criar facilmente seus próprios relatórios e análises personalizados usando a arquitetura modular e relacional da Oracle.
Palm Pilot, RIM BlackBerry	Os dispositivos portáteis são disrupções no novo mercado em relação aos computadores portáteis.
Computadores pessoais	Computadores com microprocessadores feitos por empresas como Apple, IBM e Compaq foram verdadeiras disrupções no novo mercado no qual, por anos, foram vendidos e usados em sua rede de valor exclusivo antes de começarem a capturar as vendas de computadores profissionais de alta qualidade.
Plástico	Os plásticos como uma categoria fizeram disrupção no aço e na madeira, em que a "qualidade" das peças plásticas costumava ser inferior àquelas de madeira e aço nas métricas pelas quais o desempenho era medido nas aplicações tradicionais. Mas seu baixo custo e sua facilidade de modelagem criaram muitas possibilidades novas, e o plástico ficou com muitas aplicações das redes de valor do metal e da madeira originais. A disrupção é particularmente óbvia se você observa onde os plásticos eram usados nos automóveis há trinta anos *versus* hoje.
Medidores de glicose portáteis	Os fabricantes de grandes máquinas de teste de glicose em laboratórios hospitalares sofreram disrupção, permitindo que pacientes com diabetes monitorassem seus próprios níveis de glicose.

(continua)

TABELA 2-2 ***(continuação)***

Estratégias e empresas disruptivas

Empresa ou produto	Descrição
Salesforce.com	Essa empresa, com seu sistema simples e barato, baseado na internet, faz dirupção nos principais fornecedores de software de gerenciamento de relacionamento com o cliente, como a Siebel Systems.
Relógios Seiko	Lembra quando os relógios Seiko eram de plástico preto baratos e descartáveis? Seiko, Citizen e Texas Instruments (que depois saiu) fizeram disrupção nos setores de relógios norte-americanos e europeus.
Sonosite	Essa empresa fabrica um dispositivo de ultrassom portátil que agora permite aos profissionais de saúde, que historicamente precisavam da assistência de técnicos altamente treinados com equipamentos caros, examinarem os pacientes sob seus cuidados e, assim, fazem diagnósticos mais precisos e oportunos. A empresa tentou por um tempo implementar seu produto como uma inovação sustentável. Mas quando este livro estava sendo escrito, parecia ter acertado seu passo disruptivo de modo impressionante.
Sony	A Sony foi pioneira no uso de transistores em eletrônicos de consumo. Seus rádios e televisores portáteis fizeram disrupção em empresas como a RCA, que fabricava grandes TVs e rádios usando tecnologia de tubo a vácuo. Durante as décadas de 1960 e 1970, a Sony fez inúmeras disrupções no novo mercado, com produtos como leitores de vídeo, filmadoras portáteis, leitores de fita cassete, Walkman e disco flexível de 3,5 polegadas.
Southwest Airlines	Foi um disruptor híbrido porque sua estratégia original era competir com carros e ônibus, voando em aeroportos não convencionais. Além disso, como seus preços eram muito baixos, ela também pegou os negócios de companhias aéreas estabelecidas. Assim como a Walmart goza da proteção de lucro por estar em pequenas cidades cujo mercado pode suportar apenas uma loja com preço baixo, muitas rotas da Southwest oferecem a mesma proteção.
Software do banco de dados SQL	O software do banco de dados SQL da Microsoft faz disrupção na Oracle, que entrou no mercado de ponta nos sistemas corporativos caros e integrados. O produto Access da Microsoft, por sua vez, faz disrupção no SQL.

(continua)

TABELA 2-2 ***(continuação)***

Estratégias e empresas disruptivas

Empresa ou produto	Descrição
Staples	Com seus concorrentes diretos Office Max e Office Depot, a Staples fez disrupção nas pequenas lojas de papelaria, bem como nos distribuidores de material de escritório comerciais.
Miniusinas de aço	Desde meados dos anos 1960, as siderúrgicas integradas em todo o mundo vêm sofrendo disrupção, como informado no texto.
Sun Microsystems	Sun, Apollo (HP) e Silicon Graphics, que construíram seus sistemas em torno dos microprocessadores RISC, criaram raízes basicamente na mesma rede de valor dos minicomputadores que lhes causaram disrupção. Essas empresas, por sua vez, sofrem disrupção de fabricantes de computadores com microprocessados CISC, como Compaq e Dell.
Toyota	Entrou no mercado dos EUA com carros subcompactos e baratos, como o Corona. Eram tão baratos que as pessoas que historicamente não podiam pagar por um carro novo agora conseguiam comprar um, ou as famílias podiam ter um segundo carro. A Toyota agora fabrica o Lexuses, como você pode ter notado. A Nissan migrou de seu Datsun para o Infiniti, e a Honda progrediu de seu CVCC em miniatura para o Acura.
Toys 'R Us	Fez disrupção nos departamentos de brinquedos das lojas de departamento completas e de preço reduzido, o que os colocou no mercado de ponta com roupas de alta margem.
Ultrassom	A tecnologia de ultrassom é disruptiva em relação ao raio X. A Hewlett-Packard, a Accuson e a ATL criaram um setor multibilionário com imagem de tecidos moles. Os principais fabricantes de aparelhos de raios X, incluindo a General Electric, a Siemens e a Philips, tornaram-se líderes nas duas grandes revoluções radicais de tecnologia sustentável em imagens: tomografia computadorizada e ressonância magnética (IRM). Como o ultrassom era uma disrupção no novo mercado, nenhuma empresa de raios X participou até muito recentemente, quando adquiriram grandes empresas de equipamentos de ultrassom.

(continua)

TABELA 2-2 *(continuação)*

Estratégias e empresas disruptivas

Empresa ou produto	Descrição
Universidade Phoenix	Uma unidade da Apollo, a Universidade Phoenix está fazendo disrupção nas faculdades de quatro anos e em certos programas de graduação profissional. Começou oferecendo cursos de formação de funcionários para empresas, muitas vezes de fato, mas às vezes por contrato formal. Seus programas se expandiram para vários de inscrição aberta e certificação. Hoje é uma das maiores instituições educacionais dos Estados Unidos e um dos principais provedores de educação online.
Aeronave militar não tripulada	Essas máquinas começaram inicialmente como alvos de drones para descobrir posições antiaéreas escondidas. Em seguida, entraram no mercado de ponta para funções de vigilância de alto nível, e na guerra de 2001–2002 no Afeganistão, entrou pela primeira vez nas funções limitadas de transporte de armas.
Vanguard	Os fundos de investimento de índice foram uma disrupção de baixo custo em relação aos fundos mútuos gerenciados. No momento da escrita deste livro, os ativos da Vanguard haviam crescido, competindo de perto com a ex-líder indiscutível de fundos mútuos, Fidelity Management.
Veritas e Network Appliance	O armazenamento em rede e as redes da área de armazenamento IP são abordagens disruptivas para o armazenamento de dados corporativos em relação aos sistemas de armazenamento centralizados fornecidos por empresas como a EMC. Alguns desses sistemas de armazenamento em rede distribuídos são tão simples de aumentar que um assistente de escritório pode simplesmente "inserir" um servidor de armazenamento adicional em uma rede.
Telefonia sem fio	Os telefones celulares e digitais sem fio estão em um caminho disruptivo contra os telefones fixos há 25 anos. Inicialmente, eram telefones de carro grandes, com alto consumo de energia, tendo uma eficácia irregular, mas aos poucos melhoraram a ponto de, por algumas estimativas, quase um quinto dos usuários de telefonia móvel optar por "cortar o cabo" e ficar sem o serviço de telefonia fixa. A viabilidade do negócio de longa distância por cabo está agora em risco.

(continua)

TABELA 2-2 *(continuação)*

Estratégias e empresas disruptivas

Empresa ou produto	Descrição
Xerox	A fotocópia foi uma disrupção no novo mercado em relação à impressão offset, permitindo que não impressoras fizessem cópias em seu local de trabalho. As máquinas iniciais da Xerox eram tão caras e complicadas que ficavam em centros de fotocópias corporativos ocupados por técnicos.

NOTAS

1. Mencionamos no Capítulo 1 que nos estágios iniciais da construção da teoria, o melhor que os estudiosos podem fazer é sugerir categorias que são definidas pelos atributos dos fenômenos. Tais estudos são importantes passos no caminho do progresso. Um livro importante é *Innovation: The Attacker's Advantage* (Nova York: Summit Books, 1986), de Richard Foster. Outro estudo previu que os líderes fracassarão quando uma inovação implicar o desenvolvimento de competências tecnológicas totalmente novas. Veja Michael L. Tushman e Philip Anderson, "Technological Discontinuities and Organizational Environments", *Administrative Science Quarterly* 31 (1986). A pesquisa do professor do MIT James M. Utterback e colegas nos principais projetos tem sido particularmente útil em levar esse corpo de teoria para a categorização baseada em circunstâncias. Veja, por exemplo, James M. Utterback e William J. Abernathy, "A Dynamic Model of Process and Product Innovation", *Omega* 33, nº 6 (1975): 639–656; Clayton M. Christensen, Fernando F. Suarez e James M. Utterback, "Strategies for Survival in Fast-Changing Industries", *Management Science* 44, nº 12 (2001): 207–220.
2. Clientes exigentes são aqueles que estão dispostos a pagar mais em alguma dimensão do desempenho — velocidades mais rápidas, tamanhos menores, melhor confiabilidade etc. Clientes menos ou pouco exigentes são aqueles que preferem fazer uma concessão diferente, aceitando menos desempenho (velocidades mais lentas, tamanhos maiores, menos confiabilidade e outros) em troca de preços proporcionalmente menores. Representamos essas trajetórias como linhas retas porque, empiricamente, quando mapeadas em papel gráfico semilongo, elas, na verdade, são retas, sugerindo que nossa capacidade de utilizar a melhoria aumenta em um ritmo exponencial, embora seja um ritmo mais superficial do que a trajetória do progresso tecnológico.
3. Depois de observar alunos e gestores lendo, interpretando e falando sobre essa distinção entre tecnologias sustentáveis e disruptivas, observamos uma tendência humana incrivelmente comum de adotar um novo conceito, novos dados ou nova forma de pensar, e transformá-lo de modo que ele se encaixe

nos modelos mentais existentes. Portanto, muitas pessoas equipararam nosso uso do termo *inovação sustentável* ao seu quadro preexistente de inovação "incremental" e equipararam o termo *tecnologia disruptiva* aos termos *radical*, *avanço*, *fora da caixa* ou *diferente*. Elas, então, concluem que as ideias disruptivas (como definem o termo) são boas e merecem investimento. Lamentamos que isso aconteça, porque nossas descobertas se referem a uma definição muito específica de disruptividade, como afirmado em nosso texto aqui. É por essa razão que neste livro substituímos o termo *tecnologia disruptiva* por *inovação disruptiva* — para minimizar a chance de que os leitores deturpem o conceito para se encaixar no que acreditamos ser uma maneira incorreta de categorizar as circunstâncias.

4. *O Dilema da Inovação* observa que as únicas vezes que as empresas estabelecidas conseguiram permanecer no topo de seus setores quando confrontadas com tecnologias disruptivas foram quando elas criaram uma organização completamente separada e lhe deram uma carta irrestrita para montar um negócio novinho com um modelo de negócio completamente novo. Assim, a IBM conseguiu permanecer no topo de seu setor quando os minicomputadores fizeram disrupção nos mainframes porque competiu no mercado de minicomputadores com uma unidade de negócios diferente. E quando o computador pessoal surgiu, a IBM abordou essa disrupção criando uma unidade de negócios autônoma na Flórida. A Hewlett-Packard permaneceu líder em impressoras para computação pessoal porque criou uma divisão para fabricar e vender impressoras a jato de tinta que era completamente independente de sua divisão de impressoras em Boise, que fabricava e vendia impressoras a laser. Desde a publicação do livro *O Dilema da Inovação,* inúmeras empresas que foram confrontadas com a disrupção conseguiram tornar-se líderes na onda de disrupção que as atingiu com a criação de unidades organizacionais separadas para lidar com a disrupção. Charles Schwab tornou-se o principal corretor online; a Teradyne, fabricante de equipamentos de teste de semicondutores, tornou-se líder em testadores para PC; e a Intel introduziu seu chip Celeron, que recuperou o baixo custo do mercado de microprocessadores. Esperamos que, à medida que empresas mais estabelecidas aprendam a lidar com as disrupções por meio de unidades de negócios independentes quando confrontadas com oportunidades disruptivas, as probabilidades que historicamente eram esmagadoras e favoráveis às concorrentes e a seus financiadores de capital de risco se tornarão mais favoráveis aos líderes estabelecidos que buscam criar oportunidades NGT.
5. Uma exceção a essa declaração é encontrada no Japão, onde algumas siderúrgicas integradas adquiriram posteriormente as miniusinas existentes.
6. A simples noção dos economistas de que o preço é determinado na interseção das curvas de oferta e demanda explica esse fenômeno. O preço tende para o custo de caixa do produtor marginal, ou de maior custo, cuja capacidade é necessária para o fornecimento para atender a quantidade demandada. Quando os produtores marginais de alto custo eram usinas integradas, as miniusinas podiam ganhar dinheiro com os vergalhões. Quando os produtores marginais de alto custo eram as miniusinas, o preço do vergalhão colapsou.

O mesmo mecanismo destruiu a rentabilidade temporária das miniusinas em cada nível subsequente do mercado, conforme descrito no texto a seguir.

7. Se essa redução de custos raramente cria vantagem competitiva, é argumentado de modo persuasivo em "What Is Strategy?", de Michael Porter, *Harvard Business Review,* novembro–dezembro 1996, 61–78.
8. Recomendamos em particular Steven C. Wheelwright e Kim B. Clark, *Revolutionizing New Product Development* (Nova York: The Free Press, 1992); Stefan Thomke, *Experimentation Matters: Unlocking the Potential of New Technologies for Innovation* (Boston: Harvard Business School Press, 2003); Stefan Thomke e Eric von Hippel, "Customers as Innovators: A New Way to Create Value", *Harvard Business Review,* abril 2002, 74–81; e Eric von Hippel, *The Sources of Innovation* (Nova York: Oxford University Press, 1988).
9. Esse modelo explica claramente por que as principais companhias aéreas nos Estados Unidos não são cronicamente lucrativas. A Southwest Airlines entrou como um disruptor no novo mercado (um conceito definido no Capítulo 3), competindo no Texas por clientes que não voavam, mas usavam automóveis e ônibus. A companhia aérea cresceu com cuidado nos aeroportos secundários, ficando longe da concorrência aberta com as grandes companhias. São os disruptores de baixo custo neste setor — companhias aéreas como JetBlue, AirTran, People Express, Florida Air, Reno Air, Midway, Spirit, Presidential e muitos outros — que criam a não lucratividade crônica.

   Quando os líderes da maioria dos outros setores são atacados por disruptores de baixo custo, eles podem fugir do mercado de ponta e permanecer lucrativos (e, muitas vezes, melhorar a rentabilidade) por algum tempo. As siderúrgicas integradas fugiram do mercado das miniusinas. As lojas de departamento completas fugiram para o mercado de roupas, móveis e cosméticos de ponta quando as lojas de departamento de desconto atacaram os bens duráveis de marca, como ferragens, tintas, brinquedos, artigos esportivos e utensílios de cozinha na ponta de baixa do mix de mercadorias. Hoje, as lojas de departamento de desconto, como Target e Walmart, estão fugindo do mercado de roupas, móveis e cosméticos de ponta conforme as lojas promocionais em bens duráveis, como Circuit City, Toys 'R Us, Staples, Home Depot e Kitchens etc. atacam por baixo; e assim por diante.

   O problema das companhias aéreas é que as grandes companhias não podem fugir do mercado de ponta. A sua elevada estrutura de custos fixos torna impossível abandonar o segmento inferior. Assim, os disruptores de baixo custo entram e atacam com facilidade; assim que um deles cresce o suficiente, no entanto, as principais companhias aéreas declaram que é o suficiente, se voltam e lutam. É por isso que nenhum disruptor de baixo custo até hoje sobreviveu por mais que alguns anos. Mas como a disrupção de baixo custo feita pelas novas empresas é muito fácil de iniciar, as grandes nunca podem elevar os preços de baixo custo até os níveis de uma lucratividade atraente.
10. Essa história é contada em um artigo maravilhoso de Richard S. Rosenbloom, "From Gears to Chips: The Transformation of NCR and Harris in the Digital Era", documento de trabalho, Harvard Business School Business History Seminar, Boston, 1988.

11. Seríamos tolos se afirmássemos que é impossível criar empresas NGT com uma estratégia sustentável, que vai além da concorrência. É mais preciso dizer que as chances de sucesso são muito, muito baixas. Mas alguns concorrentes sustentáveis conseguiram. Por exemplo, a EMC Corporation tirou o negócio de armazenamento de dados de ponta da IBM na década de 1990 com uma arquitetura de produto diferente da IBM. Mas o máximo que podemos dizer é que os produtos da EMC eram *melhores* do que os da IBM nos próprios aplicativos que a IBM entregava. O negócio de impressoras a laser da Hewlett-Packard era uma tecnologia sustentável em relação à impressora matricial, um mercado dominado pela Epson. No entanto, a Epson fracassou. O motor a jato foi uma inovação radical, mas sustentável, em relação ao motor de aeronaves a pistão. Dois dos fabricantes de motores de pistão, Rolls-Royce e Pratt & Whitney, fizeram a transição para os jatos com sucesso. Outros, como a Ford, não conseguiram. A General Electric entrou na revolução dos jatos e foi muito bem-sucedida. São anomalias que a teoria da disrupção não pode explicar. Embora nosso viés seja presumir que grande parte dos gestores na maioria das vezes está no topo de seus negócios e os gerencia com competência, também é verdade que às vezes eles simplesmente dormem no ponto.
12. Isso explica parcialmente, por exemplo, por que a Dell Computer foi um disruptor tão bem-sucedido — ela subiu no mercado de ponta para competir com fabricantes de estações de trabalho e servidores de maior custo, como a Sun Microsystems. Já a Gateway não prosperou na mesma medida, embora tivesse um modelo de negócios inicial semelhante, porque não foi para o mercado de ponta de forma tão agressiva e ficou presa a custos indiferentes vendendo computadores sem um diferencial. Acreditamos que essa visão representa um adendo útil à noção inicial do professor Michael Porter de que existem dois tipos viáveis de estratégica: diferenciação e de baixo custo (Michael Porter, *Estratégia Competitiva* [GEN Atlas, 2005]). A pesquisa da disrupção acrescenta uma dimensão dinâmica ao trabalho de Porter. Basicamente, uma estratégia de baixo custo produz uma rentabilidade atraente até que os concorrentes de alto custo tenham sido expulsos de um nível no mercado. Então, o concorrente de baixo custo precisa subir para competir novamente com os adversários de alto custo. Sem a capacidade de subir, uma estratégia de baixo custo se torna uma estratégia de custo igual.
13. Veja Clayton M. Christensen, *O Dilema da Inovação* (Boston: Harvard Business School Press, 1997), 130.
14. O conceito das redes de valor foi introduzido em Clayton M. Christensen, “Value Networks and the Impetus to Innovate”, Capítulo 2 em *O Dilema da Inovação.* O professor Richard S. Rosenbloom, da Harvard Business School, originalmente identificou a existência das redes de valor quando ele aconselhou a pesquisa inicial de Christensen. De muitas formas, a situação em uma rede de valores corresponde a um “equilíbrio de Nash”, desenvolvido pelo ganhador do Nobel John Nash (que ficou ainda mais conhecido com o filme *Uma Mente Brilhante).* No equilíbrio de Nash, dada a compreensão da Empresa A da estratégia ideal e de interesse próprio (lucro máximo) de cada uma das outras empresas no sistema, a Empresa A não pode ver nenhuma

estratégia melhor para si mesma do que a que busca atualmente. O mesmo vale para todas as outras empresas do sistema. Portanto, nenhuma empresa está motivada a mudar de rumo, e todo o sistema, portanto, é relativamente inerte à mudança. Na medida em que as empresas dentro de uma rede de valor estão em um equilíbrio de Nash, isso cria um obstáculo que restringe a rapidez com que os clientes começam a utilizar as inovações. Essa aplicação dos equilíbrios de Nash à adoção de inovações foi recentemente introduzida em Bhaskar Chakravorti, *The Slow Pace of Fast Change* (Boston: Harvard Business School Press, 2003). Embora Chakravorti não tenha feito a ligação sozinho, seu conceito é uma boa maneira de ver duas coisas sobre o modelo da inovação disruptiva. Ele explica por que o ritmo do progresso tecnológico supera as habilidades dos clientes em utilizar o progresso. Também explica por que competir com o não consumo, criando uma rede de valor completamente nova, é muitas vezes, a longo prazo, um modo mais fácil de atacar um mercado estabelecido.

15. Algumas pessoas concluíram na ocasião que, quando o líder em exercício não morre instantaneamente com uma disrupção, as forças da disrupção, de alguma forma, deixam de operar e os atacantes são mantidos à distância. (Veja, por exemplo, Constantinos Charitou e Constantinos Markides, "Responses to Disruptive Strategic Innovation", *MIT Sloan Management Review,* Winter 2003, 55.) Essas conclusões refletem uma compreensão superficial do fenômeno porque a disrupção é um processo, não um evento. As forças operam o tempo todo em todos os setores. Em algumas indústrias, pode levar décadas para que as forças entrem em um setor. Em outros casos, pode levar alguns anos. Mas as forças, que realmente são a busca do lucro associado à vantagem competitiva, estão sempre em ação. Da mesma forma, outros escritores na ocasião notaram que o líder em um setor realmente não foi morto por uma disrupção, mas pegou a onda com habilidade. Eles então concluem que a teoria da disrupção é falsa. Isso também é uma lógica errada. Quando vemos um avião voar, ele não refuta a lei da gravidade. A gravidade continua a exercer força sobre o avião — é só que os engenheiros descobriram como lidar com a força. Quando vemos uma empresa ter sucesso na disrupção, é porque a equipe de gestão descobriu como aproveitar as forças para facilitar o sucesso.
16. Veja Clayton M. Christensen e Richard S. Tedlow, "Patterns of Disruption in Retailing", *Harvard Business Review,* janeiro–fevereiro 2000, 42–45.
17. Por fim, o WalMart conseguiu criar processos que tornaram os ativos mais rápidos do que o Kmart. Isso lhe permitiu ter retornos mais altos em margens de lucro bruto comparáveis, dando ao WalMart uma taxa de crescimento sustentável mais alta.
18. A razão pela qual é muito mais fácil para as empresas na posição das lojas de departamento completas fugirem da disrupção, em vez de lutarem contra ela, é que, em curto prazo, os giros de estoque e dos ativos são difíceis de mudar. As lojas de departamento completas ofereciam aos clientes uma seleção de produtos muito mais ampla (mais SKUs por categoria), o que inevitavelmente comprimia o giro do estoque. As lojas de desconto não só ofereciam uma

variedade menor de produtos focados apenas nos itens de giro mais rápido, como também sua infraestrutura física normalmente colocava todas as mercadorias na área de vendas. Já as lojas de departamento muitas vezes tinham de manter estoques para dar suporte às quantidades limitadas de qualquer item que poderia ser colocado em suas prateleiras cheias de estoque. Assim, quando as lojas de desconto disruptivas invadiram um nível de seu mix de mercadorias por baixo, as lojas de departamento não conseguiram reduzir facilmente as margens nem acelerar os giros. Entrar no mercado de ponta onde as margens ainda eram adequadas foi sempre a alternativa mais viável e atraente.

19. As disrupções de baixo custo são um exemplo direto do que o economista Joseph Schumpeter chamou de "destruição criativa". As disrupções de baixo custo criam uma redução de custo gradual dentro de um setor, mas ela é conseguida com as concorrentes destruindo as titulares. A disrupção no novo mercado, em contraste, implica um período de criatividade substancial, ou novo consumo, antes que a destruição do antigo ocorra.

20. Para uma exploração mais profunda do impacto macroeconômico da disrupção, veja Clayton M. Christensen, Stuart L. Hart e Thomas Craig, "The Great Disruption", Foreign Affairs 80, nº 2 (março–abril 2001): 80–95; Stuart L. Hart e Clayton M. Christensen, "The Great Leap: Driving Innovation from the Base of the Pyramid", *MIT Sloan Management Review,* outono 2002, 51–56. O artigo *Foreign Affairs* afirma que a disrupção foi o motor fundamental do milagre econômico do Japão nos anos 1960, 1970 e 1980. Como outras empresas, esses disruptores (Sony, Toyota, Nippon Steel, Canon, Seiko, Honda e outros) foram para o topo, agora produzindo alguns dos produtos de mais alta qualidade do mundo em seus respectivos mercados. Como as empresas norte-americanas e europeias que sofreram disrupção, as gigantes do Japão agora estão presas no topo de seus mercados, onde não há crescimento. A razão pela qual a economia dos Estados Unidos não estagnou por um longo período depois que suas empresas líderes ficaram presas no topo foi que as pessoas puderam deixar essas empresas, pegar o capital de risco no caminho para baixo e iniciar novas ondas de crescimento disruptivo. Por outro lado, a economia do Japão carece da mobilidade do mercado de trabalho e da infraestrutura do capital de risco para permitir isso. Assim, o Japão fez o jogo disruptivo uma vez e lucrou muito. Mas está preso. Realmente parece haver raízes microeconômicas para o mal-estar macroeconômico do país. O trabalho da *Sloan* se baseia no artigo da *Foreign Affairs,* afirmando que os países em desenvolvimento de hoje são um mercado inicial ideal para muitas inovações disruptivas e que a disrupção é uma política de desenvolvimento econômico viável.

21. A nossa escolha de formulação neste parágrafo é importante. Quando os clientes não podem diferenciar os produtos em qualquer dimensão que possam valorizar, o preço é muitas vezes a base de escolha deles. Não diríamos, no entanto, que quando um consumidor compra a alternativa de menor preço, o eixo da concorrência é baseado no custo. A pergunta certa a se fazer é se os clientes estarão dispostos a pagar mais por maiores melhorias em funcionalidade, confiabilidade ou conveniência. Desde que os clientes re-

compensem as melhorias com preços proporcionalmente mais altos, tomamos isso como prova de que o ritmo de melhoria do desempenho ainda não ultrapassou o que os clientes podem usar. Quando a utilidade marginal que os clientes recebem das melhorias adicionais em qualquer uma dessas dimensões se aproxima de zero, então o custo é realmente a base da concorrência.

22. Enfatizamos o termo estratégia de *produto* nesta frase porque certamente parece haver espaço para outras duas jogadas disruptivas de baixo custo neste mercado. Uma seria uma estratégia de marca própria para fazer disrupção na marca Hewlett-Packard. A outra, uma estratégia de distribuição de baixo custo por meio de um varejista online, como a Dell Computer.
23. Na verdade, há uma quarta estratégia a ser avaliada aqui: fabricar componentes e vender para a Hewlett-Packard e seus fornecedores de subsistemas. Detalharemos mais essa estratégia nos Capítulos 4 e 5.
24. Matsushita, de fato, tentou entrar com uma estratégia sustentável exatamente desse tipo na década de 1990. Apesar da forte marca Panasonic e de suas capacidades excelentes na montagem de produtos eletromecânicos, a empresa sangrou e capturou uma participação de mercado mínima.

CAPÍTULO TRÊS

QUAIS PRODUTOS OS CLIENTES QUEREM COMPRAR?

Quais produtos devemos desenvolver ao executar nossa estratégia disruptiva? Em quais segmentos de mercado devemos nos concentrar? Como saber com certeza, com antecedência, quais características e funções do produto os clientes nesses segmentos valorizarão ou não? Como devemos comunicar os benefícios de nossos produtos aos clientes e qual estratégia de construção de marca pode ter um valor mais duradouro?

Toda empresa enfrenta o desafio contínuo de definir e desenvolver produtos que os clientes disputarão. Mas, apesar dos melhores esforços de pessoas muitíssimo talentosas, a maioria das tentativas de criar novos produtos de sucesso fracassa. Mais de 60% de todos os esforços de desenvolvimento de novos produtos são destruídos antes de eles chegarem ao mercado. Dos 40% que veem a luz do dia, 40% não conseguem se tornar lucrativos e são retirados do mercado. No momento em que somamos tudo isso, três quartos do dinheiro gasto com investimentos em desenvolvimento de produtos resultam em produtos que não têm sucesso comercial.[1] Esses esforços de desenvolvimento são todos lançados esperando sucesso, mas parecem florescer ou fracassar de formas inesperadas. Mais uma vez, argumentamos que os fracassos não são realmente aleatórios: são previsíveis e evitáveis se os gestores acertaram no estágio de categorização da teoria. Das muitas dimensões da construção do negócio, o desafio de criar produtos que muitos clientes comprarão e com preços lucrativos grita por uma teoria preditiva precisa.

O processo que os profissionais de marketing chamam de segmentação de mercado é, em nossa linguagem, o estágio de categorização da construção da teoria. Somente se os gestores definirem segmentos de mercado que correspondam às circunstâncias em que os clientes se encontram ao tomar decisões de compra, eles poderão teorizar com precisão quais produtos se conectarão com os clientes. Quando os gestores segmentam mercados de maneiras desalinhadas com essas circunstâncias, a segmentação de mercado pode realmente *levá-los* ao fracasso, basicamente porque os faz direcionar seus novos produtos para alvos fantasmas.

Começamos este capítulo descrevendo como pensar sobre uma segmentação de mercado que pode ser diferente daquilo que você já viu. Acreditamos que essa abordagem, baseada na noção de que os clientes "contratam" produtos para fazer "trabalhos" específicos, pode ajudar os gestores a segmentar seus mercados para espelhar como os clientes sentem a vida. Ao fazer isso, essa abordagem também pode descobrir oportunidades de inovação disruptiva.

Em seguida, aprofundaremos esse conceito de segmentação e exploraremos as forças que levam até os melhores gestores a segmentar seus mercados de forma errada. Muitos profissionais de marketing realmente sabem como fazer o que pedimos neste capítulo. O problema é que as forças previsíveis nas empresas em operação as levam a segmentar os mercados de maneira contraproducente. Por fim, mostramos que a segmentação dos mercados segundo os trabalhos que os clientes tentam realizar aborda outros desafios importantes de marketing, como gerenciamento de marca e posicionamento do produto, para ajudar as empresas disruptivas a crescerem. Como um todo, esses *insights* constituem a teoria de como conectar as inovações disruptivas aos clientes certos, a fim de primeiro criar uma posição em um mercado e, depois, crescer com lucro ao longo da trajetória sustentável em produtos e serviços dominantes no mercado.

Pompa e Circunstância ao Segmentar os Mercados

Grande parte da arte do marketing se concentra na segmentação: identificar grupos de clientes semelhantes o suficiente para que o mesmo produto ou serviço os atraia.[2] Os profissionais de marketing geralmente segmentam os mercados por tipo de produto, por ponto de preço ou pela demografia e psicografia dos indivíduos ou das empresas que são seus clientes. Com todo o esforço empregado em segmentação, por que as estratégias de inovação baseadas nesses esquemas de categorização ou segmentação falham com tanta frequência? Em nossa opinião, o motivo é que esses delineamentos são definidos pelos *atributos* dos produtos e dos clientes. Como vemos repetidas vezes neste livro, as teorias baseadas em categorizações de atributos podem revelar *correlações* entre atributos e resultados. Mas somente quando a teoria do marketing oferece uma declaração plausível de causalidade e é construída sobre esquemas de categorização (segmentação) baseados em circunstâncias é que os gestores podem afirmar com confiança quais recursos, funções e posicionamento *farão* com que os clientes comprem um produto.

O marketing previsível requer uma compreensão das circunstâncias em que os clientes compram ou usam coisas. Especificamente, os clientes (pessoas e empresas) têm "trabalhos" que surgem regularmente e precisam ser feitos. Quando os clientes ficam cientes de um trabalho que precisa ser feito na vida deles, procuram um produto ou serviço que eles possam "contratar" para fazer o trabalho. É assim que os clientes sentem a vida. Seus processos metais se originam com uma consciência da necessidade de fazer algo, então eles se propõem a contratar algo ou alguém para fazer o trabalho da forma mais eficaz, conveniente e barata possível. As dimensões funcionais, emocionais e sociais dos trabalhos que os clientes precisam fazer constituem as circunstâncias em que eles compram. Em outras palavras, os trabalhos que os clientes tentam realizar ou os resultados que eles tentam alcançar constituem uma categorização dos mercados baseada em circunstâncias.[3] Empresas que visam seus produtos nas *circunstâncias* em que os clientes se encontram, em vez dos *clientes* em si, são aquelas que podem lançar produtos com um sucesso previsível. Dito de outra forma, a unidade crítica de análise é a *circunstância*, e *não o cliente*.

Para ver por que é assim, considere o esforço de uma cadeia de restaurantes de serviço rápido para melhorar suas vendas e seus lucros com milkshake.[4] Os profissionais de marketing dessa rede segmentaram seus clientes em várias dimensões psicocomportamentais para definir um perfil do cliente com maior probabilidade de comprar milkshakes. Em outras palavras, primeiro eles estruturaram seu mercado pelo produto (milkshakes), depois o segmentaram pelas características dos clientes de milkshake existentes. Ambos são esquemas de categorização baseados em atributos. Então, eles montaram grupos de pessoas com esses atributos e exploraram se tornar os shakes mais grossos, achocolatados, baratos ou volumosos os atenderia melhor. A cadeia teve informações claras sobre o que os clientes queriam, mas nenhuma das melhorias no produto alterou significativamente as vendas ou os lucros.

Um novo grupo de pesquisadores veio para entender o que os clientes tentavam fazer sozinhos quando "contratavam" um milkshake, e essa abordagem ajudou os gestores da cadeia a ver coisas que a pesquisa de mercado tradicional deixou passar. Para saber o que os clientes procuravam quando contratavam um milkshake, os pesquisadores passaram dezoito horas em um restaurante registrando cuidadosamente quem comprava milkshakes. Eles registraram o tempo de cada compra de milkshake, quais outros produtos eram comprados, se o cliente estava sozinho ou em grupo, se ele consumiu no local ou saiu com o produto etc. O *insight* mais surpreendente desse trabalho foi que quase metade de todos os milkshakes era comprada no início da manhã. Na maioria das vezes, o milkshake era o único item que esses clientes compravam e raramente era consumido no restaurante.

Os pesquisadores voltaram a entrevistar os clientes que compravam um milkshake matinal para entender o que tentavam fazer quando o compraram e perguntaram quais outros produtos eles contrataram, em vez de um milkshake, em outros dias que tiveram de fazer o mesmo trabalho. A maioria dos clientes de milkshake matinais o contratou para um conjunto semelhante de resultados. Eles enfrentavam um trajeto longo e chato e precisavam de algo para torná-lo mais interessante! Eles eram "multitarefa" — ainda não estavam com fome, mas sabiam que se não comessem algo agora, teriam fome às 10h. Eles também tinham restrições. Estavam com pressa, muitas vezes usavam roupas de trabalho e, no máximo, tinham apenas uma mão livre.

Quando esses clientes procuravam algo para contratar e fazer esse trabalho, às vezes compravam bagels. Mas isso deixava migalhas nas roupas e no carro. Se os bagels fossem cobertos com *cream cheese* ou geleia, os dedos e o volante ficavam pegajosos. Às vezes, eles contratavam uma banana para fazer o trabalho, mas ela era comida muito rápido e não resolvia o problema do deslocamento chato. Os sanduíches de salsicha, presunto ou ovo que o restaurante também vendia para o café da manhã deixavam as mãos e o volante gordurosos, e se os clientes tentassem estender o tempo que levavam para comer o sanduíche, ele ficava frio. Os donuts não sobreviviam ao ataque de fome das 10h. Acaba que o milkshake fazia um trabalho melhor do que qualquer alternativa disponível. Se gerenciado com competência, pode levar até vinte minutos para sugar o milkshake viscoso pelo canudo fino, lidando com o problema do deslocamento chato. Ele podia ser saboreado de forma limpa com uma mão e havia pouco risco de derramar, e os clientes sentiam menos fome depois de consumi-lo do que depois de usar a maioria das alternativas. Os clientes não estavam convencidos que o milkshake era um alimento saudável, mas não importava, porque ser saudável não era o trabalho para o qual eles contratavam o produto.[5]

Os pesquisadores observaram que, em outros momentos do dia, muitas vezes, eram os pais que compravam milkshakes, além de uma refeição completa, para seus filhos. Qual trabalho eles tentavam fazer? Eles estavam emocionalmente cansados de repetir um "Não" para seus filhos o dia todo e só precisavam sentir que eram pais razoáveis. Eles contratavam os milkshakes como uma forma inocente de acalmar seus filhos e sentir que eram pais amorosos. Os pesquisadores observaram que os milkshakes não faziam esse trabalho muito bem. Eles viram os pais esperando com impaciência depois de terminar sua própria refeição, enquanto seus filhos tentavam sugar o milkshake grosso pelo canudo fino. Muitos eram descartados pela metade quando os pais declaravam que o tempo havia acabado.

Segmentar o mercado nas linhas demográficas ou psicográficas de fato fornece informações sobre os clientes individuais.[6] Mas o mesmo pai ocupado que precisa de um milkshake viscoso e demorado pela manhã precisa de algo muito diferente no final do dia para seu filho. Quando os pesquisadores perguntaram aos clientes que têm várias tarefas na vida quais atributos do milkshake deveriam melhorar, e quando os pesquisadores então calcularam a média da resposta de cada consumidor com a de outros no mesmo segmento demográfico ou psicográfico, isso levou a um produto único que não fazia bem nenhum dos trabalhos que os clientes tentavam realizar.[7]

Com quem a cadeia de serviços rápidos realmente compete de manhã? Suas estatísticas comparam suas vendas com as vendas de milkshake das cadeias concorrentes. Mas na mente dos clientes, o milkshake matinal compete com o tédio, bagels, bananas, donuts, bebidas instantâneas do café da manhã e, possivelmente, o café. À noite, os milkshakes competem com biscoitos, sorvetes e compras prometidas no futuro das quais os pais esperam que seus filhos não se lembrem.

Saber para qual trabalho um produto é contratado (e saber quais trabalhos estão por aí e não estão sendo feitos muito bem) pode dar aos inovadores um roteiro muito mais claro para melhorar seus produtos e vencer a *verdadeira* concorrência da perspectiva do cliente em todas as dimensões do trabalho. Para lidar com o trabalho de deslocamento chato, por exemplo, os gestores da cadeia poderiam bater pequenos pedaços de frutas frescas. Isso deixaria o deslocamento chato ainda melhor, porque os motoristas sugariam ao acaso pedaços crocantes e saborosos, adicionando uma dimensão de imprevisibilidade e antecipação a uma rotina matinal monótona (lembre-se, as frutas podem torná-lo mais saudável, mas melhorar a saúde não é o principal trabalho para o qual o shake é contratado). A cadeia pode tornar o shake ainda mais espesso, para durar mais tempo. E eles poderiam preparar uma máquina de autoatendimento em cada restaurante e que os clientes pudessem operar com um cartão pré-pago, para entrar e sair rápido.

Abordar o trabalho a ser feito à noite implicaria um produto muito diferente, com menor viscosidade, para o consumo mais rápido, e servido em um recipiente pequeno e de design divertido. Seria um complemento barato para a refeição preparada das crianças, de modo que, quando uma criança implorasse aos pais por isso, eles poderiam prontamente dizer "certo", com pouco planejamento.

Se a cadeia de restaurantes implementasse inovações como essas que realmente ajudassem a fazer os trabalhos e descartasse as melhorias que eram irrelevantes para os trabalhos para os quais o produto é contratado, teria sucesso, mas não capturando as vendas de milkshake das cadeias de serviços rápidos da concorrência nem canibalizando outros produtos em seu menu. Pelo contrário, o crescimento viria pegando parte dos produtos em outras categorias que os clientes às vezes utilizavam, com uma satisfação limitada, para realizar seus trabalhos específicos. E talvez mais importante, os produtos encontrariam um novo crescimento entre os "não consumidores". Competir com o não consumo muitas vezes oferece a maior fonte de crescimento em um mundo de produtos genéricos que não fazem nenhum trabalho satisfatoriamente. Voltaremos a este tópico no Capítulo 4.

Usando a Segmentação Baseada em Circunstâncias para Ganhar uma Posição Disruptiva

A primeira vez que os criadores de um negócio NGT precisam avaliar o que os clientes-alvo realmente tentam fazer é quando buscam a posição disruptiva — o produto ou o serviço inicial que é o ponto de entrada para uma disrupção no novo mercado. Quando os gestores posicionam um produto disruptivo diretamente em um trabalho que foi mal abordado no passado e que muitas pessoas tentam fazer, eles criam uma plataforma de lançamento para o crescimento subsequente por meio de inovações sustentáveis baseadas na plataforma inicial.[8]

Como os gestores podem identificar essas oportunidades de base? Talvez nunca seja possível ter todas as dimensões da introdução de um produto em uma disrupção no novo mercado logo no início, o que torna muito importante usar os métodos de descoberta da estratégia que descreveremos no Capítulo 8. Mas acreditamos que uma lente do "trabalho a ser feito" pode ajudar os inovadores a entrar no mercado com um produto inicial muito mais próximo daquele que os clientes descobrirão que valorizam. O modo de chegar o mais perto possível desse alvo é desenvolver hipóteses *observando* cuidadosamente o que as pessoas tentam alcançar por si mesmas, e depois lhes perguntar sobre isso.[9]

O fundador da Sony, Akio Morita, foi um mestre ao observar o que os consumidores tentavam fazer e ao casar esses *insights* com as soluções que os ajudavam a fazer o trabalho melhor. Entre 1950 e 1982, a Sony construiu com sucesso doze negócios diferentes de crescimento disruptivo em novos mercados. Estes incluíam o rádio de bolso original alimentado por bateria, lançado em 1955, e a primeira televisão portátil com circuito integrado em preto e branco, em 1959. Incluíam, ainda, leitores de videocassetes, gravadores de vídeo portáteis, o agora onipresente Walkman, introduzido em 1979, e disquetes de 3,5 pol., lançados em 1981. Como a Sony encontrou essas aplicações de base que renderam um tremendo resultado?

Cada decisão de lançamento de novos produtos na época foi tomada pessoalmente por Morita e um grupo confiável de cerca de cinco associados. Eles procuravam por bases disruptivas observando e questionando o que as pessoas realmente tentavam fazer. Procuravam formas pelas quais a tecnologia eletrônica com circuito integrado em miniatura poderia ajudar uma população maior de pessoas menos qualificadas e abastadas a realizar, com mais conveniência e menos despesas, os trabalhos que já tentavam realizar por meios estranhos e insatisfatórios. Morita e sua equipe tiveram uma trajetória extraordinária ao encontrar essas bases para a disrupção.

Curiosamente, 1981 sinalizou o fim da odisseia disruptiva da Sony, e nos próximos dezoito anos, a empresa não lançou um único novo negócio de crescimento disruptivo. A empresa continuou sendo inovadora, mas suas inovações eram *sustentadas* no caráter — eram produtos melhores direcionados aos mercados existentes. O PlayStation da Sony, por exemplo, é um ótimo produto, mas foi um concorrente tardio em um mercado bem estabelecido. Da mesma forma, seus notebooks Vaio são ótimos, mas também foram concorrentes tardios em um mercado bem estabelecido.

O que causou essa mudança abrupta na estratégia de inovação da Sony? No início dos anos 1980, Morita começou a se retirar da administração ativa da empresa para se envolver na política japonesa.[10] Para seu lugar, a Sony começou a empregar profissionais de marketing com MBA para ajudar a identificar as oportunidades de crescimento. O MBA trouxe com eles técnicas sofisticadas, quantitativas e baseadas em atributos para segmentar os mercados e avaliar seu potencial. Embora esses métodos tenham revelado algumas oportunidades não atendidas em trajetórias de melhoria sustentável nos mercados estabelecidos, eles eram ruins em sintetizar os *insights* a partir da observação intuitiva. Ao pesquisar uma posição inicial do produto na disrupção do novo mercado, observação e questionamento para determinar o que os clientes tentam fazer, junto com estratégias de rápido desenvolvimento e feedback imediato, podem melhorar muito a probabilidade de que os produtos de uma empresa convergirão rapidamente em um trabalho que as pessoas tentam fazer.

Inovações que Sustentarão a Disrupção

Ganhar posição é apenas a primeira batalha na guerra. O crescimento emocionante acontece quando uma inovação *melhora* de maneiras que lhe permitem deslocar as ofertas dos titulares. Estas são as melhorias sustentáveis em relação à inovação inicial: melhorias que se estendem para atender às necessidades de clientes cada vez mais lucrativos.

Com as disrupções de baixo custo, pode ser fácil determinar a sequência certa de melhorias de produtos na marcha para o mercado de ponta.

Depois que as miniusinas de aço estabeleceram sua posição no mercado de vergalhões, por exemplo, o próximo passo lógico foi bem óbvio: ferro em ângulo, barras e hastes mais grossas — as categorias de aço que estavam logo acima do vergalhão. Para a Target Stores, o objetivo era replicar a linha de produtos, as marcas e o ambiente que antes só estavam disponíveis em lojas de departamento caras e completas. A tarefa de marketing do disruptor de baixo custo é estender o modelo de negócios de baixo custo para produtos que fazem os trabalhos que os clientes mais lucrativos tentam realizar.

Já com as disrupções no novo mercado, o desafio é *inventar* o caminho ascendente, porque ninguém esteve nessa trajetória antes. Escolher as melhorias certas é fundamental para a marcha disruptiva no mercado de ponta. Aqui, novamente, a lógica da segmentação baseada em trabalho pode ajudar.

Examinemos um dos mercados mais badalados da última década: dispositivos eletrônicos sem fio portáteis. O BlackBerry, um dispositivo de e-mail sem fio e portátil feito pela canadense Research in Motion (RIM), é um importante concorrente nesse campo. A RIM descobriu a posição disruptiva do BlackBerry em um novo ponto no terceiro eixo no diagrama da disrupção, competindo com o não consumo, trazendo a capacidade de receber e enviar e-mails para novos contextos, como filas de espera, transporte público e salas de conferência. E o que vem a seguir? Como a RIM sustenta a melhoria do produto e a trajetória de crescimento de seu BlackBerry? Certamente, dezenas de novas ideias entram nos escritórios dos executivos da RIM todos os meses para melhorias que podem ser introduzidas na próxima geração do BlackBerry. Em quais dessas ideias a RIM deve investir e quais deve ignorar? São decisões cruciais, com centenas de milhões de dólares de lucro em jogo em um mercado de rápido crescimento.

Os executivos da RIM podem acreditar que seu mercado é estruturado por categorias de produtos caracterizadas por algum codinome como "Competimos em dispositivos sem fio portáteis". Se assim for, eles verão o BlackBerry competindo com produtos como Palm Pilot; Treo, da Handspring; Clié, da Sony; celulares feitos pela Nokia, Motorola e Samsung e dispositivos baseados no Pocket PC da Microsoft, como o I-Paq, da Compaq, e o Hewlett-Packard, da Jordana. Para ficar à frente desses concorrentes, a RIM precisaria desenvolver produtos melhores mais rapidamente do que a concorrência. O Clié, da Sony, por exemplo, tem câmera digital. Os telefones da Nokia oferecem não apenas conversas ao vivo e mensagens de voz, mas também mensagens de texto curtas. Os recursos de calendário, cartão rotativo e anotações do Palm Pilot quase se tornaram padrões do setor. E o fato de que a Compaq e a Hewlett-Packard oferecem versões simplificadas do software Word e Excel significa que a RIM ficará para trás se não seguir o exemplo?

Definir o mercado pelas características do produto *faz* com que os gestores pensem que, para vencer a concorrência, a RIM precisaria criar alguns desses recursos em seu dispositivo BlackBerry da próxima geração. Os concorrentes da RIM, claro, estariam pensando a mesma coisa — todos tentando forçar as características superiores de seus concorrentes em seus produtos, correndo para ficar à frente. Como sugerido na Tabela 3-1, nossa preocupação é que definir os segmentos de mercado de uma maneira baseada em produtos realmente *causa* uma corrida armamentista desenfreada em direção a produtos genéricos que realizam mal qualquer trabalho específico que os clientes possam contratá-los para fazer.

Uma alternativa é os executivos da RIM segmentarem seu mercado em termos demográficos, visando quem viaja a negócios, por exemplo, e adicionar ao BlackBerry as melhorias de produtos que atenderiam às necessidades desses clientes. Esse enquadramento levaria a RIM a considerar um conjunto muito diferente de inovações. Um software de gerenciamento de relacionamento com o cliente (CRM) enxuto pode ser considerado essencial, pois permitiria que os vendedores revisem o histórico de contas e o status do pedido rapidamente antes de contatar os clientes. Livros eletrônicos e revistas para download evitariam que os clientes carregassem um material de leitura volumoso em suas pastas. O acesso à internet sem fio, com recursos de atendimento para alterar reservas de viagens, negociar estoques e encontrar restaurantes por GPS, poderia ser muito atraente. Um software de relatório de despesas junto da capacidade de transmitir relatórios para a sede e sem fio pode ser obrigatório.

TABELA 3-1

Seu modo de ver o mercado de dispositivos portáteis determinará quais características do produto você considera relevantes

Visão do produto	Visão demográfica	Visão do trabalho a ser feito
Definição de mercado O mercado de dispositivos sem fio portáteis.	**Definição de mercado** Vendedor em trânsito.	**Definição de mercado** Usar pequenas frações de tempo de forma produtiva.
Concorrentes Palm Pilot, Handspring Treo, Sony Clié, HP Jordana, Compaq IPaq, telefones sem fio.	**Concorrentes** Notebooks, acesso à internet por cabo, telefones com e sem fio.	**Concorrentes** Telefones sem fio, Wall Street Journal, CNN Airport News, ouvir apresentações chatas, não fazer nada.
Características a considerar Câmera digital. Word. Excel. Outlook. Telefone com chamada de voz. Organizador. Reconhecimento de escrita.	**Características a considerar** Acesso à internet sem fio, largura de banda para dados. Download de dados CRM/ funcionalidade. Acesso sem fio a agências de viagens online. Negociação de ações online. Ebooks e manuais e-tech. E-mail. Voz.	**Características a considerar** E-mail. Mensagem de voz. Telefone com chamada de voz. Notícias em destaque, atualizações frequentes. Jogos simples, um jogador. Listas "top ten" de entretenimento. Sempre ligado.

Todo executivo que já participou de decisões para definir e financiar projetos de inovação terá empatia com a dificuldade torturante de responder a essas perguntas. Não admira que muitos tenham vindo a considerar a inovação como um tiro no escuro aleatório, ou pior, uma roleta russa.

Mas e se a RIM estruturasse os segmentos desse mercado de acordo com os trabalhos que as pessoas tentam fazer? Não fizemos uma pesquisa séria sobre isso, mas só de observar as pessoas pegando seus BlackBerries, parece-nos que a maioria o está contratando para ajudá-la a ser produtiva em pequenas frações de tempo que de outra forma seriam desperdiçadas. Você vê os proprietários do BlackBerry lendo e-mails enquanto esperam na fila em aeroportos. Quando um executivo coloca um BlackBerry sempre ligado na mesa em uma reunião, o que ele está tentando fazer? Caso a reunião fique um pouco lenta ou chata, ele quer ler algumas mensagens discretamente, apenas para ser um pouco mais produtivo. Quando o ritmo da reunião aumenta, ele pode colocar o BlackBerry de lado e prestar atenção de novo.

Com o que o BlackBerry está competindo? O que é contratado quando as pessoas precisam ser produtivas em pequenas frações de tempo e não pegam um BlackBerry? Muitas vezes, pegam um telefone sem fio. Às vezes, pegam o Wall Street Journal. Às vezes, fazem anotações para si mesmas. Outras vezes, olham sem pensar para a CNN Airport Network ou se sentam com os olhos vidrados em uma reunião chata. Do ponto de vista do *cliente*, *estes* são os concorrentes mais diretos do BlackBerry.

Quais melhorias na plataforma básica de e-mail sem fio do BlackBerry esse enquadramento do mercado implica? O Word, o Excel e o software CRM provavelmente estão fora — é muito difícil de inicializar, mudar de atitude, ser produtivo e reduzir essas atividades em cinco minutos. As câmeras digitais de encaixe também não são possíveis contratações para fazer este trabalho.

No entanto, a telefonia sem fio é óbvia para a RIM, porque deixar e retornar mensagens de voz é outra forma de ser produtivo em pequenas frações de tempo. Manchetes de notícias financeiras e cotações de ações ajudariam o BlackBerry a competir de forma mais eficaz com o Wall Street Journal. E jogos para um só jogador ou listas dos dez mais para baixar automaticamente podem ajudar o BlackBerry a ganhar do tédio. Ver o mercado em termos dos trabalhos que seus clientes tentam fazer definiria, para a RIM, uma agenda de inovação que se baseia na modo como tais clientes vivem a vida. A boa notícia para os acionistas da RIM é que essa parece ser a trajetória do BlackBerry.[11]

Fazer o trabalho do tipo "me torne produtivo em pequenas frações de tempo" não é algo comum, claro. Adicionar telefonia de voz ao BlackBerry aumentaria o consumo de energia. No entanto, é o tipo de desafio clássico associado à inovação sustentável. O maior problema da RIM provavelmente não é a falta de talentos na engenharia; é decidir quais problemas devem ser enfrentados por eles.[12]

O que um Palm deve fazer? No contexto do trabalho para o qual o BlackBerry é contratado, uma câmera não faz sentido. Mas poderia fazer em um produto como o Palm Pilot, que é usado para acompanhar as pessoas? Além de exibir um cartão de visitas, uma câmera permitiria que os usuários armazenassem a imagem da pessoa, ajudando os usuários do Palm Pilot a se organizarem melhor, lembrando não apenas o nome das pessoas, mas também o rosto delas.[13]

No mercado japonês de telefonia móvel, as estratégias dos provedores de telefonia móvel J-Phone e NTT DoCoMo para adicionar uma câmera e um visor de fotos ao celular, e fornecer os serviços de dados necessários para enviar e receber fotos digitais de baixa qualidade, tiveram sucesso instantâneo no início dos anos 2000. Por quê? Alguns anos antes, essas empresas haviam criado uma crescente disrupção no novo mercado vendendo acesso à internet sem fio por meio de serviços como o I-Mode da DoCoMo. Seus clientes eram principalmente adolescentes que haviam contratado o acesso móvel à internet para se divertir com os amigos baixando papel de parede e toques. A popularidade das câmeras de funcionalidade limitada e dos visores de fotos nos telefones desses adolescentes faz sentido quando vistas pela lente dos trabalhos a serem feitos: telefones celulares que enviam e recebem fotos oferecem a esses jovens cada vez mais diversão.

Os prestadores de serviços e celulares europeus e norte-americanos devem tentar imitar o sucesso incorporando essa funcionalidade em *seus* telefones? Na época da escrita deste livro, esperávamos que os telefones com câmera decolassem muito mais lentamente nesses mercados, porque muitos usuários de celulares em tais mercados são adultos que parecem ter telefones para trabalhar ou trocar informações importantes em pequenas frações de tempo. Câmeras e visores raramente ajudam a melhorar esses trabalhos. Se as empresas comercializassem esses telefones e serviços para adolescentes e crianças como uma nova forma de se divertir pegando e transmitindo imagens, o recurso do produto poderia gerar um crescimento *substancial*. Mas se eles seguissem a tendência demonstrada de implantar a funcionalidade como um recurso caro em telefones que adultos multitarefa sérios contrataram para trabalhar, em vez de jogar, nossa aposta é a de que isso resultaria em pouco crescimento.

Se a RIM evoluísse o BlackBerry para ajudar as pessoas a serem cada vez mais produtivas em pequenas frações de tempo, se a Palm evoluísse seu Pilot para ajudar as pessoas a serem cada vez mais organizadas e se os aparelhos da J-Phone fossem otimizados para ajudar os adolescentes a se divertir, os produtos se tornariam bem diferenciados na mente dos consumidores e cada um poderia crescer e ter uma grande parcela de mercado de seu respectivo trabalho. E como esses diferentes trabalhos surgem em diferentes pontos no tempo e no espaço na vida dos consumidores, apostamos que, por muito tempo, a maioria dos consumidores optaria por possuir cada produto individualmente, em vez de ter um único dispositivo tipo canivete suíço, ou seja, até que um dispositivo genérico possa fazer todos esses trabalhos sem comprometer a funcionalidade, a simplicidade e a conveniência.

Infelizmente, parece que muitos fabricantes nesse espaço estão agora em rota de colisão. Cada um parece inclinado a colocar a funcionalidade de todos os outros concorrentes em um único dispositivo multiuso. Sem controle, isso levará a produtos comoditizados e não diferenciados, que não fazem muito bem nenhum dos trabalhos para os quais foram contratados. Não precisa ser assim. A trajetória suicida resulta do enquadramento do mercado em termos dos atributos dos produtos e dos atributos dos clientes, e não em termos dos trabalhos a fazer.

Por que os Executivos Segmentam os Mercados de Forma Improdutiva?

Em muitos aspectos, o que dissemos até agora não é novidade, ou pelo menos não deveria ser. Bons pesquisadores escreveram de forma convincente, usando seu próprio vocabulário, que uma perspectiva de "trabalhos a serem feitos" é a única maneira de ver com precisão quais produtos e serviços os clientes valorizarão no futuro e por quê.[14] De fato, todos os executivos *diriam* que sonham em dominar seu mercado com um produto altamente diferenciado. E a maioria dos profissionais de marketing afirmará que o exato propósito de seu trabalho é entender o que os clientes *fazem* com seus produtos.

Diante de tais desejos e crenças, por que tantos gestores parecem seguir em *outra* direção, baseando as trajetórias de melhoria do produto em esquemas de segmentação baseados em atributos que levam a produtos não diferenciados e genéricos? Há pelo menos quatro razões ou forças de compensação nas empresas estabelecidas que *levam* os gestores a direcionar as inovações em segmentos de mercado baseados em atributos não alinhados com o modo como os clientes vivem a vida. As duas primeiras razões, o medo do foco e a demanda por uma quantificação nítida, residem nos processos de alocação de recursos das empresas. A terceira razão é que a estrutura de muitos canais de varejo é focada em atributos, e a quarta é que a economia da publicidade influencia as empresas a segmentar os produtos nos clientes, não nas circunstâncias.

Medo do Foco

Uma razão pela qual é difícil criar pacotes de produtos e serviços que fazem bem trabalhos específicos é que, quanto mais claramente um produto está focado em obter um trabalho específico feito com perfeição, menos atraente pode se tornar quando contratado para outros trabalhos. Esclarecer para qual trabalho um produto deve ser contratado, infelizmente, muitas vezes esclarece para o que *não* deve ser contratado. O foco ajuda e prejudica, e é mais fácil quantificar o prejuízo do que a ajuda.

É um problema especialmente irritante para empresas como RIM, Palm, Nokia e HP conforme traçam o curso para um futuro aparentemente incerto. Cada empresa está mais ou menos posicionada, por enquanto, em um trabalho específico: BlackBerry, da RIM, e Nokia, em passar o tempo de forma produtiva; Pilot, da Palm, em manter as pessoas organizadas; e HP, no acesso enxuto a tarefas em computadores.

Se elas definem seu mercado em termos de categoria do produto, as oportunidades de crescimento mais tangíveis são clientes e aplicativos que já foram capturados por outras empresas. Então, a RIM procura o software organizador para ajudá-la a roubar os clientes da Palm, mesmo que a Palm lute para tornar seu Pilot um dispositivo de e-mail móvel.[15] Se essas empresas enquadram o mercado como uma categoria do produto, então *não* colocar todos esses recursos no produto realmente parece sacrificar o potencial de crescimento.

Por outro lado, uma teoria de crescimento fundamentada nas categorias baseadas em circunstâncias (trabalhos a serem feitos) levaria a RIM a *não* copiar a maioria dos recursos nos outros dispositivos de mão. Isso ocorre porque a concorrência real vem de jornais, celulares, CNN Airport Network e tédio. Há um potencial de crescimento emocionante *dentro* desse trabalho, se a RIM pode melhorar seu produto para que ele faça o trabalho melhor do que a concorrência real. Isso aumentaria o tamanho da categoria de produtos roubando a participação de concorrentes que estão fora da categoria. Além disso, buscar essa trajetória de melhoria *aumentaria*, em vez de destruir, a diferenciação dos produtos da RIM e sua consequente capacidade de sustentar margens de lucro.

O foco é assustador, até se perceber que significa apenas virar as costas para os mercados que, de qualquer maneira, você nunca poderia ter. O foco nítido nos trabalhos que os clientes tentam fazer mantém a promessa de melhorar *significativamente* as chances de sucesso no desenvolvimento de novos produtos.

Demanda dos Executivos Seniores pela Quantificação das Oportunidades

O trabalho para o qual os diretores executivos costumam contratar as pesquisas de mercado no processo de alocação de recursos é para definir o tamanho da oportunidade, não entender como os clientes e os mercados funcionam.

Os sistemas de tecnologia da informação (TI) na maioria das empresas coletam, agregam e resumem dados de várias formas para ajudar os gestores a tomar melhores decisões. Sem dúvidas, os relatórios são úteis, mas também levam as empresas a desenvolver novos produtos e serviços destinados a fracassar no mercado. Quase todos os relatórios de TI corporativos são estruturados em torno de um dos três conceitos: produtos, clientes e unidades organizacionais. Os dados mostram aos gestores quanto de cada produto está sendo vendido, quão rentável é cada um, quais clientes compram quais produtos e quais custos e receitas estão associados ao atendimento de cada cliente. Os sistemas de TI também relatam receitas e custos por unidades de negócios, para que os gestores possam medir o sucesso das organizações pelas quais são responsáveis.

As chances de desenvolver novos produtos de sucesso começam a cair quando os gestores coletivamente começam a presumir que o mundo do *cliente* é estruturado da mesma forma como os dados são agregados. Quando os gestores definem segmentos de mercado nas linhas para as quais os dados estão disponíveis, em vez dos trabalhos que os clientes precisam fazer, fica impossível prever se uma ideia de produto se conectará a um trabalho importante do cliente. O uso desses dados para definir os segmentos de mercado faz com que os gestores visem a inovação em alvos fantasmas.

Quando enquadram o mundo do cliente em termos de produtos, os inovadores começam a competir com os concorrentes, proliferando recursos, funções e tipos de produtos que significam pouco para os clientes.[16] Enquadrando os mercados em termos de dados demográficos dos clientes, eles fazem a média de vários trabalhos diferentes que surgem na vida dos clientes e desenvolvem produtos genéricos que raramente deixam a maioria destes totalmente satisfeita. E enquadrar os mercados em termos de limites de uma organização restringe ainda mais as habilidades dos inovadores em desenvolver produtos que realmente ajudarão seus clientes a realizar o trabalho com perfeição.

Goste ou não, embora os pesquisadores de mercado muitas vezes desenvolvam uma sólida compreensão dos trabalhos que os clientes tentam fazer, a linguagem primária pela qual a natureza da oportunidade deve ser descrita no processo de alocação de recursos é a linguagem do tamanho do mercado. Pedir aos profissionais de marketing para entender esse conceito não é a solução para o problema — porque, se é chamado de "miopia de marketing" ou trabalhos a serem feitos, esse conceito foi ensinado antes.[17] É um problema de processo. Como os gerentes seniores costumam contratar pesquisas de mercado para quantificar o tamanho das oportunidades, em vez de entender o cliente, o processo de alocação de recursos perverte sistemática e previsivelmente o conceito das empresas sobre a estrutura de seu mercado, de modo que, em última análise, esteja em conformidade com as linhas nas quais os dados estão disponíveis.

Como resultado, os sistemas de TI corporativos e os CIOs que os administram figuram entre os colaboradores mais importantes para o fracasso na inovação. Os dados adquiridos de fontes externas têm o mesmo impacto, porque são estruturados por atributos de produto, não por trabalho. Os dados prontamente disponíveis, de fato, ofuscam os caminhos para o crescimento.

A solução é não usar dados que são coletados para fins de medição de desempenho histórico nos processos de desenvolvimento de novos produtos. Mantenha esses dados em quarentena: são os dados errados para o trabalho. O tamanho e a natureza das categorias de mercado baseadas em trabalho ou circunstâncias podem ser quantificados, mas isso implica um processo de pesquisa e uma metodologia estatística diferentes do que é normalmente empregado na maioria dos esforços de quantificação do mercado.[18]

A Estrutura dos Canais

Muitos canais de varejo e distribuição são organizados por categorias de produtos, e não de acordo com os trabalhos que os clientes precisam fazer.[19] Essa estrutura de canais limita a flexibilidade dos inovadores em focar seus produtos nos trabalhos que precisam ser feitos, porque os produtos precisam ser inseridos nas categorias de produtos para as quais o espaço na prateleira foi alocado.

Para ilustrar esse desafio, um fabricante de ferramentas elétricas observou que, ao instalar uma porta, os comerciantes usavam pelo menos sete ferramentas diferentes, nenhuma delas específica para o trabalho, desperdiçando muito tempo pegando e retornando essas ferramentas. A empresa desenvolveu um novo conceito de ferramenta posicionado no trabalho que tornou *muito* mais fácil instalar as portas com precisão. No entanto, não poderia ser categorizado como um plano, um cinzel, uma chave de fenda, uma broca, um nível ou um martelo. Quando a empresa apresentou o produto ao comprador da ferramenta de uma grande cadeia de varejo, o comprador respondeu: "Olha. Eu tenho um trabalho a fazer. Aqui está o planograma para meu espaço de prateleira. Eu compro brocas, lixadeiras e serras. O fornecedor que oferece mais potência em um ponto de preço obtém o espaço. Seu produto não me ajuda."

Esse fenômeno leva muitos disruptores do novo mercado a buscar novos canais para o cliente, um tópico que abordaremos no Capítulo 4. Se o produto é disruptivo para os canais de varejo ou atacado estabelecidos porque não ajuda essas instituições a ganhar mais dinheiro na forma como estão estruturadas para ganhar, não haverá vendas. Assim, os inovadores disruptivos bem-sucedidos geralmente acham que seu produto deve permitir que uma nova classe de varejistas, distribuidores ou revendedores de valor agregado vá para o mercado de ponta e faça disrupção nos canais estabelecidos.[20]

Resolver esse problema criando um novo canal estruturado e motivado a vender o produto disruptivo e posicionado no trabalho parece ridículo para os executivos que precisam de inovações para crescer muito, muito rápido. Um grande canal estabelecido não promete um acesso muito mais rápido ao volume? Ironicamente, muitas vezes, não. Encontrar ou construir novos canais geralmente significa virar as costas aos lucros que provavelmente não teriam se materializado nos canais existentes.

Economia da Publicidade e Estratégias de Marca

A quarta razão pela qual os executivos de marketing tendem a segmentar os mercados por atributos de produto ou cliente é facilitar a comunicação com os clientes. Parece mais fácil elaborar uma estratégia de comunicação e escolher as compras de mídia de marketing mais econômicas se os mercados de consumo são divididos em dimensões como idade, sexo, estilo de vida ou categoria de produto. O mesmo parece acontecer se os profissionais de marketing dividem os mercados comerciais por geografia, setor ou tamanho do negócio. Mas quando as estratégias de comunicação impulsionam os esquemas de segmentação, os atributos dos clientes segmentados podem confundir o processo de desenvolvimento de produtos, fazendo com que as empresas desenvolvam produtos que fazem vários trabalhos mal, e nenhum com perfeição.

Pense no exemplo dos milkshakes no restaurante de serviço rápido e considere um membro de um segmento demográfico — um homem de 40 anos, casado, com dois filhos gulosos, que também tem um trajeto longo e chato para o trabalho e fica com fome na hora do almoço. O que e como a cadeia deve se comunicar com esse cliente? Se ele for informado que pode comprar rapidamente um milkshake viscoso e com pedaços interessantes em uma máquina de autoatendimento quando precisa de algo para manter as mãos ocupadas durante seu trajeto chato, como a cadeia pode lhe dizer que deve voltar para contratar um pequeno shake líquido quando precisa de se render aos filhos? Ou passar por aqui para contratar um hambúrguer na hora do almoço corrida? Enviar comunicações separadas sobre cada um desses trabalhos para o mesmo cliente é muito caro, e comunicar tudo para o cliente de uma só vez seria confuso. Então, o que a cadeia deve fazer?

A resposta é que, assim como precisa desenvolver produtos para a circunstância, e não para o cliente, a cadeia precisa *se comunicar com a circunstância*, e não necessariamente com o consumidor. Ela pode se comunicar com a circunstância com uma *marca*, se emprega a estratégia de marca certa. Se faz isso, então, quando os clientes se encontrarem na circunstância, eles pensarão instintivamente na marca e saberão qual produto comprar a fim de ter esse trabalho feito.

As marcas são, no início, palavras vazias nas quais os profissionais de marketing significam coisas. Se o significado de uma marca é posicionado em um trabalho a ser feito, então, quando o trabalho surge na vida de um cliente, ele se lembra da marca e contrata o produto. Os clientes pagam prêmios significativos pelas marcas que fazem um bom trabalho.

Alguns executivos temem que um produto disruptivo de baixo custo possa prejudicar sua marca estabelecida. Eles podem escapar desse problema anexando uma segunda palavra à sua marca corporativa. Chamamos essa palavra de marca de *propósito*, porque se comunica com uma circunstância: um *trabalho* que o produto disruptivo deve ser contratado para fazer. Se os clientes contratarem um produto disruptivo para fazer o trabalho errado, eles ficarão decepcionados, e isso manchará a marca da corporação.[21] Se o produto disruptivo é contratado para o trabalho para o qual foi projetado, encantará o cliente e, assim, fortalecerá a marca corporativa, mesmo que a funcionalidade do produto disruptivo possa não ser tão boa quanto a dos produtos convencionais. Isso ocorre porque os clientes definem a qualidade dentro do contexto do trabalho a ser feito.

Examinaremos a experiência da Kodak quando lançou câmeras descartáveis, que eram uma clássica disrupção no novo mercado. Por causa de suas lentes baratas de plástico, a qualidade das fotografias tiradas com as câmeras descartáveis não era tão boa quanto aquelas feitas com boas câmeras de 35mm. Como resultado, a proposta de lançar um negócio de câmera descartável teve forte oposição dentro da divisão de filmes da Kodak. A corporação finalmente deu a responsabilidade pela oportunidade a uma unidade organizacional completamente diferente, que lançou as câmeras descartáveis com uma marca de propósito — a Kodak Fun-saver. Era um produto a ser contratado quando os clientes precisavam guardar memórias de ocasiões divertidas, mas tinham se esquecido de levar uma câmera. A câmera Fun-saver competiu com o não consumo. Os clientes cuja base de comparação era não ter fotos ficaram encantados com a qualidade dessa solução para guardar sua diversão. Criar uma marca de propósito para um trabalho disruptivo diferenciou o produto, esclareceu seu uso pretendido, encantou os clientes e, assim, *fortaleceu* a marca Kodak.

A Marriott Corporation fez o mesmo desenvolvendo uma arquitetura de marca consistente com vários trabalhos diferentes que seus clientes vivenciam. Essa arquitetura facilitou a criação de novos negócios disruptivos, ao mesmo tempo em que fortaleceu a marca Marriott. Sob o endosso dessa marca, eles aprenderam a contratar um Marriott Hotel quando o trabalho foi convocar uma grande reunião de negócios, e escolher um Courtyard by Marriott ("O hotel projetado por viajantes de negócios para viajantes de negócios") quando o trabalho foi ter um lugar limpo e tranquilo para trabalhar à noite. Aprendemos a contratar um Fairfield Inn by Marriott quando o trabalho foi encontrar um lugar barato para ficar em família, e o Residence Inn by Marriott para ter um lar longe de casa. A marca Marriott permanece imaculada com tudo isso, porque as marcas de propósito tornam o trabalho claro.

Por outro lado, se os profissionais de marketing da Marriott tivessem posicionado os hotéis Courtyard em um segmento definido por um preço mais baixo, uma solução mais barata e de menor qualidade para o mesmo trabalho que os hotéis da marca Marriott de primeira linha são contratados, a disrupção poderia ter prejudicado a marca. Mas se uma marca de propósito definido orienta os clientes a contratar os vários hotéis para fazer trabalhos muito diferentes, e se as cadeias hoteleiras são projetadas para fazer seus respectivos trabalhos perfeitamente, então *todos* serão vistos como hotéis de alta qualidade, fortalecendo, assim, o poder endossador da marca Marriott. Estratégias de marca que tornam mais fácil para os clientes fazer a conexão entre um trabalho que surge e o produto que eles podem contratar para fazer o trabalho com perfeição são capazes de tornar a disrupção ainda mais fácil.

Os Perigos de Pedir aos Clientes para Mudarem os Trabalhos

Em um nível fundamental, as coisas que as pessoas querem realizar na vida não mudam rapidamente. É por isso que em nossa pesquisa de inovação disruptiva, as trajetórias de melhoria que os clientes podem utilizar em qualquer aplicação ou o nível do mercado tendem a ser bem planos. Dada essa estabilidade, uma ideia tem pouca chance de sucesso se exige que os clientes priorizem trabalhos com os quais não se importavam no passado. Os clientes não "mudam de trabalho" somente porque um novo produto foi disponibilizado. Pelo contrário, o novo produto terá sucesso na medida em que ajuda os clientes a realizar de modo mais eficaz e conveniente o que eles já tentam fazer.

Testaremos a viabilidade de uma ideia de novo produto explorando o potencial da imagem digital para gerar crescimento fazendo disrupção no filme fotográfico. Como a maioria de nós usava filme fotográfico antes da fotografia digital? Queríamos boas fotos, então, muitas vezes tirávamos várias na mesma pose, caso alguém piscasse no instante errado. Quando deixávamos nosso filme com o revelador, a maioria pedia impressões duplas. Se uma das fotos ficasse boa, queríamos uma extra facilmente disponível para enviar a um amigo ou um parente. Levávamos as fotos para casa, folheávamos e colocávamos de volta no envelope, guardando em uma caixa ou uma gaveta. Cerca de 98% de todas as imagens eram vistas apenas uma vez. Apenas pessoas raras e conscienciosas voltavam e colocavam as melhores fotos em um álbum. A maioria de nós queria manter bons álbuns de fotos, e a intenção era essa, mas o fato era que tínhamos prioridades maiores.

Então, algumas empresas de imagem digital apareceram com propostas interessantes. "Se você reservar um tempo para aprender a usar este software, poderá editar o olho vermelho em todas as fotos com flash que você só olha uma vez" era uma. "Agora você pode manter todas as suas fotos organizadas e classificadas em álbuns de fotos online" era outra. Acontece que a grande maioria dos proprietários de câmeras digitais não faz nenhuma dessas coisas. Por quê? Eles não priorizavam essas coisas antes. Inovações que tornam mais fácil para os clientes fazer o que ainda não tentavam fazer devem competir com as prioridades deles. É muito difícil de conseguir.

Os proprietários de câmeras digitais usam suas câmeras para os trabalhos que já tentavam fazer. Por exemplo, a maioria de nós usa essa câmera para verificar no local se a imagem é boa, e, se não for, a excluímos e tentamos novamente — o mesmo trabalho que tirar várias fotos em filme na mesma pose. E enviamos imagens digitais muito menos caras e convenientes para muito mais pessoas pela internet do que fazíamos quando pedíamos impressões duplas. (Curiosamente, você notou o que fazemos depois de ver uma imagem enviada por e-mail para nós? Clicamos em "fechar", colocando-a de volta em algum "envelope" em nosso disco rígido.) As coisas que priorizamos em nossa vida são bem estáveis.

Outro exemplo: centenas de milhões foram gastos para aplicar novas tecnologias — a internet e as telas de e-books, especificamente — para remodelar a indústria de livros didáticos universitários. Inovadores tentaram desenvolver e vender tablets que podem exibir os e-books baixados. E com muitos livros didáticos, você pode clicar em uma URL para obter muito mais informações sobre o tópico do que poderia ser incluído dentro dos limites de um livro. Esperamos que esses investimentos gerem um crescimento significativo? Nosso palpite é o de que não. Embora gostemos de acreditar que todos os estudantes de graduação são rigorosos candidatos ao conhecimento, o trabalho que muitos estudantes universitários estão realmente tentando fazer, segundo nossa observação, é passar em seus cursos sem ter de ler o livro.

Essas empresas gastaram *muito* dinheiro ajudando os alunos a fazer mais facilmente algo que eles têm tentado *não* fazer. Provavelmente exigiria muito menos dinheiro criar a partir da mesma tecnologia um serviço chamado "Cram.com", um utilitário que tornaria mais fácil e barato para os alunos estudar de forma mais eficaz para seus exames. Isso provavelmente funcionaria porque estudar com pressa é algo que os alunos já tentam fazer, mas com uma eficácia marginal. Há *muita* gente se esquivando dos livros didáticos nos *campi* — um enorme mercado de não consumo.

Depois de fazer login, o Cram.com perguntaria aos assinantes para qual curso eles precisam estudar, por exemplo, álgebra de faculdade. Em seguida, perguntaria qual dos livros o professor esperava que eles já tivessem lido. Ele pediria para clicar no tipo de problema que eles estão tendo e os orientaria com um tutorial.

No ano seguinte, o Cram.com precisaria oferecer um serviço novo e aprimorado, que tornasse ainda mais fácil e rápido estudar melhor — avançando dos níveis menos conscientes para os níveis esporadicamente diligentes da população estudantil. Depois de alguns anos, dois alunos poderiam ser ouvidos na livraria da faculdade angustiados com o preço exorbitante de um livro: "Você sabe, meu irmão fez esse curso no ano passado. Ele é um bom aluno, mas nunca comprou o livro. Ele só usou o Cram.com desde o início do semestre, e fez muito bem." Uma disrupção no novo mercado que ajudou os clientes a alcançar o que já tentavam fazer.

> Identificar as bases disruptivas significa se conectar com os trabalhos específicos que as pessoas, seus futuros clientes, tentam fazer na vida. O problema é que, na tentativa de construir casos de negócios convincentes para novos produtos, os gestores são obrigados a quantificar as oportunidades que percebem, e os dados disponíveis para fazer isso são normalmente expressos em termos de atributos do produto ou dos perfis demográficos e psicográficos de determinada população de possíveis consumidores. Essa incompatibilidade entre as verdadeiras necessidades dos

consumidores e os dados que moldam a maioria dos esforços de desenvolvimento de produtos leva quase todas as empresas a direcionar suas inovações para metas inexistentes. A importância de identificar esses trabalhos a serem feitos vai além de simplesmente encontrar uma base. Somente ficando conectado a certo trabalho à medida que são feitas melhorias e criando uma marca de propósito para que os clientes saibam o que contratar, um produto disruptivo pode permanecer em sua trajetória de crescimento.

NOTAS

1. Veja, por exemplo, o Capítulo 7 em Dorothy Leonard, *Wellsprings of Knowledge* (Boston: Harvard Business School Press, 1996).
2. Alguns pesquisadores (por exemplo, Joe Pine, em seu trabalho clássico *Mass Customization* [Boston: Harvard Business School Press, 1992]) argumentam que, em última análise, a segmentação pode não ser importante porque as necessidades dos clientes individuais podem ser endereçadas individualmente. Embora seja concebível, chegar lá levará tempo. Mostraremos nos Capítulos 5 e 6 que em muitas circunstâncias, não é possível. Em outras palavras, a segmentação sempre será importante.
3. Estamos profundamente em dívida com dois de nossos colegas que nos apresentaram originalmente esse modo de pensar sobre a estrutura dos mercados. O primeiro é Richard Pedi, CEO da Gage Foods em Bensenville, Illinois. Rick cunhou para nós o termo "trabalhos a serem feitos". Independentemente, Anthony Ulwick de Lansana, Strategyn, Inc., com sede na Flórida, desenvolveu e usou um conceito muito semelhante em seu trabalho de consultoria, usando a frase "resultados que os clientes estão buscando". Tony publicou uma série de artigos sobre esses conceitos, incluindo "Turn Customer Input into Innovation", *Harvard Business Review,* janeiro 2002, 91–98. Tony usa esses conceitos para ajudar os clientes de sua empresa a desenvolver produtos que se conectam com o que seus clientes tentam fazer. Também estamos em dívida com David Sundahl, que, como associado de pesquisa do professor Christensen, ajudou a formular muitas das ideias iniciais sobre as quais este capítulo foi criado.
4. Muitos detalhes neste relato foram alterados para proteger os interesses de patente da empresa, preservando o caráter fundamental do estudo e suas conclusões.
5. A linguagem neste parágrafo revela um sistema aninhado. Dentro do trabalho abrangente a ser feito, há muitos resultados únicos que precisam ser alcançados para que o trabalho seja feito com perfeição. Portanto, quando usamos o termo *resultado* em nosso trabalho de segmentação, referimo-nos

às coisas individuais que precisam ser feitas corretamente, como durar muito tempo, não fazer bagunça, e assim por diante, para que o trabalho seja feito de forma correta.

6. É possível ver esse problema mesmo na recente tendência de marketing para os chamados mercados de um. Os mercados de uma empresa impulsionam as empresas a fornecer opções de personalização que atendam a todas as necessidades dos clientes individuais. Mas a personalização tem um preço. Além do mais, muitas vezes, não fornece uma compreensão da lógica subjacente orientada aos resultados para as decisões de compra do cliente. Como as ferramentas de pesquisa de mercado tão sofisticadas quanto a geocodificação prestam atenção aos atributos das pessoas, elas não podem gerar esquemas de segmentação de mercado que façam sentido para os clientes, cada um tendo muitos trabalhos que está tentando realizar. Na verdade, há muita semelhança nos trabalhos a serem feitos dentro de uma população de pessoas e empresas, sugerindo que segmentar os mercados de um pode, frequentemente, não ser um objetivo de marketing viável ou desejável.
7. A observação de que os clientes pesquisam as categorias de produtos para encontrar formas de alcançar os resultados necessários é fundamentada em pesquisas psicológicas, que demonstram que nossos sistemas perceptivos são voltados para a compreensão de que podemos usar os objetos e se eles são ideais para tais fins. Por exemplo, o psicólogo James J. Gibson, amplamente respeitado por sua pesquisa sobre teorias da percepção, escreveu sobre "affordances", um conceito que reflete o que chamamos de "trabalhos" ou "resultados". Segundo Gibson, "As affordances do ambiente são o que ele oferece..., o que ele fornece ou provê, para o bem ou para o mal". Gibson afirma que vemos o mundo não em termos de qualidades primárias, como ser amarelo ou ter 680g por volume, mas em termos de resultados: "O que percebemos quando vemos os objetos são seus [resultados], não suas qualidades. Podemos discriminar as dimensões da diferença, se necessário, em um experimento, mas o que o objeto nos proporciona é aquilo em que normalmente prestamos atenção." O que importa no solo, por exemplo, é que ele nos fornece uma plataforma sobre a qual ficar, andar, construir etc. Não "contratamos" o solo por sua cor ou umidade em si. As affordances dos produtos, nos termos de Gibson, são os resultados que os produtos permitem que seus usuários consigam. Veja James J. Gibson, *The Ecological Approach to Visual Perception* (Boston: Houghton Mifflin, 1979), 127.
8. Encontrar um "aplicativo matador" tem sido o santo graal dos inovadores desde que Larry Downes e Chunka Mui popularizaram o termo em *Unleashing the Killer App* (Boston: Harvard Business School Press, 1998). Infelizmente, muito do que foi escrito nessa pesquisa simplesmente incluiu relatos de aplicativos matadores historicamente bem-sucedidos. Achamos que um estudo rigoroso de tais aplicativos mostraria que eles eram matadores porque o produto ou o serviço estava diretamente posicionado em um trabalho que muitas pessoas já tentavam fazer — a inovação em questão simplesmente as ajudou a fazê-lo melhor e com mais conveniência.

9. A empresa liderada pelo Sr. Ulwick que mencionamos na nota 3 tem métodos patenteados para categorizar os mercados definidos por trabalho e medir seu tamanho.
10. Essa informação nos foi recontada em uma entrevista em julho de 2000 com Mickey Schulhoff, que trabalhou por mais de vinte anos como CEO da Sony América e atuou em grande parte desse tempo como membro do conselho de administração da Sony Corporation.
11. Devemos enfatizar aqui que não temos absolutamente nenhuma informação privilegiada sobre qualquer uma das empresas ou dos produtos mencionados nesta seção, nem realizamos nenhuma pesquisa de mercado formal sobre produtos ou trabalhos. Pelo contrário, escrevemos este material simplesmente para ilustrar como as teorias que são construídas em categorias baseadas em circunstâncias sobre quais produtos se conectarão aos clientes podem trazer clareza e previsibilidade ao que historicamente tem sido uma tarefa difícil na inovação. Por exemplo, pode muito bem ser que, dada a estratégia da RIM de enfatizar as vendas para as empresas, em vez de para os clientes individuais, é o CIO da empresa que tem trabalho a fazer: assegurar que os especialistas da empresa sejam capazes de se comunicar e ser contatados em tempo real, e sem desculpas. O mesmo exercício seria útil se aplicado a esse trabalho.
12. Quando este livro estava sendo escrito, na verdade, a RIM e a Nokia anunciaram uma parceria com a qual a Nokia licencia o software da RIM para permitir o e-mail sem fio nos telefones da Nokia — um acordo que faz sentido para ambas as empresas, porque, de muitas formas, seus produtos são contratados para fazer o mesmo trabalho. Se alguém prefere produzir o BlackBerry que acabará por competir com os telefones sem fio para fazer esse trabalho ou se é melhor fornecer o software dentro dos telefones sem fio dos outros, como o novo arranjo Nokia-RIM fornece, é uma questão que a teoria nos Capítulos 5 e 6 abordará.
13. Saímos no final de um longo limbo ao fazer essas declarações, porque o futuro ainda não aconteceu. Apresentamos essa análise para provocar e ilustrar o princípio fundamental. Com toda probabilidade, os fabricantes de dispositivos portáteis sem fio entrarão em uma corrida precipitada para incorporar os recursos mais recentes de cada concorrente em seus produtos, levando o setor muito prematuramente a uma situação em que os produtos são soluções não diferenciadas, comoditizadas e genéricas. Quando isso acontecer, pedimos aos nossos leitores que não concluam que "Christensen e Raynor estavam errados". Afirmaríamos que, embora ocorram alguns desfoques e cópias de recursos inevitáveis, quanto mais tempo cada fabricante se concentrar em incorporar esses recursos e funções que fazem um trabalho único bem e quanto mais tempo eles posicionarem sua mensagem de marketing nesse trabalho exclusivo, mais rápido os fornecedores desses dispositivos crescerão, porque eles ganharão participação não uns contra os outros, mas contra outros produtos e serviços que são contratados para fazer esses trabalhos. Também argumentamos que essas empresas preservarão seu diferencial e rentabilidade por mais tempo se concentrarem sua trajetória de melhoria em um trabalho único. A improbabilidade não refuta o princípio.

14. Veja, por exemplo, Leonard, *Wellsprings of Knowledge;* Eric von Hippel, *The Sources of Innovation* (Nova York: Oxford University Press, 1988); e Stefan Thomke, *Experimentation Matters: Unlocking the Potential of New* Technologies *for Innovation* (Boston: Harvard Business School Press, 2003).
15. Em conceito, claro, ser capaz de levar um pequeno dispositivo que faz tudo em uma pasta ou bolsa é algo que todos os clientes diriam querer. Mas é raro que não haja concessões tecnológicas para adicionar funcionalidade diversificada a um produto. O software torna menos caro adaptar uma única plataforma física para fazer inúmeros trabalhos focados. Nossa proposta, no entanto, é a de que, mesmo nessa situação, seria melhor uma empresa usar uma única plataforma de hardware para comercializar diferentes produtos otimizados e definidos por software que estão posicionados em diferentes trabalhos. É provável que por um longo tempo os dispositivos eletrônicos que combinam uma variedade tão ampla de funcionalidades no interesse de fazer muitos trabalhos simultaneamente — organizar-me, conectar, ajudar a me divertir etc. — provavelmente acabem mais como um canivete suíço: uma faca muito boa, uma tesoura horrível, um abridor de garrafas marginal e uma chave de fendas. Desde que os trabalhos que os clientes precisam fazer surjam em pontos independentes no tempo e no espaço, esperamos que a maioria dos clientes continue a carregar vários dispositivos até que um dispositivo abrangente e genérico possa fazer todos os trabalhos, bem como seus concorrentes focados.
16. A experiência que a Intuit teve ao fazer disrupção no mercado de software de contabilidade de pequenas empresas com seu produto QuickBooks tipifica essa situação. Até o início dos anos 1990, o único software disponível para pequenas empresas havia sido escrito por contadores para contadores. Como eles definiram seu mercado em termos de produto, enquadraram seus concorrentes como outros fabricantes de software de contabilidade. A visão que esse enquadramento lhes deu sobre como ficar à frente de seus concorrentes, portanto, era se envolver em um tipo de corrida armamentista: ser mais rápido adicionando recursos e funcionalidade na forma de novos relatórios e análises que poderiam ser realizados. O setor aos poucos convergiu em produtos não diferenciados e genéricos, nos quais todos anexavam os recursos uns dos outros.

    Os profissionais de marketing da Intuit estavam acostumados a observar quais trabalhos os clientes do software de gerenciamento financeiro pessoal Quicken da Intuit tentavam fazer por si mesmos ao usar o produto. Ao fazer isso, eles observaram com surpresa que uma grande proporção de usuários do Quicken o utilizava para acompanhar as finanças de suas pequenas empresas. Eles descobriram que o trabalho era basicamente controlar o caixa. Esses pequenos empresários atuavam em todas as dimensões dos negócios e não precisavam de todos os relatórios financeiros e análises que os fornecedores de software predominantes haviam colocado em seus produtos. A Intuit lançou o QuickBooks no trabalho que os pequenos empresários precisavam fazer — "Apenas me ajude a ter certeza de que não fiquei sem dinheiro" — e teve um sucesso espetacular. Em dois anos, a empresa capturou 85% do mercado com um produto disruptivo que não tinha a maior parte da funcionalidade dos produtos concorrentes.

17. Theodore Levitt foi um dos principais proponentes dessa visão entre aqueles que pesquisam e escrevem sobre questões de marketing. Christensen lembra que, quando ele era estudante de MBA, ouviu Ted Levitt declarar: "As pessoas não querem comprar uma *broca* de um quarto de polegada. Elas querem um *buraco* de 15cm." Em nossas palavras, elas têm um trabalho a fazer e contratam algo para fazê-lo. A explicação mais conhecida de Levitt sobre esses princípios é encontrada em Theodore Levitt, "Marketing Myopia", *Harvard Business Review,* setembro 1975, reedição 75507.
18. Para ter sugestões sobre como o tamanho dos segmentos de mercado definidos pelo trabalho pode ser medido, veja Anthony W. Ulwick, "Turn Customer Input into Innovation", *Harvard Business Review*, janeiro 2002, 91–98.
19. Somos gratos a Mike Collins, fundador e CEO do Big Idea Group, por seus comentários que levaram a muitas das ideias nesta seção. Mike revisou um rascunho inicial deste capítulo, e seus pensamentos foram extraordinariamente úteis.
20. Uma das razões pelas quais alguns (mas não todos) formatos de varejo "matadores na categoria" — empresas como Home Depot e Lowe's — conseguiram fazer disrupção nos varejistas estabelecidos com tanto sucesso é que eles são organizados em torno dos trabalhos a serem feitos.
21. Como muitos profissionais de marketing, sem querer e ao longo do tempo, tendem a segmentar seus mercados nas categorizações baseadas em atributos de produtos e pessoas, é lamentável, mas não surpreendente, que muitas vezes façam com suas marcas a mesma coisa que fizeram com seus produtos. As marcas constantemente se tornaram palavras coletivas que não fazem bem nenhum dos trabalhos de que os clientes precisam fazer quando contratam a marca. Como a maioria dos anunciantes quer que o significado de uma marca seja flexível o suficiente para que vários produtos sejam abrigados sob seu guarda-chuva, muitas marcas perderam sua associação com um trabalho. Quando isso acontece, os clientes ficam confusos sobre qual produto comprar para concluir o trabalho quando se encontram em uma circunstância específica.

CAPÍTULO QUATRO

QUEM SÃO OS MELHORES CLIENTES PARA NOSSOS PRODUTOS?

Quais clientes devemos segmentar? Qual base de clientes será a mais valiosa para o crescimento futuro? Nosso potencial de crescimento é maior se buscamos os maiores mercados? Como podemos prever quais concorrentes segmentarão quais conjuntos de clientes? Quais canais de vendas e distribuição adotarão nosso produto de forma mais eficiente e dedicarão os recursos necessários para aumentar o mercado o mais rápido possível?

A mensagem do Capítulo 2 foi a de que, embora as inovações sustentáveis sejam críticas para o crescimento dos negócios existentes, uma estratégia disruptiva oferece uma probabilidade muito maior de sucesso na criação de negócios NGT. Já a mensagem do Capítulo 3 foi a de que os gestores geralmente segmentam os mercados de acordo com as linhas para as quais os dados estão disponíveis, e não de maneiras que reflitam as coisas que os clientes tentam fazer. Usando esquemas de segmentação falhos, eles geralmente introduzem produtos que os clientes não querem, porque visam um alvo que é irrelevante para o que os clientes tentam fazer. Este capítulo aborda duas questões intimamente ligadas à última: quais clientes iniciais são mais propensos a se tornar a base sólida sobre a qual podemos construir um negócio de crescimento bem-sucedido? E como devemos alcançá-los?

É relativamente simples encontrar os clientes ideais para uma disrupção de baixo custo. Eles são os usuários atuais de um produto convencional que parecem desinteressados das ofertas para lhes vender produtos de melhor desempenho. E podem estar dispostos a aceitar produtos melhores, mas não a pagar preços premium para tê-los.[1] O segredo do sucesso com disrupções de baixo custo é conceber um modelo de negócio que possa ter retornos atraentes com preços reduzidos necessários para ganhar negócios na ponta baixa.

É muito mais complicado encontrar os clientes do novo mercado (ou "não consumidores") no terceiro eixo do modelo de inovação disruptiva. Como saber se os atuais não consumidores podem ser atraídos para começar a consumir? Quando apenas uma fração da população usa um produto, claro, parte do não consumo pode simplesmente refletir o fato de que não há um trabalho que precisa ser feito na vida desses não consumidores. É por isso que a "questão do trabalho" é um teste crítico inicial para uma disrupção viável no novo mercado. Um produto que pretende ajudar os não consumidores a fazer algo que eles já não estavam priorizando na vida deles é improvável que tenha sucesso.

Por exemplo, nos anos 1990, várias empresas pensaram ter visto uma oportunidade de crescimento na proporção significativa de famílias norte-americanas que ainda não tinham um computador. Argumentando que a causa do não consumo era que os computadores custavam muito, elas decidiram que poderiam gerar crescimento desenvolvendo um "dispositivo" que poderia acessar a internet e executar as funções básicas de um computador por um preço em torno de US$200. Várias empresas capazes, incluindo a Oracle, tentaram abrir esse mercado, mas fracassaram. Suspeitamos que simplesmente não havia nenhum trabalho precisando ser feito naquelas famílias de não consumidores para as quais os computadores menos caros eram uma solução. O Capítulo 3 nos ensinou que circunstâncias como essa *não* são boas oportunidades de crescimento.

Porém outro tipo de não consumo ocorre quando as pessoas tentam fazer um trabalho, mas são incapazes de realizá-lo porque os produtos disponíveis são muito caros ou complicados. Assim, elas toleram fazê-lo de forma inconveniente, cara ou insatisfatória. Esse tipo de não consumo é uma oportunidade de crescimento. Uma disrupção no novo mercado é uma inovação que permite a uma população maior de pessoas que antes não tinha dinheiro ou habilidade agora começar a comprar e usar um produto e fazer o trabalho por si mesma. A partir deste ponto, usaremos os termos *não consumidores* e *não consumo* para nos referir a essa situação em que o trabalho precisa ser feito, mas uma boa solução historicamente está além do alcance. Às vezes, dizemos que os inovadores que visam esses novos mercados estão *competindo com o não consumo.*

Começaremos com três estudos de caso curtos de disrupção nos novos mercados e, em seguida, sintetizaremos em todas essas histórias um padrão comum que tipifica os clientes, as aplicações e os canais onde as disrupções de novos mercados tendem a encontrar sua base. Exploraremos por que tão poucas empresas historicamente têm procurado os não consumidores como base para o crescimento, depois fecharemos sugerindo o que fazer sobre isso.

Disrupções no Novo Mercado: Três Histórias de Caso

As disrupções no novo mercado seguem um padrão notavelmente consistente, não importando o setor ou a época na história em que a disrupção ocorreu. Nesta seção, sintetizaremos esse padrão a partir de três disrupções: uma nos anos 1950, uma que começou na década de 1980 e continua no presente e uma terceira, que ainda está em seu estágio inicial. Nestes e em muitos outros casos que estudamos, é impressionante ver os pecados do passado tão regularmente visitados pelas gerações posteriores de afetados. Hoje, podemos ver dezenas de empresas cometendo os mesmos erros previsíveis e os disruptores capitalizando com eles.

A Disrupção dos Transistores nos Tubos a Vácuo

Os cientistas do Bell Laboratories da AT&T inventaram o transistor em 1947. Foi uma disrupção em relação à tecnologia anterior, os tubos a vácuo. Os primeiros transistores não podiam lidar com a energia necessária para os produtos eletrônicos dos anos 1950 — rádios de mesa, televisores de chão, os primeiros computadores digitais e produtos para telecomunicações militares e comerciais. Como retratado na rede de valor original da

Figura 4-1, os fabricantes de tubo a vácuo, como a RCA, licenciaram o transistor da Bell Laboratories e o levaram para seus próprios laboratórios, enquadrando-o como um problema de tecnologia. Como grupo, eles investiram agressivamente centenas de milhões de dólares tentando tornar a tecnologia de circuito integrado boa o suficiente para que pudesse ser usada no mercado.

FIGURA 4-1

Redes de valor para tubos a vácuo e transistores

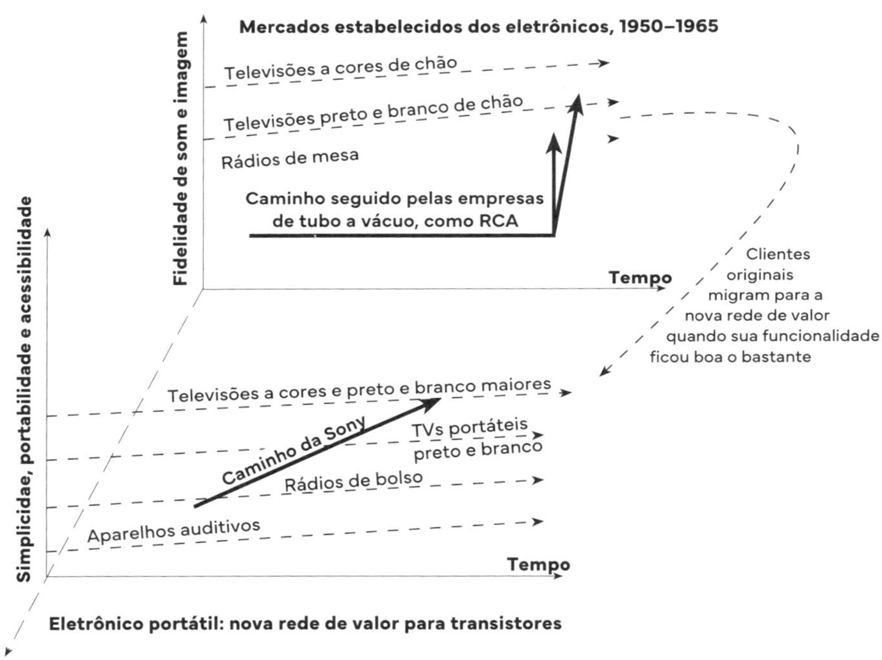

Enquanto os fabricantes de tubos a vácuo trabalhavam febrilmente em seus laboratórios visando o mercado existente, a primeira aplicação surgiu em uma nova rede de valor no terceiro eixo do diagrama de disrupção: um aparelho auditivo com transistor de germânio, uma aplicação que *valorizava* o baixo consumo de energia e que tornava os transistores sem valor no mercado principal. Então, em 1955, a Sony introduziu o primeiro rádio de transistor de bolso alimentado por bateria do mundo — uma aplicação que novamente valorizava os transistores para atributos que eram irrelevantes nos principais mercados, como baixo consumo de energia, robustez e compactação.

Comparado com os rádios de mesa feitos pela RCA, o som do rádio de bolso da Sony era mínimo e estático. Mas a Sony prosperou porque escolheu *competir com o não consumo* em uma nova rede de valor. Em vez de comercializar seu rádio para consumidores que possuíam dispositivos de mesa, a Sony visou o vergalhão da humanidade — adolescentes, os poucos que podiam pagar por grandes rádios de tubo a vácuo. O rádio transistor portátil ofereceu-lhes um raro deleite: a chance de ouvir *rock and roll* com seus amigos em novos lugares longe dos pais. Os adolescentes ficaram animados em comprar um produto que não era muito bom, porque sua alternativa era nenhum rádio.

A aplicação seguinte surgiu em 1959, com a introdução da televisão portátil em preto e branco da Sony. Mais uma vez, a estratégia da Sony foi competir com o não consumo, pois disponibilizava televisões para pessoas que antes não podiam pagar por elas, muitas vivendo em pequenos apartamentos sem espaço para TVs de chão. Esses clientes ficaram encantados em possuir produtos que não eram tão bons quanto as grandes TVs no mercado estabelecido, porque a alternativa era não ter televisão.

Conforme esses novos mercados disruptivos para produtos baseados em transistores surgiram, os fabricantes tradicionais de aparelhos com tubos a vácuo não sentiram problemas porque a Sony não estava competindo por seus clientes. Além disso, os esforços agressivos dos fabricantes de tubos a vácuo para desenvolver eletrônicos com circuito integrado em seus próprios laboratórios lhes davam o conforto de que estavam fazendo o que deveriam em relação ao futuro.

Quando o eletrônico com circuito integrado finalmente ficou bom o suficiente para lidar com a energia necessária em grandes televisores e rádios, a Sony e seus varejistas simplesmente aspiraram os clientes do plano original, como mostrado na Figura 4-1. Em poucos anos, as empresas de tubos a vácuo, incluindo a respeitável RCA, viraram fumaça.

Segmentar clientes que eram não consumidores fez mágica para a Sony de duas formas. Primeiro, como o ponto de referência de seus clientes era não ter televisão ou rádio, eles ficaram encantados com produtos simples e de baixo valor. O obstáculo de desempenho que a Sony teve de eliminar, portanto, foi relativamente fácil. Isso implicou um investimento de P&D muito menor antes da comercialização do que os fabricantes de tubos a vácuo tiveram de fazer para comercializar uma tecnologia idêntica. O mercado estabelecido apresentava uma barreira de desempenho *muito* maior para superar, porque os clientes lá só adotariam um eletrônico com circuito integrado quando ele se tornasse superior aos tubos a vácuo nessas aplicações.[2]

Em segundo lugar, as vendas da Sony cresceram para níveis significativos antes que a RCA e seus concorrentes sentissem qualquer ameaça. A ausência de dor do ataque da Sony persistiu mesmo depois que seus produtos melhoraram, tornando-se competitivos em desempenho com produtos de tubos a vácuo de baixo custo. Quando a Sony começou a levar os clientes menos atraentes da rede de valor original para a nova, perder aqueles que compravam seus produtos de margem mais baixa realmente pareceu bom para os fabricantes de aparelhos de tubo a vácuo. Eles estavam imersos em uma agressiva incursão em seu próprio mercado de ponta para a televisão a cores. Eram máquinas grandes e complicadas que vendiam por margens muito atraentes em sua rede de valor original. Como resultado, as margens de lucro das empresas de tubos a vácuo realmente melhoraram à medida que sofreram disrupção. Simplesmente não houve crise para levá-los a contra-atacar a Sony.

Quando a crise ficou clara, os fabricantes de produtos de tubos a vácuo não puderam simplesmente mudar para a nova tecnologia e trazer os clientes de volta ao seu antigo modelo de negócios, porque a estrutura de custos desse modelo e seus canais de distribuição e vendas não era competitiva. A única forma de reter ou recapturar os clientes seria reposicionar suas empresas na nova rede de valor. Isso implicaria, entre outras reestruturações, mudar para um canal de distribuição completamente diferente.

Aparelhos com tubos a vácuo eram vendidos em lojas de eletrodomésticos que faziam a maior parte de seus lucros substituindo os tubos a vácuo queimados nos produtos vendidos. As lojas de eletrodomésticos não podiam ganhar dinheiro vendendo televisões e rádios com circuito integrado porque não tinham tubos a vácuo que queimassem. Portanto, a Sony e os outros fornecedores de produtos baseados em transistores tiveram de criar um novo canal em sua nova rede de valor. Eram cadeias de lojas, como a

F. W. Woolworth, e varejistas de desconto, como a Korvette's e a Kmart, que eram "não vendedores" — não conseguiam vender rádios e televisões porque não tinham a capacidade de fazer a manutenção dos tubos a vácuo queimados. Quando a RCA e sua corte de tubos a vácuo finalmente começaram a fabricar produtos com circuito integrado e se voltaram para o canal de desconto para a distribuição, descobriram que o espaço de prateleira já havia sido reivindicado.

A punição para esse resultado, claro, é que a RCA e seus colegas não falharam porque não investiram agressivamente na nova tecnologia. Falharam porque tentaram forçar a disrupção no mercado maior e mais óbvio, que estava cheio de clientes cujo negócio só poderia ser ganho vendendo-lhes um produto melhor em desempenho ou custo do que aquele que eles já usavam.

Angioplastia: Uma Disrupção de Parar o Coração

A angioplastia com balão é um exemplo contínuo de disrupção no novo mercado. Antes do início dos anos 1980, as únicas pessoas com doenças cardíacas que podiam receber terapia intervencionista eram as que estavam em grande e imediato risco de vida. Havia *muito* não consumo nesse mercado: a maioria das pessoas que sofriam de doenças cardíacas simplesmente não era tratada. A angioplastia permitiu que um novo grupo de profissionais, os cardiologistas, tratasse a doença arterial coronariana colocando um cateter em uma artéria parcialmente entupida dos pacientes previamente não tratados e inflando um balão. Muitas vezes, isso era ineficaz: metade dos pacientes sofria de reestenose, ou havia um novo entupimento da artéria dentro de um ano. Mas como o procedimento era simples e barato, mais pacientes com artérias parcialmente obstruídas podiam receber tratamento. Os cardiologistas também se beneficiaram, porque, mesmo sem treinamento em cirurgia, eles podiam manter seus honorários e tinham de encaminhar menos pacientes para os cirurgiões cardíacos, que ganhavam as melhores comissões. A angioplastia criou, assim, um enorme mercado NGT no cuidado cardíaco.

Se seus inventores tivessem tentado comercializar a angioplastia como uma tecnologia sustentável, uma alternativa melhor do que a cirurgia de *bypass* cardíaca, não teria funcionado. A angioplastia *não podia* resolver problemas difíceis de bloqueio no início. Qualquer tentativa de melhoria suficiente para que os cirurgiões cardíacos escolhessem a angioplastia, em vez da cirurgia de bypass, teria implicado tempo e despesas extraordinários.

Os inventores poderiam ter comercializado a angioplastia como uma disrupção de baixo custo, uma forma menos cara para os cirurgiões cardíacos tratarem seus pacientes menos doentes? Não. Pacientes e cirurgiões ainda não estavam sobrecarregados pela eficácia da cirurgia de *bypass*.

Os inovadores disruptivos de sucesso escolheram uma terceira abordagem: permitir que pacientes menos graves recebessem uma terapia melhor do que a alternativa (nada) e que os cardiologistas aproveitassem sua própria prática em pacientes que antes tinham de esperar até que estivessem doentes o suficiente para serem encaminhados para especialistas mais caros. Nessas circunstâncias, surgiu um novo mercado em expansão.

A Figura 4-2 mostra o crescimento resultante dessa disrupção. Curiosamente, por muito tempo, a cirurgia de *bypass* cardíaca continuou crescendo, mesmo quando a angioplastia começou a prosperar e melhorar em sua nova rede de valor. A razão foi que, em seus esforços para tratar pacientes com artérias parcialmente obstruídas, os cardiologistas descobriram muitos mais pacientes cujas artérias estavam muito entupidas para serem abertas com angioplastia, pacientes cuja doença não foi diagnosticada antes. Os cirurgiões cardíacos não sentiram nenhuma ameaça; na verdade, ficaram *saudáveis* por muito tempo, assim como as grandes siderúrgicas e os fabricantes de tubos a vácuo.[3]

FIGURA 4-2

Número de procedimentos de angioplastia e cirurgia de bypass cardíaca

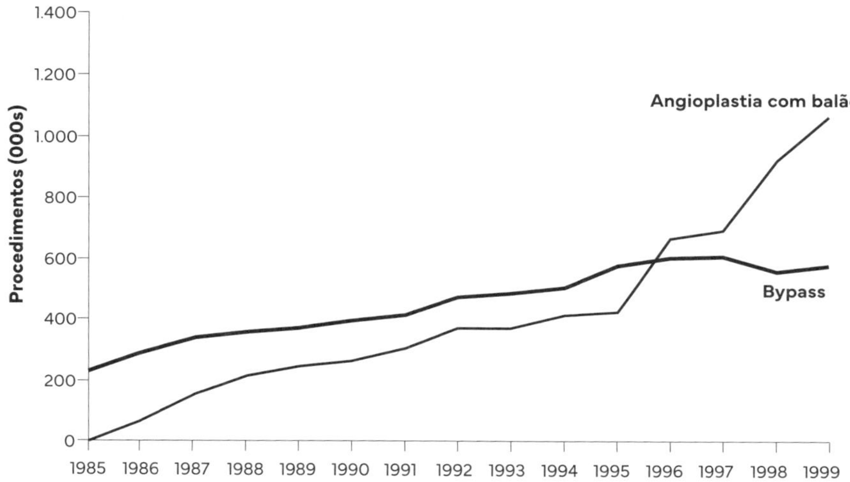

Nota: Procedimentos ambulatoriais e outros procedimentos não hospitalares não incluídos (o número de angioplastias está subestimado).
Fonte: Centro Nacional da American Heart Association (AHA).

Conforme cardiologistas e seus fornecedores de dispositivos buscavam maiores lucros provenientes de melhores produtos e serviços premium, eles descobriram que podiam inserir stents para manter as artérias abertas, até mesmo as difíceis de abrir. (Os stents causaram o crescimento da angioplastia que começou em 1995.) Os clientes que de outro modo precisariam de cirurgia de *bypass* agora eram levados para a nova rede de valor, e os cardiologistas faziam isso sem serem treinados como cirurgiões cardíacos. Essa disrupção está em andamento há duas décadas, mas só recentemente os cirurgiões sentiram a ameaça à medida que o número de cirurgias cardíacas abertas começou a diminuir. Nos níveis mais complexos do mercado, haverá demanda por cirurgia de coração aberto por um longo tempo. Mas esse mercado encolherá, e agora que a disrupção é aparente, há pouco que os cirurgiões cardíacos possam fazer.

Como os rádios de bolso e as TVs portáteis, os “canais”, os locais em que os cuidados cardíacos intervencionistas são prestados, também estão sofrendo disrupção. A cirurgia de *bypass* é um procedimento hospitalar devido aos riscos implicados. Mas pouco a pouco, conforme a tecnologia melhora a capacidade dos cardiologistas de diagnosticar e prevenir complicações, cada vez mais procedimentos de angioplastia estão sendo realizados em clínicas de cuidados cardíacos, cujos custos as tornam disruptivas em relação aos hospitais de serviço completo.

Energia Solar *versus* Elétrica Convencional

Considere a energia solar como um terceiro exemplo. Ela desafia a comercialização lucrativa, apesar dos bilhões de dólares investidos para tornar a tecnologia viável. Isso é realmente assustador quando o plano de negócios é competir com as fontes convencionais de eletricidade nos países desenvolvidos. Cerca de dois terços da população mundial tem acesso à energia elétrica transmitida de centrais geradoras. Nas economias avançadas, essa energia está disponível quase todo o tempo, é um meio muito rentável de fazer o trabalho e está disponível basicamente 24 horas por dia, com o tempo nublado e ensolarado. É um padrão difícil para a energia solar competir.

No entanto, se os desenvolvedores dessa tecnologia visassem os não consumidores, os 2 bilhões de pessoas no sul da Ásia e na África que não têm acesso à eletricidade gerada convencionalmente, as perspectivas para a energia solar poderiam ser bem diferentes. O padrão de comparação para esses clientes potenciais é a ausência de eletricidade. Suas casas também não estão cheias de aparelhos famintos por energia, então seria uma grande melhoria sobre o estado atual desses clientes se eles pudessem armazenar energia suficiente durante o dia para alimentar uma luz elétrica à noite. A energia solar seria muito menos cara e provavelmente implicaria menos dores de cabeça com aprovações governamentais e corrupção do que a construção de uma infraestrutura convencional de geração e distribuição nessas áreas.

Alguns podem protestar que as células fotovoltaicas são simplesmente muito caras para serem feitas e vendidas de forma lucrativa para populações pobres. Talvez. Mas muitos dos paradigmas técnicos da atual tecnologia fotovoltaica foram desenvolvidos em tentativas de *sustentar* a inovação — empurrar a vanguarda do desempenho o máximo possível na busca de competir com o consumo na América do Norte e na Europa. A segmentação de novos mercados não atendidos reduziria o obstáculo do desempenho, por exemplo, permitindo que alguns concluíssem que, em vez de construir as células em wafers de silício, eles poderiam colocar os materiais necessários em uma folha de plástico em um processo contínuo em rolo.

Se a história é um guia, as inovações comercialmente viáveis em energia limpa não virão de projetos de pesquisa financiados pelo governo e designados a tornar a energia solar uma fonte preferencial de energia nos mercados desenvolvidos. Pelo contrário, as inovações bem-sucedidas surgirão de empresas que criam bases disruptivas, visando o não consumo e indo para o mercado de ponta com produtos melhores somente depois de começarem simples e pequenos.

Extraindo Crescimento do Não Consumo: Uma Síntese

Separamos nessas histórias quatro elementos de um padrão de disrupção no novo mercado. Os gestores podem usar esse padrão como um modelo para encontrar clientes ideais e aplicações de mercado para inovações disruptivas, ou podem usá-lo para moldar ideias emergentes em planos de negócios que correspondem a esse padrão comprovado para gerar crescimento no novo mercado. Esses elementos são os seguintes:

1. Os clientes-alvo tentam fazer um trabalho, mas por falta de dinheiro ou habilidade, uma solução simples e barata está além do alcance.

2. Esses clientes compararão o produto disruptivo com não ter nada. Como resultado, eles estarão muito satisfeitos em comprá-lo, embora possa não ser tão bom quanto outros produtos disponíveis a preços elevados para os usuários atuais com maior experiência na rede de valor original. O obstáculo do desempenho necessário para encantar esses clientes no novo mercado é bem modesto.

3. A tecnologia que permite a disrupção pode ser bem sofisticada, mas os disruptores a implantam para tornar a compra e o uso do produto simples, conveniente e infalível. É a "infalibilidade" que gera novo crescimento, permitindo que pessoas com menos dinheiro e treinamento comecem a consumir.

4. A inovação disruptiva cria toda uma nova rede de valor. Os novos consumidores normalmente compram o produto em novos canais e o utilizam em novos locais.

A história de cada disruptor no novo mercado na Figura 2-4 reflete esse padrão. Da Black & Decker à Intel, da Microsoft à Bloomberg, da Oracle à Cisco, da Toyota à Southwest Airlines e do QuickBooks da Intuit à Salesforce.com, as disrupções no novo mercado se encaixam nesse padrão. Ao fazê-lo, têm sido um motor dominante de crescimento não apenas para o valor do acionista, mas para a economia mundial.

As disrupções que se encaixam nesse padrão têm sucesso porque, enquanto tudo isso acontece, os concorrentes estabelecidos veem os participantes no emergente mercado como irrelevantes para seu bem-estar.[4] O crescimento na nova rede de valor não afeta a demanda no mercado principal por um tempo — de fato, os titulares às vezes prosperam por um tempo *por causa da* disrupção. Além disso, eles sentem-se confortáveis por terem sentido a ameaça e estarem respondendo. Mas é a resposta errada. Eles investem somas enormes tentando avançar a tecnologia o suficiente para agradar os clientes na rede de valor existente. Ao fazer isso, forçam a tecnologia disruptiva a competir em uma base sustentável e, quase sempre, fracassam.

É bem impressionante quando se pensa sobre isso. Esse padrão seria para a maioria dos gestores como um sonho que se tornou realidade. O que mais você poderia querer além de uma situação em que os clientes ficam facilmente encantados, os concorrentes poderosos o ignoram e você está de braços dados com os parceiros de canal em uma corrida vantajosa em direção a um crescimento incrível? Exploraremos a seguir o porquê de esse sonho tantas vezes se tornar um pesadelo, depois iremos sugerir o que fazer.

O que Torna Tão Difícil a Competição com o Não Consumo?

A lógica de competir com o não consumo como meio para criar mercados NGT parece óbvia. Apesar disso, as empresas estabelecidas repetidamente fazem exatamente o oposto. Elas optam por competir no início com o consumo, tentando estender a inovação disruptiva para competir e, por fim, suplantar os produtos estabelecidos, vendidos por concorrentes bem enraizados nas grandes e óbvias aplicações de mercado. Fazer isso requer muito dinheiro, e tais tentativas quase sempre fracassam. As empresas estabelecidas *quase sempre* fazem isso, em vez de moldar suas ideias para se adequar ao padrão da disrupção bem-sucedida vista antes. Por quê?

Em um fluxo de pesquisa muito perspicaz, o professor Clark Gilbert, da Harvard Business School, nos ajudou a entender o mecanismo fundamental que faz com que os concorrentes estabelecidos em um setor forcem consistentemente a tecnologia disruptiva no mercado principal. Com esse entendimento, Gilbert também orienta os executivos estabelecidos da empresa sobre como evitar essa armadilha e capturar o crescimento criado pela disrupção.[5]

Ameaças *versus* Oportunidades

Gilbert pegou emprestado *insights* dos campos das psicologias cognitiva e social, como exemplificado no trabalho dos vencedores do Prêmio Nobel Daniel Kahneman e Amos Tversky, ao estudar a disrupção.[6] Kahneman e Tversky examinaram como indivíduos e grupos percebem o risco e observaram que, se você enquadra um fenômeno em um indivíduo ou um grupo como uma ameaça, ele provoca uma resposta muito mais intensa e enérgica do que naquele caso em que você enquadra o mesmo fenômeno como uma oportunidade. Além disso, outros pesquisadores observaram que, quando as pessoas encontram uma ameaça significativa, uma resposta chamada "rigidez da ameaça" se instala. O instinto de rigidez da ameaça é deixar de ser flexível e ficar "no comando e no controle" — para focar tudo no combate à ameaça a fim de sobreviver.[7]

Você pode ver exatamente esse comportamento entre as empresas estabelecidas que experimentam disrupções no novo mercado. Como as disrupções surgem em um momento em que a atividade básica das empresas estabelecidas é robusta, enquadrar a disrupção no novo mercado como uma oportunidade simplesmente não chama a atenção das pessoas: faz pouco sentido investir em negócios NGT quando os atuais estão indo bem.

Quando executivos visionários e tecnólogos *veem* a disrupção chegando, eles a enquadram como uma ameaça, vendo que suas empresas podem ficar em perigo se essas tecnologias tiverem sucesso. Esse enquadramento como ameaça, em vez de como oportunidade, é o que provoca um compromisso de recursos das empresas estabelecidas ao abordar a tecnologia. Mas como instintivamente definem a disrupção como uma ameaça, eles se concentram em proteger seus clientes e negócios atuais. Eles querem estar lá com a nova tecnologia pronta quando mudarem para ela, a fim de proteger seus clientes atuais. Isso faz com que a organização busque uma estratégia que não apenas perde a oportunidade de crescimento, mas também leva à sua eventual destruição, porque os disruptores enraizados no não consumo acabam por matá-los. Porém isso significa que as empresas estabelecidas devem se reposicionar no outro lado do dilema, no momento adequado.

Como Ter Comprometimento *e* Flexibilidade

O trabalho de Gilbert, por sorte, não só define o dilema da inovação, mas sugere uma saída. A solução é dupla: primeiro, obtenha um comprometimento de alto nível ao definir uma inovação como ameaça durante o processo de alocação de recursos. Depois, mude a responsabilidade pelo projeto para uma organização autônoma que possa enquadrá-lo como oportunidade.

Em seu estudo de como os principais jornais metropolitanos responderam à ameaça ou à oportunidade de ficar online, Gilbert mostrou que, no período inicial de enquadramento da ameaça, o projeto para lidar com a disrupção *sempre* foi colocado dentro das responsabilidades orçamentária e estratégica da organização principal, porque tinha de ser. No caso dos jornais, isso implicava colocar o jornal online. Os anunciantes e os leitores da versão online eram os mesmos da versão em papel. Os jornais fizeram *exatamente* o que as empresas de tubos a vácuo e energia solar fizeram: tentaram tornar a tecnologia disruptiva boa o suficiente para que os clientes existentes a usassem, em vez do jornal físico existente.

A princípio, essa segmentação de mercado parece sem sentido: as preocupações com o canibalismo se tornam profecias que se cumprem. Mas o enquadramento das ameaças entende o paradoxo. Como os clientes atuais são a alma da empresa, eles devem ser protegidos a todo custo: "Se a tecnologia realmente se tornar boa o suficiente para começar a roubar nossos clientes, estaremos lá com a nova tecnologia, prontos para nos defender."

Em oposição ao dilema enfrentado pelos titulares, o enquadramento da ameaça não é um problema frustrante para as concorrentes. Para eles, a disrupção é pura oportunidade. Essa assimetria de percepções explica por que os titulares tentam tão consistentemente forçar a tecnologia disruptiva nos mercados principais, enquanto os concorrentes buscam a oportunidade no novo mercado. Entender essa assimetria, no entanto, aponta para uma solução. Depois que os gerentes seniores assumiram um compromisso firme de lidar com a disrupção, a responsabilidade de comercializar a disrupção precisa ser colocada em uma unidade organizacional independente para a qual a inovação representa uma *pura oportunidade*.

É o que Gilbert observou em seu estudo do jornal. Após o período inicial de enquadramento da ameaça que provocou um comprometimento de recursos, Gilbert observou que vários jornais desmembraram seus grupos online para se tornar centros de lucro autônomos e gerenciados com independência. Quando isso aconteceu, os membros dos novos grupos independentes mudaram sua orientação, vendo-se envolvidos em uma *oportunidade* com potencial de crescimento significativo. Quando isso aconteceu, muito rapidamente essas organizações evoluíram significativamente *para longe* de serem apenas réplicas online do jornal. Elas implementaram diferentes serviços, encontraram diferentes fornecedores e tiraram sua receita de um conjunto diferente de anunciantes em relação ao jornal convencional. Já os jornais que continuaram a assumir a responsabilidade por seu esforço online dentro da organização de notícias tradicional continuaram no curso autodestrutivo do canibalismo, oferecendo um jornal online em defesa da atividade principal.

As recomendações de Gilbert estão resumidas na Figura 4-3. A disrupção é mais bem enquadrada como uma ameaça dentro do processo de alocação de recursos a fim de reunir os recursos adequados. Mas assim que o compromisso de investimento foi feito, os envolvidos na construção do empreendimento devem ver apenas uma oportunidade ascendente para criar um novo crescimento. Caso contrário, eles se encontrarão com uma perigosa falta de flexibilidade ou comprometimento.

FIGURA 4-3

Como conseguir comprometimentos de recursos e direcioná-los para oportunidades de crescimento disruptivo

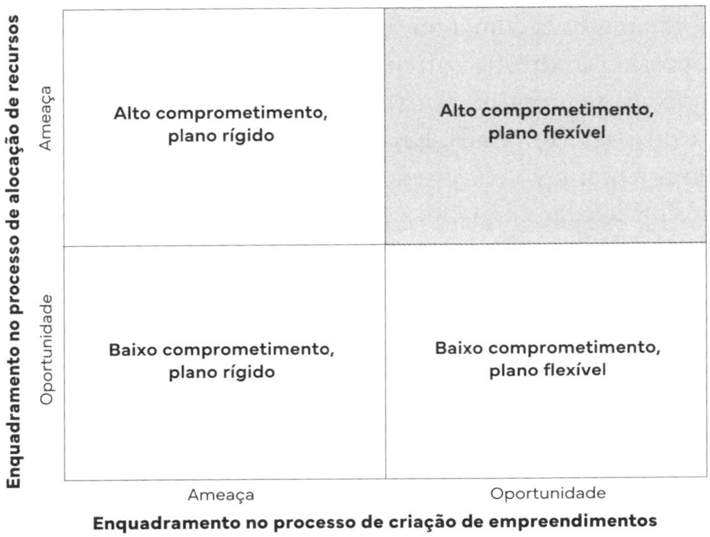

Fonte: Clark Gilbert, "Can Competing Frames Coexist? The Paradox of Threatened Response", documento de trabalho 02-056, Harvard Business School, Boston, 2002.

Uma decisão inicial para financiar um negócio de crescimento disruptivo não é o fim do processo de alocação de recursos ou do conflito entre os enquadramentos da ameaça e da oportunidade. Por vários anos em cada ciclo orçamentário anual, a oportunidade disruptiva parecerá insignificante. A maneira como muitos empresários lidam com esses desafios anuais para o valor dos empreendimentos NGT é prometendo grandes números no futuro em troca dos recursos no presente. Isso é suicida por duas razões. Primeiro, os maiores mercados cujo tamanho pode ser comprovado são os que existem. O próprio esforço para articular um caso convincente de recursos realmente leva os empreendedores a forçar a inovação como uma tecnologia sustentável no mercado existente. Em segundo lugar, se os resultados ficam aquém dos números projetados, os gerentes seniores geralmente concluem que o tamanho potencial do mercado é pequeno e uma decepção, e eles cortam os recursos como resultado.

Como lidar com a necessidade racional dos executivos que gerenciam a alocação de recursos em focar investimentos onde a oportunidade de risco/recompensa é mais atraente? A resposta não é mudar as regras de evidência no processo de alocação de recursos, pois nas empresas bem-sucedidas, a operação aperfeiçoada desse processo é fundamental para o sucesso na trajetória sustentável. As decisões nesse processo podem ser baseadas em regras, pois o ambiente é claro.

Mas as empresas que esperam ter crescimento com a disrupção no novo mercado precisam de *outro* processo paralelo no qual possam canalizar as oportunidades potencialmente disruptivas. As ideias entrarão nesse processo paralelo apenas parcialmente formado. Aqueles que gerenciam esse processo precisam moldá-lo em planos de negócios que estejam em conformidade com os quatro elementos do padrão observado anteriormente. Os executivos que alocam recursos nesse processo devem aprovar ou eliminar os orçamentos de projetos com base no ajuste ao padrão, não em regras numéricas. O ajuste constitui um preditor de sucesso muito mais confiável do que os números no ambiente incerto da disrupção no novo mercado. Se um projeto se encaixa no padrão, os executivos podem aprová-lo com confiança de que as *condições iniciais* são propícias ao crescimento bem-sucedido.[8] O sucesso final, claro, depende do alinhamento de todas as ações e decisões relacionadas que veremos nos capítulos posteriores.

Alcançar Clientes no Novo Mercado Costuma Requerer Canais Disruptivos

Nas páginas finais deste capítulo, esperamos ampliar o quarto elemento do padrão de disrupção bem-sucedida no novo mercado: ir para o mercado com um canal disruptivo. O termo *canal*, como é comumente usado nos negócios, refere-se às empresas de atacado e varejo que distribuem e vendem produtos. No entanto, atribuímos um significado mais amplo a essa palavra: o canal de uma empresa inclui não apenas distribuidores atacadistas e lojas de varejo, mas *qualquer* entidade que agrega ou cria valor em torno do produto da empresa, à medida que se aproxima das mãos do usuário final. Por exemplo, consideraremos fabricantes de computadores como IBM e Compaq como *canais* que os microprocessadores da Intel e o sistema operacional da Microsoft usam para alcançar o cliente final. A prática de um médico é o canal pelo qual muitos produtos de saúde fornecem os cuidados necessários aos pacientes. A força de vendas de uma empresa é um canal importante pelo qual todos os produtos devem passar.

Usamos essa definição mais ampla de canal porque precisa haver uma *simetria* de motivação em toda a cadeia de entidades que agregam valor ao produto em seu caminho até o cliente final. Se seu produto não ajuda todas essas entidades a fazer melhor seu trabalho fundamental, que é ir para o mercado de ponta em sua própria trajetória sustentável em direção a negócios de alto nível, você terá dificuldades para ter sucesso. Se seu produto fornece o combustível de que as entidades no canal precisam para avançar em direção a margens melhores, então a energia do canal ajudará seu novo empreendimento a ter sucesso.

A disrupção faz com que os outros fiquem desinteressados no que você faz. É exatamente o que você quer dos concorrentes: quer que eles o ignorem. Mas oferecer algo que é disruptivamente pouco atraente para seus *clientes*, que inclui todas as entidades *downstream* que compõem seu canal, significa desastre. Empresas em seu canal são clientes com um trabalho a ser feito, que é crescer com lucro.

Varejistas e Distribuidores Também Precisam Crescer com a Disrupção

Varejistas e distribuidores enfrentam a economia competitiva de forma semelhante às miniusinas que descrevemos no Capítulo 2. Eles precisam continuar subindo. Se não sobem e apenas vendem o mesmo mix de mercadorias contra concorrentes cujos custos e modelos de negócios são semelhantes, as margens ficarão em níveis mínimos sustentáveis. Essa necessidade de ir para o mercado de ponta é uma energia disruptiva poderosa e persistente no canal. Aproveitá-la é essencial para o sucesso.

Se um varejista ou um distribuidor pode levar seu modelo de negócios para o mercado de ponta em níveis de margem mais altos, a margem bruta incremental cai quase diretamente para a linha de fundo. Assim, os gestores inovadores devem encontrar canais que vejam o novo produto como um combustível para impulsionar o mercado de ponta. Quando os produtos disruptivos permitem que o canal faça disrupção em *seus* concorrentes, os inovadores aproveitam as energias do canal na construção da disrupção.

Quando a Honda começou sua disrupção no mercado norte-americano de motocicletas com sua bicicleta motorizada Super Cub, pequena e barata, o fato de não conseguir que os revendedores de motocicletas Harley-Davidson tivessem produtos Honda era uma *boa* notícia, não uma também ruim, porque os vendedores nas concessionárias sempre conseguiam ter comissões mais elevadas optando por vender Harleys, em vez de Hondas. O negócio da Honda decolou quando começou a distribuir por meio de equipamentos elétricos e varejistas de artigos esportivos, porque deu a esses varejistas a chance de migrar para linhas de produtos de margem mais alta. Em cada uma das disrupções mais bem-sucedidas que estudamos, o produto e seu canal para o cliente formaram esse tipo de relacionamento mutuamente benéfico.

É uma razão importante pela qual a Sony se tornou um disruptor tão bem-sucedido. Varejistas de desconto como Kmart, sem a capacidade de pós-venda para reparar produtos eletrônicos com tubos a vácuo, surgiram ao mesmo tempo que os produtos disruptivos da Sony. Os rádios e os televisores com circuito integrado constituíam o combustível que permitia que as lojas de desconto fizessem disrupção nas lojas de eletrodomésticos. Ao selecionar um canal que tivesse um potencial disruptivo de alto nível, a Sony aproveitou as energias de seu canal para promover e posicionar seus produtos.

O combustível que uma empresa disruptiva fornece ao seu canal será gasto, o que significa que colocar seus produtos nos canais que mais se beneficiam é um eterno desafio. Isso aconteceu com a Sony. Depois que as lojas de desconto tiraram as lojas de eletrodomésticos do mercado de eletrônicos de consumo e os produtos eram vendidos por varejistas de desconto de custo igual, as margens desses produtos diminuíram para níveis substanciais. Os eletrônicos de consumo não forneciam mais o combustível de que as lojas de desconto precisavam para entrar no mercado de ponta. Assim, eles enfatizaram a eletrônica, deixando-os ser vendidos aos poucos em varejistas de menor custo, como Circuit City e Best Buy. As lojas de departamento de desconto tiveram de procurar o vestuário, que era o próximo combustível que lhes permitiria subir e competir com os varejistas de maior margem novamente.

Distribuidores ou revendedores de valor agregado enfrentam as mesmas motivações dos varejistas. Como exemplo, a Intel e a SAP estabeleceram uma *joint venture* chamada Pandesic, em 1997, para desenvolver e vender uma versão mais simples e menos cara do software ERP (planejamento de recursos empresariais) da SAP para pequenas e médias empresas — uma disrupção no novo mercado.[9] Os produtos da SAP eram historicamente direcionados a grandes empresas, que apostariam vários milhões de dólares para comprar o software e mais US$10 milhões a US$200 milhões para implementá-lo. A venda e instalação dos produtos da SAP foi feita em grande parte por seus parceiros de canal, consultores de implementação, como a Accenture, que tiveram um enorme crescimento na onda ERP.

Os gestores da Pandesic decidiram levar seu pacote ERP de preço mais baixo e fácil de implementar para o mercado por meio dos mesmos parceiros de canal. Mas quando os consultores de implementação de TI tiveram de optar por gastar seu tempo vendendo grandes projetos de implementação SAP multimilionários para corporações globais ou vendendo software Pandesic de baixo custo e projetos de implementação diretos para pequenas empresas, como você acha que eles gastaram sua energia? Naturalmente, eles promoveram grandes implementações de produtos SAP que os ajudaram a ganhar mais dinheiro, dado seu tamanho e sua estrutura de custos. Não havia energia para o produto disruptivo da Pandesic no canal que ela mesma escolheu, e o empreendimento fracassou.

A própria força de vendas de uma empresa reagirá da mesma forma, especialmente se trabalhar por comissão. Todos os dias, os vendedores precisam decidir para quais clientes devem ligar ou não. Quando estão com os clientes, devem decidir quais produtos eles promoverão e venderão e quais não mencionarão. O fato de serem seus próprios funcionários não importa muito: os vendedores só podem priorizar as coisas que fazem sentido para eles, dada a maneira como ganham dinheiro. Raramente as pessoas que vendem os principais produtos de uma empresa na trajetória sustentável serão bem-sucedidas ao empurrar produtos disruptivos. É tolice dar-lhes um incentivo financeiro especial para empurrar os produtos disruptivos, porque isso tiraria seus olhos de sua responsabilidade crítica de vender os produtos mais lucrativos na trajetória sustentável. Produtos disruptivos exigem canais disruptivos.

Clientes como Canais

Para os fabricantes de materiais e componentes, os produtos finais constituem uma entidade importante em seu canal. Da mesma forma, os prestadores de serviços que usam um produto para fornecer seu serviço são o canal do produto para o cliente final. Por exemplo, fabricantes de computadores como Compaq e Dell Computer constituem o "canal" pelo qual os microprocessadores da Intel atingem um mercado importante. As melhorias no microprocessador da Intel têm sido o combustível que leva os fabricantes de desktop a entrar no mercado de ponta para que continuem a competir com fabricantes de computadores de custo mais alto, como a Sun.

A mesma situação existe nas empresas de serviços. Assim como os produtos de baixo desempenho podem criar raízes em aplicativos simples, e então, ficar disruptivamente melhores, o progresso tecnológico também permite que os provedores de serviços menos qualificados façam disrupção nos provedores mais altamente treinados e caros acima deles. De modo análogo ao relacionamento da Intel com a Dell, são os provedores de serviços potencialmente disruptivos que constituem o canal para as empresas que fornecem a tecnologia disruptiva.

Ilustraremos a importância de abastecer um canal disruptivo revendo novamente os cuidados de saúde. Nesta indústria de hoje, muitos médicos estão em uma luta feroz, semelhante à das miniusinas de aço. Eles estão presos em um conflito orientado pelo preço contra as práticas de outros médicos e empresas que reembolsam o custo do atendimento, trabalhando cada vez mais para ter uma renda atraente. Uma grande empresa de equipamentos de saúde começou a lançar uma série de produtos disruptivos que ajudará os profissionais de saúde em consultórios a subirem de forma disruptiva para buscar seus próprios procedimentos de práticas que historicamente tinham de ser encaminhados para clínicas ambulatoriais mais caras.

Um exemplo é no diagnóstico e na solução de doenças do cólon. Até o momento, se um paciente parecia ter uma possível lesão ou tumor no cólon, o médico faria uma colonoscopia em uma clínica ou um hospital relativamente caro. Inserir um aparelho flexível em um cólon sinuoso requer a habilidade de um especialista muito capaz. Se a colonoscopia revelasse um problema, o paciente seria encaminhado a um cirurgião de custo ainda maior, que operaria para corrigir o problema em um hospital de custo ainda maior. Essa empresa está introduzindo uma tecnologia que é *muito* mais fácil de usar e permitirá aos médicos de diagnóstico menos especializados realizar esses procedimentos com segurança e eficácia em seus consultórios — e, assim, levar para a estrutura de custos de seu consultório de valor agregado procedimentos que historicamente só poderiam ser feitos em canais mais caros.

Esse dispositivo poderia ser comercializado como uma inovação sustentável para os especialistas que já dominaram os aparelhos tradicionais difíceis de usar. É possível imaginar o que o médico perguntaria ao vendedor: "Por que eu preciso disso? Isso me permite ver melhor ou fazer mais do que o que eu tenho agora? O aparelho é mais barato? Essa coisa aqui não vai quebrar?" É uma conversa de tecnologia sustentável.

Mas se a empresa comercializasse isso como uma tecnologia disruptiva que permitisse a médicos menos especializados fazer esse procedimento em seus consultórios, o médico provavelmente perguntaria: "O que será necessário para ter treinamento nessa coisa?" Essa é uma conversa disruptiva.

> Que tipos de clientes fornecerão a base mais sólida para o crescimento futuro? Você quer clientes que há tempos querem o seu produto, mas não conseguiram ter um até que você entrou em cena. Você quer encantar facilmente esses clientes e quer que eles precisem de você. Quer clientes que sejam só seus, protegidos dos avanços dos concorrentes. E quer que seus clientes sejam tão atraentes para aqueles com quem você trabalha que todos em sua rede de valor estarão motivados a cooperar na busca da oportunidade.
>
> A procura por esses clientes não é quixotesca. São os tipos de clientes que você encontra quando molda ideias inovadoras para se encaixar nos quatro elementos do padrão de competir com o não consumo.
>
> Apesar do quão atraentes esses clientes parecem ser no papel, o processo de alocação de recursos força a maioria das empresas, quando confrontadas com uma oportunidade como esta, a buscar exatamente os tipos opostos de clientes: elas segmentam os clientes que já usam um produto ao qual se acostumaram. Para fugir desse dilema, os gestores precisam enquadrar a disrupção como uma ameaça para garantir o comprometimento de recursos e, em se-

guida, mudar o enquadramento para a equipe encarregada de construir o negócio a fim de ser uma que busca oportunidades de crescimento. Gerenciar cuidadosamente esse processo para focar esses clientes ideais pode dar a novos empreendimentos uma base sólida para o crescimento futuro.

NOTAS

1. Os economistas têm uma ótima linguagem para esse fenômeno. À medida que o desempenho de um produto supera o que os clientes podem utilizar, estes experimentam uma utilidade marginal decrescente a cada incremento no desempenho do produto. Com o tempo, o preço marginal que os clientes estão dispostos a pagar por uma melhoria chega a igualar a utilidade marginal que recebem ao consumir a melhoria. Quando o aumento marginal no preço que uma empresa pode sustentar no mercado para um produto melhorado se aproxima de zero, ele sugere que a utilidade marginal que os clientes derivam do uso do produto também se aproxima de zero.
2. Afirmamos anteriormente que poucas tecnologias são intrinsecamente sustentáveis ou têm caráter disruptivo. Estes são extremos em um continuum, e a disrupção de uma inovação só pode ser descrita em relação aos modelos de negócios de várias empresas, aos clientes e a outras tecnologias. O que o caso do transistor ilustra é que tentar comercializar algumas tecnologias como inovações sustentáveis em mercados grandes e óbvios é *muito* caro.
3. A Figura 4-2 foi construída a partir de dados fornecidos pelo Centro Nacional da American Heart Association (AHA). Como esses dados medem apenas os procedimentos realizados em hospitais, os procedimentos de angioplastia feitos em ambulatório e outros ambientes não hospitalares não são incluídos. Isso significa que os números de angioplastia no gráfico são subestimados e a subestimativa fica mais significativa ao longo do tempo.
4. Há muitos outros exemplos disso, além dos citados no texto. Por exemplo, corretores de ações *full-service*, como a Merrill Lynch, continuam indo para o mercado de ponta em sua rede de valor original buscando clientes de patrimônio líquido ainda maior, e o resultado das suas operações melhora ao passo que o fazem. Eles ainda não sentem os problemas que acabarão tendo quando os corretores de desconto online encontrarem formas de fornecer um serviço cada vez melhor.
5. Veja Clark Gilbert e Joseph L. Bower, "Disruptive Change: When Trying Harder Is Part of the Problem", *Harvard Business Review,* maio 2002, 94–101; e Clark Gilbert, "Can Competing Frames Co-exist? The Paradox of Threatened Response", documento de trabalho 02-056, Boston, Harvard Business School, 2002.

6. Daniel Kahneman e Amos Tversky, "Choice, Values, and Frames", *American Psychologist* 39 (1984): 341–350. Kahneman e Tversky têm publicações extraordinárias sobre essas questões. Essa referência é só um exemplo de seu trabalho.
7. O fenômeno da rigidez da ameaça foi examinado por vários estudiosos, principalmente Jane Dutton e seus colegas. Veja, por exemplo, Jane E. Dutton e Susan E. Jackson, "Categorizing Strategic Issues: Links to Organizational Action", *Academy of Management Review* 12 (1987): 76–90; e Jane E. Dutton, "The Making of Organizational Opportunities — An Interpretive Pathway to Organizational Change", *Research in Organizational Behavior* 15 (1992): 195–226.
8. Arthur Stinchcombe escreveu com eloquência sobre a proposição de que acertar as condições iniciais é o segredo para que os eventos subsequentes aconteçam como o desejado. Veja Arthur Stinchcombe, "Social Structure and Organizations", em *Handbook of Organizations,* James March (ed.) (Chicago: McNally, 1965), 142–193.
9. Clark Gilbert, "Pandesic — The Challenges of a New Business Venture", caso 9-399-129 (Boston: Harvard Business School, 2000).

CAPÍTULO CINCO

ACERTANDO NO ESCOPO DO NEGÓCIO

Quais atividades um empreendimento NGT deve realizar internamente para ter o maior sucesso possível, o mais rápido possível, e quais devem ser terceirizadas para um fornecedor ou parceiro? O sucesso será mais bem construído em torno de uma arquitetura de produto patenteada, ou o empreendimento deve adotar os padrões modulares e abertos do setor? O que causa a evolução das arquiteturas de produtos fechados e patenteados para as abertas? As empresas precisam adotar soluções patenteadas novamente assim que os padrões abertos surgirem?

As decisões sobre o que comprar na fonte e o que adquirir em fornecedores e parceiros tem um impacto poderoso nas chances de sucesso de um empreendimento NGT. Uma teoria amplamente utilizada para orientar essa decisão se baseia nas categorias de atividade principal e competência. Se algo se encaixa em sua competência principal, você deve fazê-lo internamente. Se não é sua competência principal e outra empresa pode fazê-lo melhor, a teoria diz que você deve confiar nela para fornecê-lo.[1]

Certo? Bem, às vezes. O problema com a categorização da competência principal/não principal é que o que pode parecer uma atividade não principal hoje pode se tornar uma competência absolutamente crítica e protegida com patente no futuro, e vice-versa.

Considere, por exemplo, a decisão da IBM de terceirizar o microprocessador de seu PC para a Intel e seu sistema operacional para a Microsoft. A IBM tomou essa decisão no início dos anos 1980 para se concentrar no que fazia de melhor: planejar, montar e comercializar sistemas de computador. Dada sua história, essas escolhas faziam todo o sentido. Os fornecedores de componentes da IBM historicamente tiveram uma existência miserável e sem lucros, e a imprensa elogiou amplamente a decisão da IBM de terceirizar os componentes de seu PC. Isso reduziu drasticamente o custo e o tempo necessários para o desenvolvimento e o lançamento. No entanto, no processo de terceirização do que ela não percebia ser a atividade principal do novo negócio, a IBM colocou em operação as duas empresas que posteriormente capturariam a maior parte do lucro no setor.

Como a IBM saberia de antemão que uma decisão tão sensata sairia tão cara? Mais amplamente, como o executivo que lança um negócio NGT — como a IBM fez com sua divisão de PC no início dos anos 1980 — saberia quais atividades de valor agregado são aquelas nas quais a competência futura precisa ser dominada e mantida?[2]

Como as evidências do passado podem ser um guia errado para o futuro, o único modo de ver com precisão o que o futuro trará é usar a teoria. Nesse caso, precisamos de uma teoria baseada em circunstâncias para descrever o mecanismo pelo qual as atividades se tornam centrais ou periféricas. Descrever esse mecanismo e mostrar como os gestores podem usar a teoria é o propósito dos Capítulos 5 e 6.

Integrar ou Terceirizar?

A IBM e outras empresas demonstraram, inadvertidamente, claro, que a categorização da atividade principal/não principal pode levar a erros sérios e até fatais. Em vez de perguntar o que sua empresa faz de melhor hoje, os gestores devem perguntar: "O que precisamos dominar hoje, e o que precisaremos dominar no futuro, para nos destacar na trajetória de melhoria que os clientes definirão como importante?"

A resposta começa com a abordagem do trabalho a ser feito: os clientes não comprarão seu produto a menos que ele resolva um problema importante para eles. Mas o que constitui uma "solução" difere nas duas circunstâncias na Figura 5-1: se os produtos não são bons o suficiente ou são mais do que bons o suficiente. Descobrimos que a vantagem é a integração quando os produtos não são bons o suficiente, e a terceirização — ou a especialização e a desintegração — quando os produtos são mais do que bons o suficiente.

FIGURA 5-1

Arquiteturas do Produto e da Integração

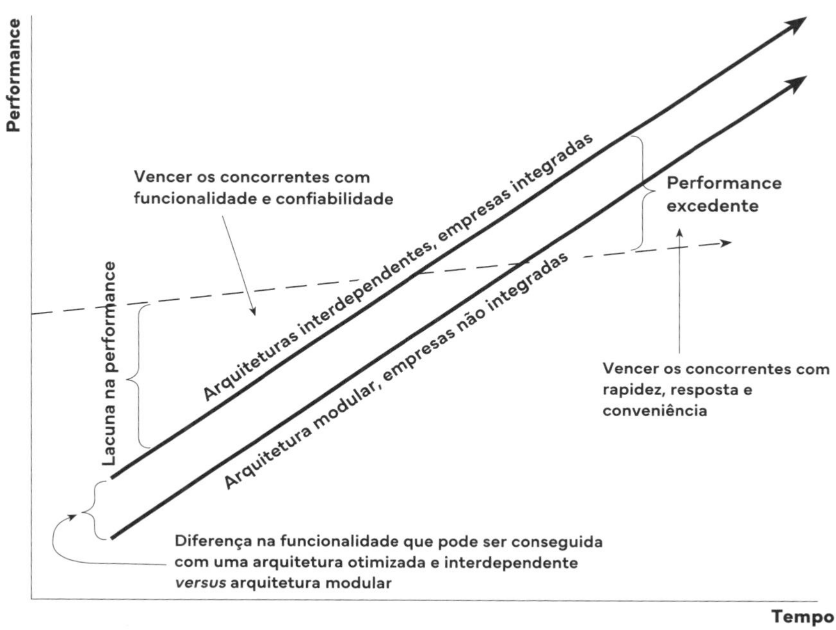

Arquitetura do Produto e Interfaces

A *arquitetura* de um produto determina seus componentes e subsistemas constituintes, definindo como devem interagir, se encaixar e funcionar juntos, para alcançar a funcionalidade segmentada. O lugar onde dois componentes se encaixam é chamado de *interface*. As interfaces existem dentro de um produto, bem como entre os estágios na cadeia de valor agregado. Por exemplo, existe uma interface entre design e fabricação, e outra entre fabricação e distribuição.

Uma arquitetura é *interdependente* em uma interface se uma parte não pode ser criada independentemente da outra, se a forma como uma é planejada e feita depende de como a outra está sendo planejada e feita. Quando há uma interface pela qual há interdependências imprevisíveis, então a mesma organização deve desenvolver simultaneamente *ambos* os componentes se espera desenvolver qualquer *um* deles.

As arquiteturas interdependentes otimizam a *performance*, em termos de funcionalidade e confiabilidade. Por definição, essas arquiteturas são patenteadas porque cada empresa desenvolverá seu próprio design interdependente para otimizar a performance de um modo diferente. O termo *arquitetura interdependente* usado neste capítulo pode ser visto como um sinônimo para arquitetura *otimizada* e *patenteada*.

Já uma interface *modular* é *clara*, e nela não há interdependências imprevisíveis entre os componentes ou os estágios da cadeia de valor. Os componentes modulares se encaixam e funcionam juntos de formas bem compreendidas e altamente definidas. Uma *arquitetura modular* especifica o ajuste e a função de todos os elementos tão completamente que não importa quem faz os componentes ou os subsistemas, desde que estes atendam às especificações. Os componentes modulares podem ser desenvolvidos em grupos de trabalho independentes ou por diferentes empresas que trabalham a distância.

As arquiteturas modulares otimizam a *flexibilidade*, mas, por exigirem especificações rígidas, oferecem aos engenheiros menos graus de liberdade no design. Como resultado, a flexibilidade modular sacrifica a performance.[3]

A modularidade e a interdependência puras são as extremidades de um espectro: a maioria dos produtos fica em algum lugar entre esses extremos. Como veremos, as empresas são mais propensas a ter sucesso quando combinam a arquitetura do produto com suas circunstâncias competitivas.

Competindo com a Arquitetura Interdependente em um Mundo Não Bom o Suficiente

O lado esquerdo da Figura 5-1 indica que, quando há uma lacuna na performance, a funcionalidade e a confiabilidade do produto ainda não são boas o suficiente para atender às necessidades dos clientes em determinado nível do mercado — as empresas devem competir fazendo os melhores produtos possíveis. Na corrida para fazer isso, as empresas que constroem seus produtos em torno de arquiteturas patenteadas e interdependentes desfrutam de uma importante vantagem competitiva em relação aos concorrentes cujas arquiteturas de produtos são modulares, porque a padronização inerente à modularidade tira muitos graus de liberdade de design dos engenheiros, e eles não podem otimizar a performance.

Para fechar a lacuna de desempenho com cada nova geração de produtos, as forças competitivas obrigam os engenheiros a encaixar as peças de seus sistemas de formas cada vez mais eficientes para extrair o máximo de performance possível da tecnologia disponível. Quando as empresas devem competir fazendo os melhores produtos possíveis, elas não podem simplesmente montar componentes padronizados, porque do ponto de vista da engenharia, a padronização das interfaces (o que significa menos graus de liberdade de design) os forçaria a se afastar da fronteira do que é tecnologicamente possível. Quando o produto não é bom o suficiente, se afastar do melhor que pode ser feito significa ficar para trás.

As empresas que competem com arquiteturas patenteadas e interdependentes *devem* ser integradas: elas devem controlar o design e a fabricação de *todo* componente crítico do sistema para fazer *qualquer* parte do sistema. Como ilustração, nos primeiros dias da indústria dos mainframes, quando a funcionalidade e a confiabilidade ainda não eram boas o suficiente para atender as necessidades dos clientes tradicionais, não era possível existir como fabricante contratado independente de computadores mainframe porque a maneira como as máquinas eram projetadas dependia da arte que seria usada na fabricação, e vice-versa. Não havia uma interface clara entre design e fabricação. Da mesma forma, você não poderia existir como fornecedor independente de sistemas operacionais, memória central ou circuitos lógicos para a indústria de mainframe porque esses subsistemas principais também tinham de ser planejados de modo interdependente e iterativo.[4]

Tecnologias novas e imaturas costumam ser usadas como melhorias sustentáveis quando a funcionalidade não é boa o suficiente. Uma das razões pelas quais as empresas concorrentes raramente conseguem comercializar uma tecnologia radicalmente nova é que as tecnologias inovadoras e sustentáveis quase nunca são compatíveis com os sistemas de uso existentes.[5] Há quase sempre muitas interdependências imprevistas que obrigam a mudança em outros elementos do sistema antes que um produto viável o qual incorpora uma tecnologia radicalmente nova possa ser vendido. Isso torna o ciclo de desenvolvimento de novos produtos tortuoso e longo quando se espera que a tecnologia inovadora seja a base para uma performance aprimorada. O uso em motores de materiais cerâmicos avançados, a implantação de linhas DSL de alta largura de banda na "última milha" da infraestrutura de telecomunicações, a construção de motores elétricos supercondutores para propulsão de navios e a transição do analógico para o digital para as redes de telecomunicações óticas só poderiam ser realizados por empresas amplamente integradas, cujo escopo poderia abranger todas as interdependências que precisavam ser gerenciadas. É um terreno traiçoeiro para os concorrentes.

Por essas razões, não foi apenas a IBM que dominou a indústria de computadores inicial em virtude de sua integração. A Ford e a General Motors, como as empresas mais integradas, foram os concorrentes dominantes durante a era "não bom o bastante" da história da indústria automobilística. Pelas mesmas razões, RCA, Xerox, AT&T, Standard Oil e US Steel dominaram seus setores em estágios semelhantes. Essas empresas tinham um poder quase monopolista. Sua dominância de mercado foi o resultado da circunstância do "não bom o suficiente", que determinou as arquiteturas interdependentes do produto ou da cadeia de valor e a integração vertical.[6] Mas sua hegemonia provou ser apenas temporária, porque, em última análise, as empresas que se destacaram na corrida para fazer os melhores produtos possíveis acabaram fazendo produtos que são muito bons. Quando isso acontece, o intrincado sucesso de empresas integradas como essas começa a ser desvendado.

Superação e Modularização

Um sintoma de que essas mudanças estão acontecendo, que a funcionalidade e a confiabilidade de um produto ficaram muito boas, é que os vendedores retornarão ao escritório xingando um cliente: "Por que eles não conseguem ver que nosso produto é melhor que o da concorrência? Estão tratando como uma *commodity*!" Isso é prova de superação. Tais empresas encontram-se no lado direito da Figura 5-1, onde há uma performance excedente. Os clientes estão felizes em *aceitar* produtos melhores, mas não estão dispostos a pagar um preço premium para tê-los.[7]

A superação não significa que os clientes não pagarão mais por melhorias. Significa apenas que o *tipo* de melhoria pela qual eles pagarão um preço premium mudará. Assim que seus requisitos de funcionalidade e confiabilidade são atendidos, os clientes começam a redefinir o que não é bom o suficiente. O que se torna não bom o suficiente é que os clientes não podem ter exatamente o que querem e quando precisam, da forma mais conveniente possível. Os clientes se tornam dispostos a pagar preços premium para melhorar o desempenho ao longo dessa nova trajetória de inovação em rapidez, conveniência e personalização. Quando acontece, dizemos que a *base da concorrência* em um nível do mercado mudou.

A pressão de competir nessa nova trajetória de melhoria força uma evolução gradual na arquitetura do produto, como descrito na Figura 5-1 — afastando-se das arquiteturas interdependentes e patenteadas que tinham a vantagem na era do "não bom o suficiente" rumo a designs *modulares* na era da performance excedente. As arquiteturas modulares ajudam as empresas a competir nas dimensões que importam nas partes à direita inferior do diagrama de disrupção. As empresas podem introduzir novos produtos mais rapidamente porque são capazes de atualizar subsistemas individuais sem ter de redesenhar tudo. Embora as interfaces padrão invariavelmente forcem o comprometimento na performance do sistema, as empresas podem trocar alguma performance com esses clientes porque a funcionalidade é mais do que boa o suficiente.

A modularidade tem um impacto profundo na estrutura do setor porque permite que organizações independentes e não integradas vendam, comprem e montem componentes e subsistemas.[8] Enquanto no mundo interdependente você tinha de fazer todos os elementos-chave do sistema para fabricar qualquer um deles, em um mundo modular, é possível prosperar terceirizando ou fornecendo apenas um elemento. Em última análise, as especificações para as interfaces modulares se unirão como padrões do setor. Quando isso acontece, as empresas podem misturar e combinar componentes dos melhores fornecedores para responder convenientemente às necessidades específicas dos clientes individuais.

Como mostrado na Figura 5-1, esses concorrentes não integrados fazem disrupção no líder integrado. Embora tenhamos desenhado esse diagrama em duas dimensões por simplicidade, tecnicamente falando, eles são disruptores híbridos, porque competem com uma métrica modificada de desempenho no eixo vertical do diagrama de disrupção, na medida em que se esforçam para entregar com rapidez e exatidão o que cada cliente precisa. Mas como sua estrutura não integrada oferece custos gerais mais baixos, eles podem lucrar com clientes de baixo custo com preços reduzidos.

Do Design Interdependente ao Modular, e de Volta

A progressão da integração para a modularização se reproduz repetidas vezes à medida que os produtos melhoram o suficiente para ultrapassar os requisitos dos clientes.[9] Quando onda após onda de disrupções sequenciais varrem um setor, essa progressão se repete dentro de cada uma. Na rede de valor do mainframe original da indústria de computadores, por exemplo, a IBM desfrutou de um domínio inquestionável na primeira década, com suas arquiteturas interdependentes e integração vertical. Em 1964, no entanto, ela respondeu à pressão de custo, complexidade e tempo de comercialização criando um design mais modular, começando com o System 360. A modularização forçou a IBM a se afastar da fronteira da funcionalidade, mudando da trajetória da esquerda para a direita na melhoria da performance na Figura 5-1. Isso criou um espaço no topo para concorrentes como Control Data e Cray Research, cujas arquiteturas interdependentes continuaram a pressionar o limite do que era possível.

Abrir sua arquitetura não foi um erro para a IBM: a economia da concorrência forçou-a a dar esses passos. De fato, a modularidade reduziu os custos de desenvolvimento e produção e permitiu à IBM configurar sistemas personalizados para cada cliente. Isso criou uma grande e nova onda de crescimento no setor. Outro efeito da modularização, no entanto, foi que empresas não integradas começaram a competir de fato. Muitos fornecedores não integrados de componentes e subsistemas compatíveis diretamente, como unidades de disco, impressoras e dispositivos de entrada de dados, desfrutavam de custos indiretos mais baixos e começaram uma disrupção em massa na IBM.[10]

Esse ciclo se repetiu conforme os minicomputadores começaram a disrupção de mainframes no novo mercado. A Digital Equipment Corporation inicialmente dominava esse setor com sua arquitetura patenteada quando os minicomputadores realmente não eram muito bons, porque seu hardware e seu software do sistema operacional foram projetados de modo interdependente para maximizar o desempenho. Mas à medida que a funcionalidade se aproximava da adequação, outros concorrentes, como Data General, Wang Laboratories e Prime Computer, que eram muito menos integrados, mas muito mais rápidos no mercado, começaram a ter uma participação significativa.[11] Como aconteceu nos mainframes, o mercado de minicomputadores cresceu devido a produtos melhores e menos caros que essa concorrência intensa criou.

A mesma sequência ocorreu na onda de disrupção do computador pessoal. Nos primeiros anos, a Apple Computer, a empresa mais integrada com uma arquitetura patenteada, fazia, de longe, os melhores computadores desktop. Eles eram mais fáceis de usar e falhavam com muito menos frequência do que os computadores de construção modular. Em última análise, quando a funcionalidade das máquinas desktop ficou boa o suficiente, a arquitetura modular e de padrão aberto da IBM dominou. A arquitetura patenteada da Apple, que na circunstância de não ser boa o suficiente era uma força competitiva, tornou-se uma confiabilidade competitiva nas circunstâncias de ser boa mais do que o suficiente. Como consequência, a Apple foi relegada ao status de nicho, conforme a explosão de crescimento no uso de computadores pessoais foi capturada pelos fornecedores não integrados de máquinas modulares.

A mesma transição ocorrerá em pouco tempo nas próximas duas ondas de produtos de computador disruptivos, ou seja, notebooks e dispositivos sem fio portáteis. As empresas que são mais bem-sucedidas no início são aquelas com arquiteturas otimizadas e interdependentes. As empresas cuja estratégia é prematuramente modular terão dificuldade em ser competitivas em termos de desempenho nos primeiros anos, quando o desempenho é a base da concorrência. Mais tarde, as arquiteturas e as estruturas do setor evoluirão para terem abertura e desintegração.

A Figura 5-2 resume essas transições na indústria de computadores pessoais de forma simplificada, mostrando como os sistemas patenteados e a empresa verticalmente integrada, que eram mais fortes nos anos iniciais de "não ser bons o bastante" do setor, deram lugar a empresas não integradas, estratificadas horizontalmente em seus últimos anos. Parece até que o setor passou por um cortador de frios. O gráfico seria semelhante para cada uma das redes de valor no setor. Em cada situação, a motivação da modularização e da desintegração não foi a passagem do tempo ou a "maturação" do setor em si.[12] O que impulsiona esse processo é esta sequência causal previsível:

1. O ritmo da melhoria tecnológica supera a capacidade dos clientes de utilizá-la, de modo que a funcionalidade e a confiabilidade de um produto que não eram boas o suficiente em um ponto ultrapassam o que os clientes podem utilizar em um ponto posterior.

2. Isso força as empresas a competir de modo diferente: a base da concorrência muda. À medida que os clientes se tornam cada vez menos dispostos a recompensar mais melhorias na funcionalidade e na confiabilidade com preços premium, os fornecedores que ficam cada vez melhores em dar aos clientes, de modo convincente, exatamente o que eles querem quando precisam são capazes de ter margens atraentes.

3. Como as pressões competitivas forçam as empresas a serem o mais rápidas e responsivas possível, estas resolvem esse problema desenvolvendo a arquitetura de seus produtos, deixando de ser patenteada e interdependente para ser modular.

4. A modularidade permite a desintegração do setor. Empresas não integradas agora podem superar as integradas que dominaram o setor. Considerando que a integração em um ponto era uma necessidade competitiva, mais tarde ela se torna uma desvantagem competitiva.[13]

A Figura 5-2 é simplificada, no sentido de que o modelo de negócios integrado não desapareceu da noite para o dia, tornou-se menos dominante enquanto a trajetória de melhoria da performance passou por cada nível de cada mercado e o modelo modular aos poucos ficou mais dominante.

Ressaltamos que as *circunstâncias* das lacunas na performance e os excedentes no desempenho impulsionam a viabilidade dessas estratégias de arquitetura e integração. Isso significa, claro, que, se as circunstâncias mudarem novamente, a abordagem estratégica também deverá mudar. Na verdade, depois de 1990, houve uma reintegração na indústria de computadores. Na próxima seção, descreveremos um fator que impulsiona a reintegração, e retornaremos a ele no Capítulo 6.

FIGURA 5-2

A transição da integração vertical para a estratificação horizontal na indústria de computadores baseada em microprocessadores

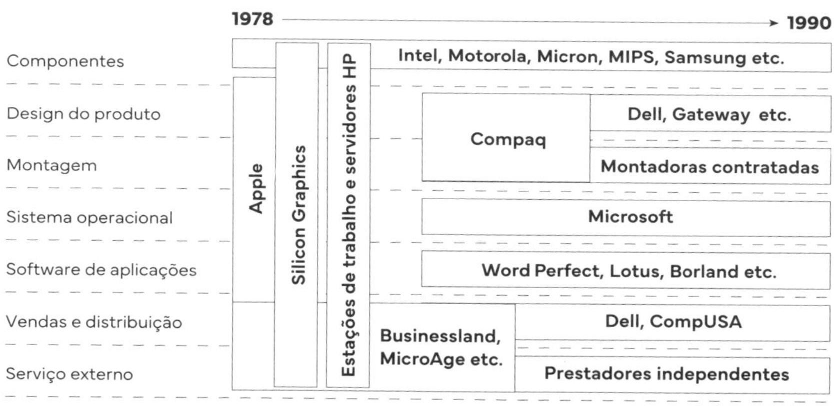

As Motivações da Reintegração

Como a trajetória de melhoria tecnológica normalmente supera a capacidade dos clientes em qualquer nível de mercado em utilizá-la, a corrente geral flui de arquiteturas interdependentes e empresas integradas para arquiteturas modulares e empresas não integradas. Mas lembre-se, as necessidades dos clientes também mudam. Em geral, isso acontece em um ritmo relativamente mais lento, como sugerido pelas linhas pontilhadas no diagrama de disrupção. Por vezes, pode haver uma mudança descontínua na funcionalidade que os clientes exigem, essencialmente mudando para cima a linha pontilhada na Figura 5-1. Isso vira o setor de volta para o lado esquerdo do diagrama e redefine o relógio em uma era em que a integração mais uma vez é a fonte da vantagem competitiva.

Por exemplo, no início dos anos 1980, os produtos da Apple Computer usavam uma arquitetura patenteada envolvendo uma ampla interdependência *no* software *e* em toda a interface entre hardware e software. Em meados da década de 1980, no entanto, empresas especializadas, como WordPerfect e Lotus, cujos produtos conectavam o sistema operacional DOS da Microsoft por meio de uma interface bem definida, surgiram para tirar o domínio da Apple em software. Então, no início dos anos 1990, as linhas pontilhadas da funcionalidade de que os clientes precisavam no software para PC pareceram mudar à medida que tais clientes começaram a exigir a transferência de gráficos e arquivos de planilha para documentos de processamento de texto etc. Isso criou uma lacuna na performance, levando o setor para o lado não bom o suficiente do mundo, onde o encaixe de peças interdependentes do sistema ficou competitivamente crítico de novo.

Em resposta, a Microsoft montou seu pacote de produtos Office (e mais tarde, seu navegador da Web) no sistema operacional Windows. Isso a ajudou a se aproximar tanto daquilo de que os clientes precisavam, e do que as empresas focadas poderiam fazer, que as empresas de software não integradas, incluindo o WordPerfect e a planilha 123 da Lotus, rapidamente evaporaram. O domínio da Microsoft não *surgiu* da má conduta monopolista. Pelo contrário, sua cadeia de valor integrada, em condições de não ser boa o suficiente, permitiu-lhe fabricar produtos cuja performance se aproximava mais daquilo de que os clientes precisavam em relação aos concorrentes não integrados nessas condições.[14]

Hoje, no entanto, as coisas podem estar prestes a mudar de novo. Ao passo que a computação fica mais centrada na internet, sistemas operacionais com arquiteturas modulares (como o Linux) e linguagens de programação modulares (como o Java) constituem disrupções híbridas em relação à Microsoft. Essa modularidade está permitindo que empresas especializadas comecem a fazer incursões no setor.

De modo semelhante, há quinze anos, nas telecomunicações óticas, a largura de banda disponível em uma fibra era mais do que suficiente para a comunicação por voz; como consequência, a estrutura do setor foi estratificada horizontalmente, não integrada na vertical. A Corning fabricava fibra ótica, a Siemens cabeava, e outras empresas faziam multiplexadores, amplificadores etc. À medida que os pedidos por mais largura de banda se intensificaram no final dos anos 1990, a linha pontilhada na Figura 5-1 subiu e o setor mudou para uma situação de não ser bom o suficiente. A Corning descobriu que não conseguia sequer planejar sua próxima geração de fibra se não projetasse o amplificador de forma interdependente, por exemplo. Ela *teve* de se integrar nessa interface para competir, e fez isso. Em poucos anos, havia largura de banda mais do que suficiente em uma fibra, e a razão para ser verticalmente integrada desapareceu de novo.

A regra geral é a de que as empresas prosperarão quando integradas em todas as interfaces da cadeia de valor, onde o desempenho, como definido naquele momento, não é bom o suficiente em relação ao que os clientes exigem no próximo estágio da adição de valor. Muitas vezes, existem vários desses pontos na cadeia de valor agregado total de um setor. Isso significa que um setor raramente será não integrado ou integrado por completo. Pelo contrário, os pontos em que a integração e a não integração são competitivamente importantes mudarão de modo previsível ao longo do tempo.[15] Voltaremos a essa noção com mais detalhes no Capítulo 6.

Alinhando a Estratégia da Arquitetura às Suas Circunstâncias

Em um mundo modular, fornecer um componente ou montar componentes terceirizados são "soluções" adequadas. No mundo interdependente da funcionalidade inadequada, tentar fornecer uma parte do sistema não resolve o problema de ninguém. Sabendo disso, podemos prever o fracasso ou o sucesso de um negócio em crescimento com base nas escolhas dos gestores para competir com arquiteturas modulares quando as circunstâncias exigem interdependência, e vice-versa.

Tentando Desenvolver um Negócio Não Integrado Quando a Funcionalidade Não É Boa o Suficiente

É uma tentação pensar que você pode lançar um negócio NGT fornecendo parte do valor de um produto modular. Os gestores normalmente veem a especialização como um caminho menos assustador para entrar do que fornecer uma solução de sistema inteira. Isso custa menos e permite que o concorrente se concentre no que faz melhor, deixando o restante da solução para outros parceiros no ecossistema. Isso funciona nas circunstâncias nas partes à direita inferior do diagrama de disrupção. Mas quando a funcionalidade e a confiabilidade são inadequadas, o obstáculo aparentemente menor que a parceria ou a terceirização parece apresentar geralmente se mostra ilusório e faz com que muitos empreendimentos de crescimento fracassem. A modularidade, muitas vezes, não é tecnológica ou competitivamente possível nos estágios iniciais de muitas disrupções.

Para ter sucesso com uma estratégia não integrada e especializada, você precisa ter certeza de que está competindo em um mundo modular. Três condições devem ser atendidas para que uma empresa obtenha algo de um fornecedor ou um parceiro, ou para vender a um cliente. Primeiro, fornecedores e clientes precisam saber o que especificar — quais atributos do componente são essenciais para a operação do sistema de produtos e quais não são. Segundo, eles devem conseguir medir esses atributos para que possam verificar se as especificações foram atendidas. Em terceiro lugar, não pode haver interdependências mal compreendidas ou imprevisíveis na interface entre cliente e fornecedor. O cliente precisa entender como o subsistema interagirá com a performance das outras peças do sistema para que ele possa ser usado com efeito previsível. Essas três condições (especificidade, verificação e previsibilidade) formam uma interface modular eficaz.

Quando o desempenho do produto *não* é bom o suficiente, quando a concorrência força as empresas a usarem novas tecnologias nas arquiteturas de produtos fora do padrão para estender o desempenho o máximo possível, essas três condições geralmente *não* são atendidas. Quando há interdependências complexas, recíprocas e imprevisíveis no sistema, os limites de uma única organização devem abranger essas interfaces. As pessoas não podem resolver de modo eficiente os problemas interdependentes trabalhando a distância em um limite organizacional.[16]

Falhas Modulares nas Circunstâncias Interdependentes

Em 1996, o governo dos Estados Unidos aprovou a legislação para estimular a concorrência nos serviços de telecomunicações locais. A lei exigia que as empresas independentes fossem autorizadas a vender serviços a clientes residenciais e empresariais e se conectar à infraestrutura de comutação das empresas de telefonia tradicionais. Em resposta, muitas CLECs (operadoras de telecomunicações) não integradas, como a Northpoint Communications, tentaram oferecer acesso DSL de alta velocidade à internet. Corporações e investidores de risco canalizaram bilhões de dólares para essas empresas.

A grande maioria das CLECs fracassou. Isso porque o serviço DSL estava no domínio interdependente da Figura 5-1. Havia muitas interdependências sutis e imprevisíveis entre o que as CLECs faziam quando instalavam o serviço para um cliente e o que a companhia telefônica tinha de fazer em resposta. O problema não era necessariamente a interface *técnica*. A arquitetura do software do sistema de cobrança das empresas de telefonia, por exemplo, era interdependente, dificultando muito contabilizar e cobrar pelo custo de um cliente CLEC "conectado". O fato de as companhias telefônicas estarem integradas nessas interfaces interdependentes deu-lhes uma grande vantagem. Elas entendiam suas próprias arquiteturas de rede e sistemas de TI e, assim, puderam implantar as ofertas mais rapidamente, com menos preocupações com as consequências não pretendidas da reconfiguração de suas próprias instalações centrais.[17]

Da mesma forma, no setor da internet sem fio, ansiosamente esperado, a maioria dos concorrentes europeus e norte-americanos tentou entrar como especialistas não integrados, fornecendo um elemento do sistema. Eles confiaram prematuramente nos padrões da indústria, como o Wireless Applications Protocol (WAP), para definir as interfaces entre o dispositivo portátil, a rede e o novo conteúdo sendo desenvolvido. As empresas dentro de cada elo na cadeia de valor ficaram com seus próprios dispositivos para determinar a melhor forma de explorar a internet sem fio. Isso resultou em quase nenhuma receita e bilhões em perdas. A teologia de "parceria" que se tornou imprescindível entre os investidores e os empresários de telecomunicações que viram a Cisco ter sucesso com tal acabou sendo mal aplicada em uma circunstância diferente, em que não poderia funcionar, com consequências trágicas.

Integração Adequada

Em oposição, a NTT DoCoMo e a J-Phone, do Japão, abordaram a oportunidade disruptiva no novo mercado da internet sem fio com uma integração muito maior entre os estágios da cadeia de valor. Esses empreendimentos de crescimento já respondem por dezenas de milhões de clientes e bilhões em receita.[18] Embora não tenham *todas* as conexões acima ou abaixo na cadeia de valor, a DoCoMo e a J-Phone gerenciam com cuidado as interfaces com seus provedores de conteúdo e fabricantes de aparelhos. Sua abordagem interdependente permite superar as limitações tecnológicas dos dados sem fio e criar interfaces do usuário, um modelo de receita e uma infraestrutura de cobrança que tornam a experiência do cliente a mais perfeita possível.[19]

As redes DoCoMo e J-Phone incluem sistemas concorrentes e patenteados. Não é ineficiente? Executivos e investidores, de fato, muitas vezes estão ansiosos para definir os padrões *antes* de investir seu dinheiro, para evitar a duplicação de padrões concorrentes e a possibilidade de que a abordagem de um concorrente possa surgir como padrão do setor. Isso funciona quando a funcionalidade e a confiabilidade, e as consequentes condições competitivas, o permitem. Mas quando não permitem, então ter sistemas patenteados concorrentes não é um desperdício.[20] Muito mais é desperdiçado no momento em que enormes somas são gastas em uma abordagem arquitetônica que não se encaixa na base da concorrência. É verdade que um sistema acabe definindo o padrão, e aqueles cujos padrões não prevalecem podem cair no esquecimento após o sucesso inicial ou podem se tornar atores em nicho. Esse tipo de concorrência inspirou Adam Smith e Charles Darwin a escrever seus livros.

Entre outras coisas, notamos que em alguns de seus empreendimentos no exterior, como sua parceria com a AT&T Wireless, nos Estados Unidos, a DoCoMo seguiu a estratégia de seus parceiros de adotar os padrões do setor com menos integração vertical e errou feio, assim como seus equivalentes norte-americanos e europeus. Não é a DoCoMo que faz a diferença, é empregar a estratégia certa nas circunstâncias certas.

No Lugar Certo na Hora Certa

Observamos antes que as formas puras de interdependência e modularidade são os extremos em um continuum, e as empresas podem escolher estratégias em qualquer lugar ao longo do espectro a qualquer momento. Uma empresa pode não falhar necessariamente se começar com uma arquitetura prematuramente modular quando a base da concorrência é a funcionalidade e a confiabilidade. Ela simplesmente sofrerá com uma importante desvantagem competitiva até que a base da concorrência mude e a modularidade se torne a forma arquitetônica predominante. Essa foi a experiência da IBM e seus clones na indústria de computadores pessoais. O desempenho superior dos computadores da Apple não impediu a IBM de ter sucesso. Ela só teve de combater sua desvantagem no desempenho porque optou prematuramente por uma arquitetura modular.

O que acontece com os líderes iniciais quando eles exageram, depois de terem saltado à frente com vantagens de desempenho e confiabilidade que foram fundamentadas na arquitetura patenteada? A resposta é que eles precisam modular e abrir suas arquiteturas, começando a vender agressivamente seus subsistemas como módulos para outras empresas cuja capacidade de montagem de baixo custo pode ajudar a expandir o mercado. Se uma boa teoria estivesse disponível para fornecer orientação, por exemplo, não haveria razão para que os executivos da Apple Computer não tivessem modularizado seu design e começado a vender seu sistema operacional com aplicativos interdependentes para outras montadoras de computadores, antecipando o desenvolvimento do Windows pela Microsoft. A Nokia parece hoje estar enfrentando a mesma decisão. Sentimos que adicionar ainda mais recursos e funções aos aparelhos sem fio padrão está superando o que seus clientes menos exigentes podem utilizar, e um setor de aparelhos desintegrados que utiliza o sistema operacional da Symbian está ganhando força rapidamente. O próximo capítulo mostrará que uma empresa pode começar com uma arquitetura patenteada quando circunstâncias disruptivas determinam isso e, então, quando a base da concorrência mudar, abrir sua arquitetura para se tornar um fornecedor de subsistemas importantes para montadoras de baixo custo. Se o fizer, poderá evitar as armadilhas de se tornar um ator de nicho, por um lado, e o fornecedor de uma *commodity* sem diferencial, por outro. A empresa pode se tornar o Wayne Gretzky no capitalismo, o grande jogador de hóquei. Gretzky tinha o instinto de não patinar para onde o disco atualmente estava no gelo, mas para onde o disco iria. O Capítulo 6 pode ajudar os gestores a orientar suas empresas não para os negócios lucrativos do passado, mas para onde o dinheiro *estará*.

Há poucas decisões na criação e na sustentação de um negócio NGT que gritam mais alto por uma teoria sólida e baseada em circunstâncias do que as abordadas neste capítulo. Quando a funcionalidade e a confiabilidade de um produto não são boas o suficiente para atender as necessidades dos clientes, então as empresas que desfrutarão de uma vantagem competitiva significativa são aquelas cujas arquiteturas de produto são patenteadas e integradas em todas as interfaces limitadoras de desempenho na cadeia de valor. Quando a funcionalidade e a confiabilidade se tornam mais do que adequadas, de modo que a velocidade e a capacidade de resposta são as dimensões da concorrência que agora não são boas o suficiente, então o oposto acontece. Empresas não integradas e especializadas cujas regras de interação são definidas por arquiteturas modulares e padrões do setor têm a vantagem.

No início de uma onda de disrupção no novo mercado, as empresas inicialmente mais bem-sucedidas serão as empresas integradas cujas arquiteturas são patenteadas porque o produto ainda não é bom o suficiente. Depois de alguns anos de sucesso na melhoria do desempenho, os exatos pioneiros disruptivos ficam suscetíveis à disrupção híbrida por uma população mais rápida e flexível de empresas não integradas cujo foco lhes dá menores custos gerais.

Para uma empresa que atende clientes em vários níveis do mercado, gerenciar a transição é complicado, porque a estratégia e o modelo de negócios necessários para alcançar com sucesso clientes insatisfeitos em níveis mais altos são muito diferentes daqueles necessários para competir com velocidade, flexibilidade e baixo custo nos níveis mais baixos do mercado. Buscar ambos os fins de uma só vez e da maneira certa geralmente requer várias unidades de negócios, um tópico que abordaremos nos próximos dois capítulos.

NOTAS

1. Estamos em dívida com vários pesquisadores atenciosos que enquadraram a existência e o papel da essência e da competência na tomada dessas decisões. Eles incluem C. K. Prahalad e Gary Hamel, "The Core Competence of the Corporation", *Harvard Business Review,* maio–junho 1990, 79–91; e Geoffrey Moore, *Living on the Fault Line* (Nova York: HarperBusiness, 2002). Vale a pena notar que "competência principal", como o termo foi originalmente inventado por C. K. Prahalad e Gary Hamel em seu importante artigo, foi, na verdade, um pedido de desculpas para a empresa diversificada. Eles estavam desenvolvendo uma visão de diversificação baseada na exploração das capacidades estabelecidas, amplamente definidas. Interpretamos seu trabalho como consistente com um fluxo bem respeitado de pesquisa e desenvolvimento teórico que remonta ao livro de Edith Penrose de 1959, *The Theory of the Growth of the Firm* (Nova York: Wiley). Essa linha de pensamento é muito poderosa e útil. Mas como é usado agora, o termo "competência principal" se tornou sinônimo de "foco", isto é, as empresas que procuram explorar sua competência principal não diversificam — quando muito, elas concentram seus negócios nas atividades que fazem particularmente bem. É esse "significado em uso" que sentimos ser equivocado.
2. É indiscutível que a IBM tinha uma capacidade tecnológica muito mais profunda no design e na fabricação de circuitos integrados e sistemas operacionais do que a Intel ou a Microsoft na época em que colocou essas empresas no negócio. Portanto, é provavelmente mais correto dizer que essa decisão se baseou mais no que era *essencial* do que na *competência*. O sentimento de que a IBM precisava terceirizar foi baseado na percepção correta dos gestores do novo empreendimento de que eles precisavam de uma estrutura de custos gerais muito menor para se tornarem lucrativos para a corporação e precisavam ser muito mais rápidos no desenvolvimento de novos produtos do que os processos de desenvolvimento interno estabelecidos da empresa, que foram aprimorados em um universo de produtos interdependentes e complicados com ciclos de desenvolvimento mais longos, com os quais poderiam lidar.
3. Na última década, surgiram estudos importantes sobre esses conceitos. Descobrimos que os seguintes são particularmente úteis: Rebecca Henderson e Kim B. Clark, "Architectural Innovation: The Reconfiguration of Existing Product Technologies and the Failure of Established Firms", *Administrative Science Quarterly* 35 (1990): 9–30; K. Monteverde, "Technical Dialog as an Incentive for Vertical Integration in the Semiconductor Industry", *Management Science* 41 (1995): 1624–1638; Karl Ulrich, "The Role of Product Architecture in the Manufacturing Firm", *Research Policy* 24 (1995): 419–440; Ron Sanchez e J. T. Mahoney, "Modularity, Flexibility and Knowledge Management in Product and Organization Design", *Strategic Management Journal* 17 (1996): 63–76; Carliss Baldwin e Kim B. Clark, *Design Rules: The Power of Modularity* (Cambridge, MA: MIT Press, 2000).
4. A linguagem que usamos aqui caracteriza os extremos da interdependência, e escolhemos o extremo do espectro simplesmente para tornar o conceito o mais claro possível. Nos sistemas de produtos complexos, existem diferentes

graus de interdependência, que diferem ao longo do tempo, entre os componentes. Os desafios da interdependência também podem ser tratados até certo ponto pela natureza das relações dos fornecedores. Veja, por exemplo, Jeffrey Dyer, *Collaborative Advantage: Winning Through Extended Enterprise Supplier Networks* (Nova York: Oxford University Press, 2000).

5. Muitos leitores equipararam, na mente, os termos *disruptivo* e *inovador*. É de extrema importância, para fins de predição e compreensão, não confundi-los. Quase invariavelmente, o que os escritores anteriores denominaram de tecnologias "inovadoras" tem, em nossa linguagem, um impacto *sustentável* na trajetória do progresso tecnológico. Algumas inovações sustentáveis são melhorias simples e incrementais ano a ano. Outras são radicais, saltos inovadores à frente da concorrência, até a trajetória sustentável. Para fins preditivos, no entanto, a distinção entre tecnologias incrementais e inovadoras raramente importa. Como ambos os tipos têm um impacto sustentável, as empresas estabelecidas normalmente triunfam. Inovações disruptivas em geral não implicam avanços tecnológicos. Em vez disso, elas agrupam as tecnologias disponíveis em um modelo de negócios disruptivo. As tecnologias inovadoras que surgem nos laboratórios de pesquisa quase sempre são sustentáveis em caráter e acarretam interdependências imprevisíveis com outros subsistemas do produto. Assim, há duas razões poderosas pelas quais as empresas estabelecidas têm uma forte vantagem na comercialização dessas tecnologias.
6. *The Visible Hand,* do professor Alfred Chandler (Cambridge, MA: Belknap Press, 1977), é um estudo clássico de como e por que a integração vertical é fundamental para o crescimento de muitos setores em seu período inicial.
7. O conceito de utilidade dos economistas, ou a satisfação que os clientes têm quando compram e usam um produto, é uma boa forma de descrever como a concorrência em um setor muda quando isso acontece. A utilidade marginal que os clientes têm é a adição incremental na satisfação que eles têm ao comprar um produto com melhor desempenho. O aumento do preço que eles estão dispostos a pagar por um produto melhor será proporcional ao aumento da utilidade que recebem ao usá-lo, ou seja, a melhoria marginal do preço será igual à melhoria na utilidade marginal. Quando os clientes não podem mais utilizar as melhorias adicionais em um produto, a utilidade marginal cai para zero, e, como resultado, os clientes ficam pouco dispostos a pagar mais por produtos com melhor desempenho.
8. Sanchez e Mahoney, em "Modularity, Flexibility and Knowledge Management in Product and Organization Design", estavam entre os primeiros a descrever o fenômeno.
9. O trabalho marcante dos professores Carliss Baldwin e Kim B. Clark, citados na nota 3, descreve o processo de modularização de uma forma convincente e útil. Recomendamos a quem estiver interessado estudar o processo em maiores detalhes.
10. Muitos estudantes da história da IBM discordarão de nossa afirmação de que a concorrência forçou a abertura da arquitetura da IBM, alegando que foi o litígio antitruste do governo dos EUA que forçou a IBM a isso. A ação

antitruste claramente a influenciou, mas argumentamos que, com a ação do governo ou não, forças competitivas e disruptivas teriam posto fim à posição de poder quase monopolista dela.

11. Tracy Kidder, ganhador do Prêmio Pulitzer de desenvolvimento de produtos na Data General com *The Soul of a New Machine* (Nova York: Avon Books, 1981), descreve como a vida era quando a base da concorrência começou a mudar na indústria de minicomputadores.
12. O professor do MIT Charles Fine também escreveu um livro importante sobre este tema: *Clockspeed* (Reading, MA: Perseus Books, 1998). Fine observou que as indústrias passam por ciclos de integração e não integração em uma espécie de "dupla hélice". Esperamos que o modelo descrito aqui e no Capítulo 6 confirme e adicione riqueza causal às descobertas de Fine.
13. A estrutura evolutiva do setor de empréstimos dá um exemplo claro dessas forças em ação. Bancos integrados, como o J. P. Morgan Chase, têm grandes vantagens competitivas nos níveis mais complexos do mercado de empréstimos. A integração é fundamental para sua capacidade de montar enormes e complexos pacotes de financiamento para clientes globais, sofisticados e exigentes. Decisões sobre se e quanto emprestar não podem ser tomadas com fórmulas e medidas fixas; só com a intuição de agentes de crédito experientes.

    Porém a tecnologia de pontuação de crédito e a securitização de ativos estão fazendo disrupção e desintegrando os níveis mais simples do mercado de empréstimos. Nesses níveis, os credores conhecem e podem medir precisamente os atributos que determinam se os mutuários pagarão um empréstimo. Informações verificáveis sobre os mutuários, por exemplo, há quanto tempo eles moram em tal lugar, há quanto trabalham na empresa, qual é sua renda e se pagaram outras contas no prazo, são combinadas para tomar decisões de empréstimo baseadas em algoritmos. A pontuação de crédito se enraizou, na década de 1960, no nível mais simples do mercado de empréstimos, nas decisões das lojas de departamento de emitir seus próprios cartões de crédito. Então, com infelicidade para os grandes bancos, a horda disruptiva foi inexoravelmente para o mercado de ponta em busca de lucro, primeiro para empréstimos de cartão de crédito do consumidor geral, depois, para empréstimos de automóveis e hipotecas, e agora, para empréstimos de pequenas empresas. O setor de crédito nesses níveis mais simples do mercado em grande parte se desintegrou. Empresas não bancárias especializadas surgiram para fornecer cada fatia de valor agregado nesses níveis do setor de empréstimos. Considerando que a integração é uma grande vantagem nos níveis mais complexos do mercado, nos níveis sobrecarregados, é uma desvantagem.
14. Nossas conclusões fundamentam as de Stan J. Liebowitz e Stephen E. Margolis em *Winners, Losers & Microsoft: Competition and Antitrust in High Technology* (Oakland, CA: Independent Institute, 1999).
15. Outra boa ilustração disso é o empurrão dado pela Apple Computer, no momento da escrita deste livro, para ser a porta de entrada para o consumidor de entretenimento multimídia. A integração interdependente do sistema operacional e dos aplicativos da Apple é uma conveniência que os clientes valorizam neste momento porque tal conveniência ainda não é boa o suficiente.

16. Especificidade, mensurabilidade e previsibilidade constituem o que um economista chamaria de "informação suficiente" para um mercado eficiente surgir em uma interface, permitindo que as organizações lidem umas com as outras a distância. Um princípio fundamental do capitalismo é o de que a mão invisível da concorrência de mercado é superior à da supervisão gerencial como um mecanismo de coordenação entre os atores de um mercado. É por isso que, quando uma interface modular for definida, um setor se desintegrará nessa interface. No entanto, conforme a especificidade, a mensurabilidade e a previsibilidade *não* existem, os mercados eficientes não podem funcionar. É nessas circunstâncias que a supervisão e a coordenação da gestão têm um melhor desempenho do que a concorrência do mercado como mecanismo de coordenação.

    Esta é uma base importante das descobertas premiadas do professor Tarun Khanna e seus colegas, que mostram que, nas economias em desenvolvimento, os conglomerados de negócios diversificados superam as empresas independentes e focadas, enquanto o inverso acontece nas economias desenvolvidas. Veja, por exemplo, Tarun Khanna e Krishna G. Palepu, "Why Focused Strategies May Be Wrong for Emerging Markets", *Harvard Business Review,* julho–agosto 1997, 41–51; Tarun Khanna e Jan Rivkin, "Estimating the Performance Effects of Business Groups in Emerging Markets", *Strategic Management Journal* 22 (2001): 45–74.

    Um conjunto de conceitos fundamentais na compreensão de por que a integração organizacional é crítica quando as condições de modularidade não são atendidas é desenvolvido na escola de pensamento TCE (economia dos custos de transação), que traça suas origens no trabalho de Ronald Coase (R. H. Coase, "The Nature of the Firm", *Econometrica* 4 [1937]: 386–405). Coase argumentou que as empresas foram criadas quando ficaram "muito caras" para negociar e cumprir os contratos entre as partes "independentes". Mais recentemente, o trabalho de Oliver Williamson provou ser fundamental na exploração dos custos de transação como um determinante das fronteiras da empresa. Veja, por exemplo, O. E. Williamson, *Markets and Hierarchies* (Nova York: Free Press, 1975); O. E. Williamson (ed.), "Transaction Cost Economics", em *The Economic Institutions of Capitalism* (Nova York: Free Press, 1985), 15–42; e J. B. Barney e W. G. Ouichi (eds.), "Transaction-Cost Economics: The Governance of Contractual Relations", em *Organizational Economics* (San Francisco: Jossey-Bass, 1986). Em particular, a TCE tem sido usada para explicar as várias maneiras como as empresas podem expandir seu escopo operacional: com diversificação não relacionada (C. W. L. Hill *et alii*, "Cooperative Versus Competitive Structures in Related and Unrelated Diversified Firms", *Organization Science* 3, nº 4 [1992]: 501–521); com diversificação relacionada (D. J. Teece, "Economics of Scope and the Scope of the Enterprise", *Journal of Economic Behavior and Organization* 1 [1980]: 223–247); e D. J. Teece, "Toward an Economic Theory of the Multiproduct Firm", *Journal of Economic Behavior and Organization* 3 [1982], 39–63); ou com integração vertical (K. Arrow, *The Limits of Organization* [Nova York: W. W. Norton, 1974]; B. R. G. Klein *et alii*, "Vertical Integration, Appropriable Rents and Competitive Contracting Process", *Journal of Law and Economics* 21 [1978] 297–326; e K. R. Harrigan, "Vertical Integration and Corporate Strategy", *Academy of Management Journal* 28, nº 2 [1985]: 397–425). De forma mais geral, essa linha de pesquisa é conhecida como o paradigma das "falhas de mercado" para explicar as mudanças no escopo da empresa (K. N. M. Dundas e P. R. Richardson, "Corporate Strategy and the Concept of Market Failure", *Strategic Management Journal* 1, nº 2 [1980]: 177–188). Esperamos ter avançado essa linha de pensamento elaborando mais precisamente as considerações que dão origem às dificuldades de contratação que estão no centro da escola TCE.

17. Mesmo que as operadoras de câmbio locais (ILECs) não entendessem todas as complexidades e as consequências não pretendidas melhor do que os engenheiros da CLEC, organizacionalmente, elas estavam muito mais bem posicionadas para resolver quaisquer dificuldades, dado que podiam recorrer a mecanismos organizacionais, em vez de contar com contratos *ex ante* complexos e provavelmente incompletos.
18. Veja Jeffrey Lee Funk, *The Mobile Internet: How Japan Dialed Up and the West Disconnected* (Hong Kong: ISI Publications, 2001). É realmente um estudo extraordinariamente perspicaz do qual uma série de *insights* pode ser obtida. Em sua própria linguagem, Funk mostra que outra razão importante pela qual a DoCoMo e a J-Phone foram tão bem-sucedidas no Japão é que elas seguiram o padrão que descrevemos nos Capítulos 3 e 4 deste livro. Inicialmente, visaram clientes que eram em grande parte não usuários da internet (meninas adolescentes) e as ajudaram a fazer melhor um trabalho que já tentavam fazer: divertir-se com os amigos. Já os concorrentes ocidentais neste mercado imaginaram ofertas sofisticadas para serem vendidas aos clientes atuais de celulares (que os usavam principalmente para negócios) e usuários atuais da internet por cabo. Uma perspectiva interna sobre esse desenvolvimento pode ser encontrada em Mari Matsunaga, *The Birth of I-Mode: An Analogue Account of the Mobile Internet* (Singapore: Chuang Yi Publishing, 2001). Matsunaga foi um dos principais atores no desenvolvimento do i-mode na DoCoMo.
19. Veja "Integrate to Innovate", um estudo da Deloitte Research de Michael E. Raynor e Clayton M. Christensen.
20. Alguns leitores familiarizados com as diferentes experiências dos setores europeus e norte-americanos de telefonia móvel podem discordar deste parágrafo. Muito cedo, os europeus se uniram em torno de um padrão pré-planejado chamado GSM, que permitia que os usuários de celulares usassem seus telefones em qualquer país. O uso do celular decolou mais rapidamente e alcançou taxas de penetração mais altas do que na América, onde vários padrões concorrentes lutavam contra isso. Muitos analistas chegaram à conclusão geral da estratégia dos europeus de se unir rapidamente em torno de um padrão que é sempre aconselhável para evitar a duplicação inútil de competir com arquiteturas mutuamente incompatíveis. Acreditamos que os benefícios de um padrão único foram muito exagerados e que outras diferenças importantes entre os Estados Unidos e a Europa que contribuíram significativamente para as taxas de adoção diferenciadas não receberam a devida atenção.

Primeiro, os benefícios de um padrão único parecem ter se manifestado, em grande parte, em termos de oferta, e não de demanda. Ou seja, estipulando um único padrão, os fabricantes europeus de equipamentos de rede e aparelhos conseguiram economias de escala maiores do que as empresas que fabricam para os mercados norte-americanos. Isso pode ter se manifestado na forma de preços mais baixos para os consumidores; no entanto, a comparação relevante não é o custo da telefonia móvel na Europa *versus* a América do Norte — esses serviços não estavam competindo entre si. A comparação relevante é com a telefonia fixa em cada mercado respectivo. E aqui vale a pena notar que os serviços de telefonia local e de longa distância são muito mais caros na Europa do que na América do Norte e, como resultado, a telefonia sem fio foi um substituto muito mais atraente para a telefonia fixa na Europa do que na América do Norte. O suposto benefício da utilização transnacional no lado da demanda não foi, tanto quanto sabemos, demonstrado nos padrões de uso dos consumidores europeus. Assim, estamos dispostos a sugerir que uma causa muito mais poderosa do relativo sucesso da telefonia móvel na Europa não foi que as estudantes da Suécia pudessem usar seu aparelho quando estavam de férias na Espanha, mas sim a melhoria relativa na facilidade de uso e no custo proporcionado pela telefonia móvel em comparação com a alternativa de telefonia fixa.

Em segundo lugar, e talvez ainda mais importante, a regulamentação europeia determinava que "a parte que liga paga" com relação ao uso do celular, enquanto os reguladores norte-americanos determinavam que "a parte com o celular paga". Em outras palavras, na Europa, se você liga para o celular de alguém, você paga o custo da chamada; para o destinatário, é gratuito. Na América do Norte, se alguém liga para você no seu celular, é por sua conta. Como resultado, os europeus foram muito mais livres na distribuição de seus telefones celulares, aumentando assim a probabilidade de uso. Para saber mais sobre esse tópico, veja Strategis Group, "Calling Party Pays Case Study Analysis; ITU-BDT Telecommunication Regulatory Database"; e o site ITU: http://www.itu.int/ITU-D/ict/statistics.

Desvendar os efeitos de cada um desses colaboradores (a regulamentação do padrão GSM, do preço relativo mais baixo *versus* telefonia fixa e da parte que liga, paga), bem como outros que podem ser apresentados, não é uma tarefa simples. Mas sugerimos que o impacto do padrão único é muito menor do que o normalmente implícito e decerto não é o principal fator para explicar as maiores taxas de penetração de celulares na Europa *versus* a América do Norte.

CAPÍTULO SEIS

COMO EVITAR A COMODITIZAÇÃO

O que causa a comoditização? É o inevitável estado final de todas as empresas nos mercados competitivos? As empresas podem tomar medidas em qualquer ponto de seu desenvolvimento para impedir seu início? Depois que a maré da comoditização varreu um setor, o fluxo pode reverter para produtos patenteados, diferenciados e lucrativos? Como responder a isso?

Muitos executivos se resignaram à crença de que, não importam suas inovações milagrosas, seu destino inevitável é ser "comoditizado". Esses medos estão fundamentados em experiências dolorosas. Veja um exemplo assustador: as primeiras unidades de disco de 3,5 pol. de um gigabyte foram introduzidas no mundo em 1992 a preços que permitiram que seus fabricantes ganhassem 60% de margens brutas. Hoje, as empresas de unidades de disco lutam para obter margens de 15% em unidades que são 60 vezes melhores. Não é justo, porque essas coisas são maravilhas mecânicas e microeletrônicas. Quantos de nós poderíamos posicionar mecanicamente o cabeçote para ele armazenar e recuperar dados em faixas circulares a uma distância de apenas 0,00008 pol. na superfície dos discos, sem nunca ler dados na trilha errada? E ainda as unidades de disco desse gênero são consideradas hoje *commodities* sem diferencial. Se produtos tão precisos e complexos podem ser comoditizados, há alguma esperança para o restante de nós?

Acontece que *há* esperança. Um dos *insights* mais interessantes de nossa pesquisa sobre comoditização é que, sempre que ela está em ação em algum lugar na cadeia de valor, um processo recíproco de descomoditização está em ação em outro lugar nessa cadeia.[1] Enquanto a comoditização destrói a capacidade de uma empresa de capturar lucros, minando o diferencial, a descomoditização oferece oportunidades para criar e capturar uma riqueza potencialmente enorme. A reciprocidade desses processos significa que o *locus* da capacidade de diferenciar muda continuamente em uma cadeia de valor à medida que novas ondas de disrupção invadem um setor. Conforme isso acontece, as empresas que se posicionam em um ponto da cadeia de valor, onde o desempenho ainda não é bom o suficiente, capturarão o lucro.

Nosso objetivo neste capítulo é ajudar os gestores a entender como esses processos de comoditização e descomoditização funcionam, para que possam detectar quando e onde estão começando a acontecer. Esperamos que esse entendimento possa ajudar aqueles que têm negócios em crescimento a fazê-lo em um lugar na cadeia de valor em que as forças de descomoditização estão em ação. Também esperamos que ajude aqueles que têm negócios estabelecidos a reposicionar suas empresas na cadeia de valor para também pegar essas ondas de descomoditização. Para retornar à visão de Wayne Gretzky sobre um ótimo jogo de hóquei, queremos ajudar os gestores a desenvolver a intuição de patinar não para onde o dinheiro está atualmente na cadeia de valor, mas para onde estará.[2]

Processos de Comoditização e Descomoditização

O processo que transforma um produto rentável, diferenciado e patenteado em uma *commodity* é o processo de superação e modularização que descrevemos no Capítulo 5. No lado esquerdo do diagrama de disrupção, as empresas que são mais bem-sucedidas são as integradas que planejam e montam produtos de uso final não bons o suficiente. Elas têm lucros atraentes por duas razões. Primeiro, a arquitetura interdependente e patenteada de seus produtos torna a diferenciação direta. Em segundo lugar, a alta proporção de custos fixos a variáveis que muitas vezes é inerente ao design e à fabricação de produtos arquitetonicamente interdependentes cria economias de escala acentuadas que dão aos concorrentes maiores vantagens de custo e criam barreiras de entrada formidáveis para os novos concorrentes.

É por isso que, por exemplo, a IBM, como o concorrente mais integrado na indústria de computadores mainframe, detinha 70% de participação de mercado, mas 95% dos lucros do setor: ela tinha produtos patenteados, grandes vantagens de custo e altas barreiras de entrada. Pelas mesmas razões, da década de 1950 até 1970, a General Motors, com cerca de 55% do mercado de automóveis dos EUA, tinha 80% dos lucros do setor. A maioria das empresas fornecedoras da IBM e da General Motors, em oposição, tinha de se contentar com os lucros de subsistência ano após ano. As experiências dessas empresas são típicas. Fazer produtos altamente diferenciáveis com fortes vantagens de custo é uma licença para imprimir dinheiro, muito dinheiro.[3]

Devemos enfatizar que a razão pela qual muitas empresas não atingem esse nirvana ou não permanecem lá por muito tempo é que a circunstância não boa o suficiente permite que os gestores ofereçam produtos com arquiteturas patenteadas que podem ser fabricados com fortes vantagens de custo em relação aos concorrentes. Quando essa circunstância muda, quando as empresas dominantes e lucrativas ultrapassam o que seus clientes tradicionais podem usar, esse jogo não pode mais ser feito, e as mesas começam a virar. Os clientes não pagarão preços ainda mais altos por produtos que já consideram muito bons. Em pouco tempo, a modularidade reina e a comoditização se instala. Conforme as dimensões relevantes do desempenho de seu produto são determinadas não por você, mas pelos subsistemas que você adquire de seus fornecedores, fica difícil ganhar mais do que os retornos de subsistência em uma categoria de produto que costumava gerar muito dinheiro. Quando seu mundo se torna modular, você precisa procurar em outro lugar da cadeia de valor para ganhar dinheiro de verdade.

O processo natural e inevitável de comoditização ocorre em seis etapas:

1. À medida que um novo mercado se funde, uma empresa desenvolve um produto patenteado que, embora não seja bom o suficiente, chega mais perto de atender às necessidades dos clientes do que qualquer um de seus concorrentes. Ela faz isso com uma arquitetura patenteada e ganha margens de lucro atraentes.

2. Ao passo que a empresa tenta se manter à frente de seus concorrentes diretos, acabam ultrapassando a funcionalidade e a confiabilidade que os clientes nos níveis mais baixos do mercado podem utilizar.
3. Isso precipita uma mudança na base da concorrência nesses níveis, o que...
4. ... precipita uma evolução para as arquiteturas modulares, o que...
5. ... facilita a desintegração do setor, o que, por sua vez...
6. ... torna muito difícil diferenciar o desempenho ou os custos do produto em relação aos dos concorrentes, que têm acesso aos mesmos componentes e montam de acordo com os mesmos padrões. Essa condição começa na parte inferior do mercado, onde a superação funcional ocorre primeiro, depois sobe inexoravelmente para afetar os níveis mais altos.

Note que é a superação, a circunstância mais do que boa o suficiente, que conecta a disrupção e o fenômeno da comoditização. Disrupção e comoditização podem ser vistas como dois lados da mesma moeda. Uma empresa que se encontra em uma circunstância mais do que boa o suficiente simplesmente não pode ganhar: a disrupção roubará seus mercados ou a comoditização roubará seus lucros. A maioria dos titulares acaba como vítima de ambos, porque, embora o ritmo da comoditização varie de acordo com o setor, é inevitável, e os novos concorrentes ágeis raramente perdem uma oportunidade de explorar uma posição disruptiva.

No entanto, ainda pode haver prosperidade logo ali. Os lucros atraentes do futuro são muitas vezes obtidos em outros lugares da cadeia de valor, em diferentes estágios ou camadas de valor agregado. Isso porque o processo de comoditização inicia um processo recíproco de descomoditização. Ironicamente, essa descomoditização, com a capacidade de ganhar muito dinheiro, ocorre em locais da cadeia de valor onde os lucros atraentes eram difíceis de alcançar no passado: nos processos, nos componentes ou nos subsistemas antes modulares e sem difernecial.[4]

Para visualizar o processo recíproco, lembre-se das miniusinas de aço do Capítulo 2. Enquanto as miniusinas competiam com as usinas integradas no mercado de vergalhões, elas ganharam muito dinheiro porque tinham uma vantagem de custo de 20% em relação às usinas integradas. Mas assim que expulsaram o último concorrente de alto custo do mercado de vergalhões, as miniusinas de baixo custo se viram lutando com miniusinas de baixo custo em um mercado de *commodities*, e a concorrência entre elas causou o colapso dos preços. As montadoras de produtos modulares costumam receber a mesma recompensa pela vitória das miniusinas sempre que conseguem tirar os concorrentes de custos mais elevados e suas arquiteturas patenteadas de um nível em seu mercado: os disruptores vitoriosos são deixados para lutar com os disruptores de baixo custo que estão montando componentes modulares adquiridos de uma base de fornecedores comum. Sem qualquer base para a diferenciação competitiva, apenas os níveis de subsistência de lucro permanecem. Uma estratégia de baixo custo funciona apenas enquanto há concorrentes de alto custo no mercado.[5]

A única maneira pela qual os disruptores modulares podem manter os lucros saudáveis é levar seus modelos de negócios de baixo custo para o mercado de ponta o mais rápido possível, para que possam continuar competindo na margem com os fabricantes de produtos patenteados de custo mais alto. As montadoras de produtos modulares fazem isso encontrando os melhores componentes e subsistemas de definição de desempenho e os incorporando em seus produtos mais rapidamente do que qualquer outra pessoa.[6] As montadoras precisam dos melhores componentes de definição de desempenho para acelerar o mercado de ponta onde elas podem ganhar dinheiro novamente. Como resultado, sua demanda por melhorias nos componentes que definem o desempenho retorna os fornecedores desses componentes para o lado não bom o suficiente do diagrama de disrupção.

Assim, as forças competitivas obrigam tais fornecedores a criar arquiteturas que, dentro dos subsistemas, são cada vez mais interdependentes e patenteadas. Então, os subsistemas de refinação de desempenho ficam descomoditizados como resultado de os produtos de uso final tornarem-se modulares e comoditizados.

Resumiremos as etapas neste processo recíproco de descomoditização:

1. A estratégia de baixo custo das montadoras de produtos modulares só é viável desde que estejam competindo com oponentes

de alto custo. Isso significa que, assim que os fornecedores de produtos patenteados de alto custo saírem de um nível do mercado, eles deverão ir para o mercado de ponta e assumi-los novamente, a fim de continuar a ter lucros atraentes.

2. Como os mecanismos que restringem ou determinam a rapidez com que podem entrar no mercado de ponta são os subsistemas que definem o desempenho, esses elementos não se tornam bons o suficiente e vão para o lado esquerdo do diagrama de disrupção.

3. A concorrência entre os fornecedores de subsistemas faz com que seus engenheiros criem designs cada vez mais patenteados e interdependentes. Eles devem fazer isso enquanto tentam permitir que seus clientes tenham o melhor desempenho em seus produtos de uso final do que poderiam se usassem os subsistemas dos concorrentes.

4. Os principais fornecedores desses subsistemas, portanto, encontram-se vendendo produtos diferenciados e patenteados com um lucro atraente.

5. A criação de um produto rentável e patenteado é o início, claro, do próximo ciclo de comoditização e descomoditização.

A Figura 6-1 ilustra de forma mais geral como isso funcionou na cadeia de valor do produto da indústria de computadores pessoais nos anos 1990. Começando no topo do diagrama, o dinheiro fluía do cliente para as empresas que projetavam e montavam os computadores; mas à medida que a década progredia, cada vez menos lucro potencial total ficava com os fabricantes de computadores — a maior parte ia dessas empresas para seus fornecedores.[7]

Como resultado, o pouco do dinheiro que as montadoras recebiam de seus clientes fluiu para a Microsoft e ficou lá. Outra parte fluiu para a Intel e parou lá. O dinheiro também fluiu para os fabricantes de memória de acesso aleatório dinâmico (DRAM), como a Samsung e a Micron, mas pouco ficava nesses estágios da cadeia de valor na forma de lucro.

FIGURA 6-1

Onde o dinheiro foi ganho na cadeia de valor do produto na indústria de PC

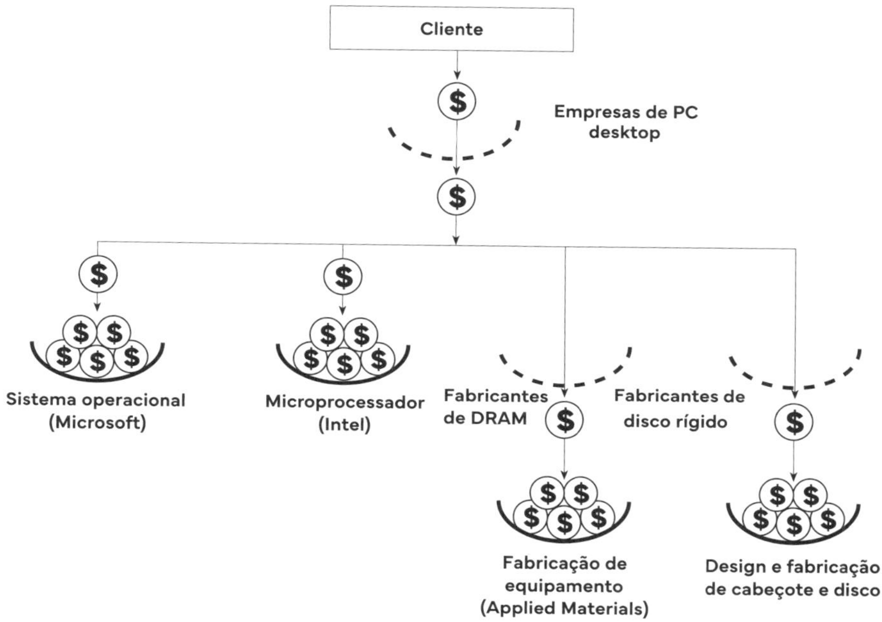

Ele fluiu e se acumulou em empresas como Applied Materials, que fornecia o equipamento usado pelos fabricantes de DRAM. Da mesma forma, o dinheiro ia diretamente para as montadoras de unidades de disco modulares, como Maxtor e Quantum, e tendia a ficar no estágio de valor agregado onde os cabeçotes e os discos eram feitos.

O que é diferente, no diagrama, entre as cestas com dinheiro *versus* aquelas pelas quais o dinheiro parecia vazar? As cestas firmes cujo lucro se acumulou em maior parte do período eram de produtos ainda não bons o suficiente para aquilo de que seus clientes imediatos na cadeia de valor precisavam. Assim, as arquiteturas desses produtos tendiam a ser interdependentes e patenteadas. As empresas com vazamento só conseguiam se agarrar aos lucros de subsistência porque a funcionalidade de seus produtos pendia a ser mais do que boa o suficiente. Portanto, suas arquiteturas eram modulares.

Se uma empresa fornece um insumo que define o desempenho, mas ainda não bom o suficiente para os produtos ou os processos de seus clientes, ela tem o poder de capturar lucros atraentes. Considere a indústria de DRAM como um exemplo. Embora a arquitetura de seus próprios chips fosse modular, os fabricantes de DRAM não ficavam satisfeitos, mesmo com o melhor equipamento de fabricação disponível. Para ter sucesso, os fabricantes de DRAM precisavam fazer seus produtos com rendimentos e custos cada vez mais altos. Isso tornou a funcionalidade dos equipamentos feitos por empresas como Applied Materials não boa o suficiente. Como consequência, a arquitetura desse equipamento tornou-se interdependente e patenteada conforme os fabricantes de equipamentos se aproximavam da funcionalidade de que seus clientes precisavam.

É importante nunca concluir que um setor como o de unidades de disco ou DRAMs é inerentemente não lucrativo, enquanto outros, como o de microprocessadores ou equipamentos de fabricação de semicondutores, o são. "Setor" geralmente é um esquema de categorização falho.[8] O que faz com que um setor pareça atraente é a circunstância em que suas empresas estão em determinado momento, em cada ponto na cadeia de valor agregado, porque a lei da conservação dos lucros atraentes está quase sempre em ação (veja o apêndice deste capítulo). Detalharemos mais a indústria de unidade de disco para ver por que isso acontece.

Na maior parte dos anos 1990, nos níveis de mercado onde as unidades de disco eram vendidas para fabricantes de computadores pessoais desktop, a capacidade e os tempos de acesso das unidades eram mais do que adequados. As arquiteturas das unidades, consequentemente, se tornaram modulares, e as margens brutas que as montadoras não integradas de unidades de 3,5 pol. poderiam obter no segmento de desktops diminuíram para cerca de 12%. Montadoras de unidades de disco não integradas, como a Maxtor e a Quantum, dominaram o mercado (sua participação coletiva de mercado excedia 90%) porque fabricantes integrados, como a IBM, não conseguiam sobreviver com margens pequenas.

As unidades tinham capacidade adequada, mas as montadoras não ficavam satisfeitas mesmo com os melhores cabeçotes e discos disponíveis, porque, se maximizassem a quantidade de dados que poderiam armazenar por polegada quadrada de espaço em disco, elas poderiam usar menos discos e cabeçotes nas unidades, o que era um poderoso fator de custo. Assim, os cabeçotes e os discos se tornaram não bons o suficiente e evoluíram para subconjuntos complexos e interdependentes. A fabricação de cabeçotes e discos ficou tão lucrativa que muitos dos principais fabricantes de discos se integraram para fazer seus próprios produtos.[9]

Mas não era a indústria de drive de disco que era marginalmente rentável, era a circunstância modular em que os fabricantes de drive de 3,5 pol. se encontraram. A evidência: as unidades de disco muito menores de 2,5 pol. usadas em notebooks tendiam a não ter capacidade suficiente nessa mesma época. Fiel à forma, suas arquiteturas eram interdependentes, e os produtos tinham de ser feitos por empresas integradas. Como a fabricante mais integrada e aquela com a mais avançada tecnologia de cabeçote e disco nos anos 1990, a IBM teve margens brutas de 40% em unidades de 2,5 pol. e controlou 80% desse mercado. Em oposição, a empresa tinha menos de 3% do volume de unidades vendidas para o mercado de PCs desktop, onde sua integração a tornava não competitiva.[10]

Na época em que publicamos pela primeira vez nossa análise dessa situação, em 1999, parecia que a capacidade de unidades de disco de 2,5 pol. também estava se tornando mais do que boa o suficiente para notebooks — um presságio para o que tinha sido um belo negócio para a IBM, o início da comoditização.[11] Afirmamos que a IBM, como a fabricante de unidades mais integrada, estaria realmente em uma posição muito atraente se jogasse suas cartas corretamente. Ela poderia patinar para onde o dinheiro estaria usando o advento da modularidade para desacoplar as operações de cabeçote e disco de seu negócio de design e montagem de unidades de disco. Se a IBM começasse a vender seus cabeçotes e discos mais avançados para fabricantes de unidades de disco de 2,5 pol. concorrentes, colocando-os agressivamente no negócio de montagem modular de discos de 2,5, ela acabaria desconsiderando a montagem de unidades e focando os componentes de cabeçote e disco mais rentáveis. Ao fazê-lo, continuaria a desfrutar dos níveis mais atraentes de lucro na indústria. Em outras palavras, no lado não bom o suficiente do diagrama disruptivo, a IBM poderia lutar e vencer. No lado bom mais do que o suficiente, uma estratégia melhor é vender munição aos combatentes.[12]

A IBM fez movimentos semelhantes vários anos antes em seu negócio de computadores, com suas decisões de desacoplar a cadeia vertical e vender sua tecnologia, componentes e subsistemas de modo agressivo no mercado aberto. Simultaneamente, ela criou um negócio de consultoria e integração de sistemas de alto nível e passou a desconsiderar o design e a montagem de computadores. À medida que a IBM seguia para esses pontos na cadeia de valor agregado onde a integração complexa e não padrão precisava ocorrer, isso levou à incrível, e notavelmente lucrativa, transformação de uma grande empresa na década de 1990.

Vale a pena repetir o princípio fundamental: as empresas que estão posicionadas em um local na cadeia de valor onde o desempenho ainda não é bom o suficiente capturarão o lucro. Essa é a circunstância em que produtos diferenciais, vantagens de custo baseadas em escala e altas barreiras de entrada podem ser criados.

Ao passo que uma empresa integrada, como a IBM, pode acoplar e desacoplar com flexibilidade suas operações, em vez de vendê-las irrevogavelmente, ela tem maior potencial de prosperar com lucro por um período prolongado do que uma empresa não integrada, como a Compaq. Isso ocorre porque os processos de comoditização e descomoditização acontecem continuamente, fazendo com que o lugar onde o dinheiro estará mude com o tempo ao longo da cadeia de valor.

Competência Principal e a Espiral Fatal da Maximização do ROA

As empresas sendo comoditizadas muitas vezes ignoram o processo recíproco de descomoditização que ocorre simultaneamente com a comoditização, em uma camada abaixo nos subsistemas ou ao lado nos processos adjacentes. Elas perdem a oportunidade de se mudar para onde o dinheiro estará no futuro e são espremidas, ou até mesmo aniquiladas, à medida que diferentes empresas alcançam o crescimento possibilitado pela descomoditização. Na verdade, a poderosa, mas perversa, pressão dos investidores para aumentar os retornos sobre ativos (ROA) cria fortes incentivos para que as montadoras patinem para longe de onde o dinheiro estará. E tendo falhado em reconhecer sua circunstância modular e comoditizada, as empresas recorrem à teoria da competência principal baseada em atributos para tomar decisões das quais podem se arrepender mais tarde.

Como as empresas que montam produtos modulares conseguem atender às demandas dos investidores de que melhorem seu retorno sobre ativos ou o capital empregado? Elas não podem melhorar o numerador da taxa ROA porque diferenciar seu produto ou produzi-lo a custos mais baixos do que os concorrentes é quase impossível. Sua única opção é reduzir o denominador da taxa ROA, livrando-se dos ativos. Isso seria difícil em um mundo interdependente que exigia integração, mas a arquitetura modular do produto realmente facilita a desintegração. Ilustraremos como acontece usando um exemplo simulado das interações entre um fornecedor de componentes e uma montadora de computadores pessoais modulares. Chamaremos as duas empresas de Components Corporation e Texas Computer Corporation (TCC), respectivamente.

A Components Corporation começa fornecendo placas de circuito simples para a TCC. Enquanto a TCC luta com a pressão dos investidores para aumentar seu ROA, a Components Corp. apresenta uma proposta interessante: "Fizemos um bom trabalho nessas pequenas placas. Deixe-nos fornecer toda a placa-mãe para seus computadores. Podemos superar com facilidade seus custos internos."

"Caramba, seria ótimo", responde a gerência da TCC. "A fabricação de placas de circuito não é nossa competência principal e requer muitos ativos. Isso reduziria nossos custos e tiraria todos esses ativos do nosso balancete." Então a Components Corp. assume a atividade adicional de valor agregado. Suas receitas aumentam de forma inteligente e sua lucratividade progride porque utiliza melhor seus ativos de fabricação. Consequentemente, seu preço das ações melhora. Quando a TCC abandona esses ativos, sua linha de receita não é afetada. Mas o resultado final e o retorno sobre os ativos melhoram, e, como resultado, o preço das ações melhora.

Pouco tempo depois, a Components Corp. aborda a gerência da TCC novamente. "Você sabe, a placa-mãe realmente é a essência do computador. Montaremos o computador inteiro para você. Montar esses produtos realmente não é sua competência principal, e podemos superar facilmente seus custos internos."

"Caramba, seria ótimo", responde a gerência da TCC. "A montagem não é nossa competência principal, e se você fizesse a montagem de nossos produtos, poderíamos tirar todos esses ativos de fabricação do nosso balancete." Novamente, à medida que a Components Corp. assume a atividade adicional de valor agregado, suas receitas aumentam de modo inteligente e sua lucratividade melhora porque ela utiliza melhor seus ativos de fabricação. Consequentemente, o preço de suas ações melhora. E quando a TCC abandona seus ativos de fabricação, sua linha de receita não é afetada. Mas o resultado final e o retorno sobre os ativos melhoram, e o preço das ações também consequentemente.

Pouco tempo depois, a Components Corp. aborda novamente a gerência da TCC. "Você sabe, montando seus computadores, por que você precisa lidar com todos os aborrecimentos de gerenciar a logística integrada dos componentes e a logística de envio ao cliente? Deixe-nos lidar com seus fornecedores e entregar os produtos finais para os clientes. A gestão da cadeia de suprimentos realmente não é sua competência principal e podemos superar com facilidade seus custos internos."

"Caramba, seria ótimo", responde a gerência da TCC. "Isso nos ajudaria a tirar esses ativos atuais do nosso balancete." Quando a Components Corp. assume a atividade adicional de valor agregado, suas receitas aumentam de forma inteligente e sua lucratividade melhora porque está atraindo atividades de maior valor agregado para seu modelo de negócios. À vista disso, o preço de suas ações melhora. E quando a TCC abandona seus ativos atuais, sua linha de receita não é afetada. Mas sua rentabilidade melhora, e o preço das ações dá outro salto.

Pouco tempo depois, a Components Corp. aborda novamente a gestão da TCC. "Você sabe, lidando com seus fornecedores, que tal você nos deixar projetar esses computadores? O design de produtos modulares é pouco mais do que a seleção de fornecedores, e como temos relacionamentos mais próximos com os fornecedores do que você, poderemos obter melhores preços e entrega se pudermos trabalhar com eles desde o início do ciclo de design."

"Caramba, seria ótimo", responde a gerência da TCC. "Isso nos ajudaria a cortar os custos fixos e variáveis. Além disso, nossa força realmente está em nossa marca e nos relacionamentos com os clientes, não no design do produto." Quando a Components Corp. assume a atividade adicional de valor agregado, suas receitas aumentam ainda mais e sua lucratividade melhora porque está atraindo atividades de maior valor agregado para seu modelo de negócios. Consequentemente, o preço de suas ações melhora. E quando a TCC perde custo, sua linha de receita não é afetada. Mas sua lucratividade melhora e o preço das ações dá outro belo salto, até que os analistas percebem que o jogo acabou.

Ironicamente, nessa tragédia grega, a Components Corp. acaba com uma cadeia de valor que, de fato, é mais altamente integrada do que a da TCC quando essa espiral iniciou, mas muitas vezes com as peças reconfiguradas para permitir que a Components Corp. cumpra com a nova base da concorrência, que é a velocidade de mercado e a capacidade de configurar de forma responsiva o que é entregue aos clientes em segmentos cada vez menores do mercado. Sempre que a TCC passava os ativos e os processos para a Components Corp., justificava sua decisão em termos de sua própria "competência principal". Não ocorreu à gerência da TCC que as atividades em questão também não eram as principais competências da Components Corporation. Se algo é ou não uma competência principal não é o fator determinante de quem pode patinar para onde o dinheiro estará.

Essa história ilustra outro exemplo de motivações assimétricas: o fornecedor de componentes é motivado a se integrar diretamente nas próprias atividades de valor agregado das quais a montadora modular é motivada a sair. Não é uma história de incompetência. É uma história de decisões perfeitamente racionais e que maximizam o lucro — e por isso, a espiral fatal da maximização do ROA prende muitas empresas que se encontram montando produtos modulares em um mundo muito bom. Ao mesmo tempo, oferece outro caminho para a criação de negócios NGT, além das oportunidades disruptivas descritas no Capítulo 2. A montadora se livra dos ativos, mas mantém suas receitas e, muitas vezes, melhora temporariamente suas margens de lucro finais quando decide terceirizar suas operações de back-end para fornecedores contratados. O sentimento é bom. Quando o fornecedor assume as mesmas partes do negócio das quais a montadora foi motivada a sair, ele também se sente bem, porque aumenta as receitas, os lucros e o preço das ações do fornecedor de back-end. Para muitos fornecedores, subir na cadeia de valor cria oportunidades para projetar subsistemas com arquiteturas internas cada vez mais otimizadas que se tornam os principais motivadores de desempenho dos produtos modulares que seus clientes montam.

Foi assim que a Intel se tornou um fornecedor de chipsets e placas-mãe, que constituem uma proporção muito mais crítica do valor agregado e do desempenho de um computador do que o microprocessador sozinho. A Nypro, Inc., uma moldadora por injeção personalizada de componentes plásticos de precisão cuja história examinaremos mais adiante neste livro, seguiu uma estratégia de crescimento semelhante e se tornou um grande fabricante de cartuchos de impressora a jato de tinta, computadores, dispositivos sem fio portáteis e produtos médicos. A capacidade da Nypro de moldar estruturas complexas com precisão é interdependente de suas habilidades para simplificar a montagem.

A Bloomberg L. P. fez a mesma coisa, abrindo caminho até a cadeia de valor de Wall Street. Começou fornecendo dados simples sobre os preços dos títulos e, posteriormente, integrou-se na previsão, automatizando grande parte das análises. A Bloomberg permitiu que um exército de pessoas acessasse *insights* que antes apenas analistas financeiros altamente experientes poderiam obter. A Bloomberg continuou a integrar a previsão usando informações históricas, de modo que os gerentes de portfólio agora podem executar a maioria das negociações de seus terminais Bloomberg em uma rede de comunicações eletrônicas (ECN) de propriedade da própria empresa sem precisar de um corretor ou de uma bolsa de valores. Os emissores de certos títulos do governo agora podem até leiloar seus títulos para investidores institucionais dentro do sistema patenteado da Bloomberg. Fornecedores de back-end como First Data e State Street desfrutam de uma posição semelhante em relação aos bancos comerciais. As respeitadas instituições de Wall Street estão sofrendo disrupção e sendo esvaziadas, e elas nem percebem isso porque terceirizar o back-end com muitos ativos é uma obrigatoriedade atraente que parece boa, uma vez que a linha de frente se tornou modular e comoditizada.

A competência principal, como é usada por muitos gestores, é uma noção perigosamente voltada para dentro. *Competitividade é muito mais sobre fazer o que os clientes valorizam do que fazer o que você acha que é bom.* E permanecer competitivo como a base das mudanças de concorrência requer necessariamente vontade e capacidade de aprender coisas novas, em vez de se apegar com esperança às glórias do passado. O desafio para os titulares é reconstruir o barco estando no mar, no lugar de se desmantelar entre as tábuas de madeira enquanto alguém constrói um barco novo e mais rápido com o qual se lança ao mar como destroços.

O que gestores sedentos por crescimento podem fazer nessas situações? De muitas formas, o processo é inevitável. Montadoras de produtos modulares devem, ao longo do tempo, lançar ativos para reduzir os custos e melhorar os retornos: a pressão do mercado financeiro deixa os gestores com poucas alternativas. No entanto, saber que é provável que isso aconteça dá a esses mesmos gestores a oportunidade de possuir ou adquirir, e gerenciar como negócios separados e orientados ao crescimento, os fornecedores de componentes ou subsistemas que estão posicionados para abrir seu caminho até a cadeia de valor. Essa é a essência da patinação para onde o dinheiro estará.[13]

Bom o Suficiente, Não Bom o Suficiente e o Valor das Marcas

Os executivos que procuram evitar a comoditização muitas vezes contam com a força de suas marcas para manter a lucratividade, mas elas também se tornam comoditizadas e descomoditizadas. As marcas são mais valiosas quando criadas nos estágios da cadeia de valor agregado, onde as coisas ainda não são boas o suficiente. Quando os clientes ainda não têm certeza se o desempenho de um produto será satisfatório, uma marca bem trabalhada pode entrar e fechar parte da lacuna entre aquilo de que eles precisam e o que temem que possam ter se comprarem o produto de um fornecedor de reputação desconhecida. O papel de uma boa marca em fechar essa lacuna é aparente no preço premium que os produtos de marca conseguem comandar em algumas situações. Mas com uma lógica semelhante, a capacidade das marcas de comandar preços premium tende a atrofiar quando o desempenho de uma classe de produtos de vários fornecedores é claramente mais do que adequado.

Quando ocorre uma superação, a capacidade de gerar lucratividade atraente por meio de uma marca valiosa geralmente migra para os pontos da cadeia de valor agregado em que as coisas se transformaram em uma situação "ainda não boa o suficiente". Muitas vezes, serão os subsistemas que definem o desempenho dentro do produto ou na interface do varejo quando é a velocidade, a simplicidade e a conveniência de obter exatamente o que você quer que não são boas o suficiente. Essas mudanças definem as oportunidades na identidade da marca.

Por exemplo, nas primeiras décadas da indústria de computadores, o investimento em sistemas de mainframe complexos e não confiáveis era uma tarefa angustiante para a maioria dos gestores. Como a capacidade de manutenção da IBM era insuperável, a marca IBM tinha o poder de comandar preços premium de 30% a 40% em relação a equipamentos comparáveis. Nenhum diretor de TI corporativo foi demitido por comprar da IBM. A Hewlett-Packard comandava preços premium semelhantes.

Como as marcas da Intel e do Microsoft Windows roubaram o valioso poder de marca da IBM e da Hewlett-Packard nos anos 1990? Isso aconteceu quando os computadores chegaram a ter funcionalidade e confiabilidade suficientes para o uso comercial convencional e as arquiteturas modulares e padrão do setor ficaram predominantes nesses níveis do mercado. Nesse ponto, o microprocessador interno e o sistema operacional não se tornaram bons o suficiente, e o *locus* das marcas poderosas migrou para esses novos locais.

A migração do poder da marca em um mercado composto de vários níveis é um processo, não um evento. Assim, as marcas de empresas com produtos patenteados normalmente fazem um mapeamento de valor ascendente a partir de sua posição na trajetória de melhoria — para aqueles clientes que ainda não estão satisfeitos com a funcionalidade e a confiabilidade do melhor que está disponível. Mas no mapeamento descendente a começar desse mesmo ponto — em direção ao mundo dos produtos modulares, onde velocidade, conveniência e capacidade de resposta impulsionam o sucesso competitivo —, o poder de criar marcas lucrativas migra para longe do produto final, indo em direção aos subsistemas e ao canal.[14]

Isso aconteceu com os caminhões pesados. Houve um tempo em que a valiosa marca Mack estava no próprio caminhão. Os caminhoneiros pagavam muito pela Mack, com um buldogue no capô. A Mack conseguiu sua confiabilidade de destaque com sua arquitetura interdependente e extensa integração vertical. À medida que as arquiteturas dos grandes caminhões ficaram modulares, como sempre, os compradores passaram a se importar muito mais se havia um motor Cummins ou Caterpillar do que se o caminhão era montado pela Paccar, pela Navistar ou pela Freightliner.

O vestuário é outro setor em que o poder da marca começou a migrar para um estágio diferente da cadeia de valor agregado. Como em outros lugares, isso aconteceu porque uma nova base de concorrência redefiniu o que não é bom o suficiente. Uma geração atrás, a maioria das marcas valiosas estava nos produtos. Os jeans da Levi's e as camisas Gant, por exemplo, desfrutaram de cotas de mercado fortes e rentáveis porque muitos dos produtos concorrentes não eram tão robustos. Esses produtos de marca eram vendidos em lojas de departamento, o que anunciava sua capacidade exclusiva de vender as melhores marcas em roupas.

Mas nos últimos quinze anos, a qualidade das roupas de inúmeros fabricantes foi assegurada, já que os produtores em países com baixo custo de mão de obra melhoraram suas capacidades de produzir tecidos e roupas de alta qualidade. A base da concorrência no setor de vestuário mudou como consequência. Varejistas especializados roubaram uma fatia significativa do mercado das lojas de departamento gerais porque seu mix de mercadorias focado permite que os clientes que segmentam encontrem o que desejam de forma mais rápida e conveniente. O que não é bom o suficiente em certos níveis do setor de vestuário mudou da qualidade do produto para a simplicidade e a conveniência da experiência de compra. Assim, grande parte da capacidade de criar e manter marcas de valor migrou do produto para o canal porque, no presente, é o canal que aborda a parte do valor agregado que ainda não é bom o suficiente.[15] Nem sequer questionamos quem faz os vestidos da Talbot's, os suéteres da Abercrombie & Fitch ou os jeans da Gap e da Old Navy. Grande parte do vestuário vendido nesses canais carrega a marca do canal, não o fabricante.[16]

Uma Visão do Futuro da Indústria Automobilística pelas Lentes deste Modelo

A maioria de nossos exemplos de comoditização e descomoditização foi retirada do passado. Para mostrar como essa teoria pode ser usada para ver no futuro, esta seção discute como essa transformação está em andamento na indústria automobilística, iniciando uma transferência em massa da capacidade de obter lucros atraentes no futuro para longe dos fabricantes de automóveis e em direção a alguns de seus fornecedores. Até o poder de cultivar marcas valiosas provavelmente migrará para os subsistemas. É possível que essa transformação levará uma década ou duas para ser totalmente realizada, mas assim que você sabe o que procurar, é fácil ver que os processos já estão em andamento de forma irreversível.

A funcionalidade de muitos automóveis ultrapassou o que os clientes nos principais mercados podem utilizar. Os proprietários do Lexus, da BMW, da Mercedes e do Cadillac provavelmente estarão dispostos a pagar preços premium por tudo mais nos próximos anos. Porém nos níveis de mercado repletos de modelos de preços médio e baixo, os fabricantes de automóveis acabam tendo de adicionar mais e melhores recursos apenas para manter sua participação de mercado, e eles tentam convencer os clientes a pagar preços mais elevados por essas melhorias. A confiabilidade de modelos como o Camry da Toyota e o Accord da Honda é tão extraordinária que os carros geralmente saem de moda muito antes de se desgastarem. Como resultado, a base da concorrência, o que não é bom o suficiente, está mudando em muitos níveis do mercado de automóveis. Para o mercado, velocidade é importante. Considerando que costumava levar cinco anos para projetar um novo modelo de carro, hoje leva dois. Competir personalizando recursos e funções para as preferências dos clientes em nichos de mercado menores é outro fato. Nos anos 1960, não era incomum que as vendas de um único modelo excedessem 1 milhão de unidades por ano. Hoje o mercado é muito mais fragmentado: volumes anuais de 200 mil unidades são atraentes. Alguns fabricantes agora prometem que você pode entrar em uma concessionária, encomendar um carro personalizado e ele será entregue em cinco dias, mais ou menos o tempo de resposta da Dell Computer.

Para competir em velocidade e flexibilidade, as montadoras estão evoluindo para arquiteturas modulares de seus modelos principais. Em vez de projetar e unir exclusivamente componentes individuais adquiridos em centenas de fornecedores, a maioria das empresas de automóveis agora adquire subsistemas de uma base muito mais restrita de fornecedores de "nível um" dos subsistemas de frenagem, direção, suspensão e cockpit interno. Grande parte dessa consolidação na base de fornecedores foi impulsionada pelas oportunidades de economia de custos que ela oferece — oportunidades que muitas vezes foram identificadas e quantificadas por empresas de consultoria analiticamente astutas.

As montadoras norte-americanas integradas foram forçadas a se desintegrar para competir com a velocidade, a flexibilidade e a estrutura de custos gerais reduzidos que esse novo mundo exige. A General Motors, por exemplo, desmembrou suas operações de componentes em uma empresa de capital aberto separada, a Delphi Automotive, e a Ford desmembrou suas operações de componentes como a Visteon Corporation. Portanto, a mesma coisa está acontecendo na indústria automobilística como foi nos computadores: a superação precipitou uma mudança na base da concorrência, que precipitou uma mudança na arquitetura, o que forçou as empresas dominantes e integradas a se desintegrar.

Ao mesmo tempo, a arquitetura está ficando progressivamente mais interdependente dentro da maioria dos subsistemas. Os modelos a preços mais baixos no mercado precisam de um melhor desempenho de seus subsistemas, a fim de competir com modelos e marcas de custo mais elevado nos níveis de mercado acima. Se a Kia e a Hyundai usassem sua base de fabricação coreana de baixo custo para conquistar o nível subcompacto do mercado e simplesmente ficassem lá, a concorrência acabaria com os lucros. Elas devem subir, e uma vez que suas arquiteturas se tornaram modulares, a única forma de fazer isso é ser alimentado por subsistemas cada vez melhores.

As novas arquiteturas interdependentes de muitos subsistemas estão forçando os fornecedores de nível um a serem menos flexíveis em sua interface externa. Os designers de automóveis estão cada vez mais precisando adaptar seus projetos às especificações dos subsistemas, assim como os fabricantes de computadores desktop precisam adequar os designs de seus computadores às interfaces externas do microprocessador da Intel e do sistema operacional da Microsoft. Como consequência, esperamos que a capacidade de ter lucros atraentes provavelmente migre das montadoras de automóveis para os fornecedores de subsistemas.[17]

No Capítulo 5, relatamos como os negócios de PC da IBM terceirizaram seu microprocessador para a Intel e seu sistema operacional para a Microsoft, a fim de serem rápidos e flexíveis. No processo, a IBM ficou no local onde o dinheiro estava — projetar e montar o sistema de computadores — e colocou em operação as duas empresas que estavam posicionadas onde o dinheiro estaria. A General Motors e a Ford, com o incentivo de seus consultores e banqueiros de investimento, acabaram fazendo a mesma coisa. Elas tiveram de separar os estágios verticais em suas cadeias de valor a fim de ficar a par da mudança na base da concorrência. Mas elas desmembraram as partes da atividade de valor agregado onde o dinheiro estará ficando onde o dinheiro estava.[18]

Essas descobertas têm implicações generalizadas para os gestores que buscam construir negócios NGT bem-sucedidos e aqueles que buscam manter os negócios atuais robustos. O poder de capturar lucros atraentes mudará para as atividades na cadeia de valor onde o cliente imediato ainda não está satisfeito com a performance dos produtos disponíveis. É nessas etapas que ocorre uma integração complexa e interdependente — as atividades que criam uma economia de escala mais acentuada e permitem um maior diferencial. Os retornos atraentes se afastam das atividades onde o cliente imediato está mais do que satisfeito, porque é lá que a integração modular padrão ocorre. Esperamos que, ao descrever o processo nesses termos, possamos ajudar os gestores a prever com mais precisão onde surgirão novas oportunidades de crescimento lucrativo por meio de produtos patenteados. Essas transições começam nas trajetórias de melhoria onde os disruptores atuam e prosseguem no mercado de ponta, nível por nível. Esse processo cria oportunidades para as novas empresas que estão integradas nessas interfaces "não boas o suficiente" prosperarem e crescerem "abrindo seu caminho" a partir do back-end de um sistema final. Os gerentes de empresas líderes do setor precisam observar atentamente nos lugares certos para detectar essas tendências à medida que elas começam, porque os processos de comoditização e descomoditização começam na periferia, não no centro.

Apêndice: A Lei da Conservação dos Lucros Atraentes

Tendo descrito esses ciclos de comoditização e descomoditização em termos de produtos, agora podemos fazer uma afirmação mais geral sobre a existência de um fenômeno geral que chamamos de lei da conservação dos lucros atraentes. Nosso amigo Chris Rowen, CEO da Tensilica, nos apontou a existência dessa lei, cuja denominação foi inspirada pelas leis da conservação de energia e matéria que tão carinhosamente lembramos de estudar nas aulas de física. Formalmente, a lei da conservação dos lucros atraentes afirma que na cadeia de valor há uma justaposição necessária de arquiteturas modulares e interdependentes, e de processos recíprocos de comoditização e descomoditização, que existe para otimizar o desempenho do que não é bom o suficiente. A lei afirma que, quando a modularidade e a comoditização fazem com que os lucros atraentes desapareçam em um estágio da cadeia de valor, a oportunidade de obter lucros atraentes com produtos patenteados geralmente surge em um estágio adjacente.[19]

Primeiro, ilustramos como essa lei opera examinando dispositivos portáteis, como o BlackBerry RIM e o Palm Pilot, que constituem a mais recente onda de disrupção na indústria de computação. A funcionalidade desses produtos ainda não é adequada e, como consequência, suas arquiteturas são interdependentes. Isso ocorre sobretudo no BlackBerry, porque sua capacidade de estar "sempre ligado" exige um uso extraordinariamente eficiente de energia. Devido a isso, os engenheiros do BlackBerry não podem incorporar um microprocessador Intel genérico em seus dispositivos. Ele tem muito mais capacidade do que é necessário. Em vez disso, eles precisam de um design de microprocessador modular — um sistema no chip que é personalizado e configurado para o BlackBerry —, de modo a não desperdiçar espaço, energia ou custo em uma funcionalidade que não é necessária.

O microprocessador deve ser modular e compatível para permitir que os engenheiros otimizem o desempenho do que não é bom o suficiente, que é o próprio dispositivo. Note que é a situação oposta à de um computador desktop, no qual é o microprocessador que não é bom o suficiente. A arquitetura do computador deve, portanto, ser modular e compatível para permitir que os engenheiros otimizem o desempenho do microprocessador. Assim, um lado ou outro deve ser modular e compatível para permitir a otimização do que não é bom o suficiente com uma arquitetura interdependente.

De maneiras semelhantes, os softwares de aplicação escritos para serem executados nos sistemas operacionais Windows da Microsoft precisam estar em conformidade com a interface externa do Windows; já o sistema operacional Linux é modular e compatível para otimizar o desempenho do software que é executado nele.

Descobrimos que essa "lei" é uma maneira útil de visualizar onde o dinheiro migrará na cadeia de valor em vários setores. É explorado em maior profundidade no livro de Clayton Christensen, Scott Anthony e Erik Roth, *Seeing What's Next* (Boston: Harvard Business School Press, 2004).

Essa lei também nos ajudou a entender a justaposição dos produtos modulares com os serviços interdependentes, porque os serviços prestados com os produtos são capazes de passar por ciclos semelhantes de comoditização e descomoditização, com consequentes implicações para onde a rentabilidade atraente migrará.

Observamos anteriormente que, quando a funcionalidade e a confiabilidade de um produto se tornam mais do que boas o suficiente, a base da concorrência muda. O que se torna não bom o suficiente é a velocidade de comercialização e a capacidade rápida e ágil de configurar os produtos para as necessidades específicas dos clientes em segmentos de mercado cada vez mais direcionados. A interface com o cliente é o lugar na cadeia de valor onde a capacidade de se destacar nessa nova dimensão da concorrência é determinada. Assim, as empresas integradas de forma patenteada em toda a interface com o cliente podem competir nessas dimensões não boas o suficiente de forma mais eficaz (e ser recompensadas com melhores margens) do que as empresas que interagem com seus clientes apenas de uma maneira "modular" e a distância. Nessa circunstância, as empresas que integram a interface do varejo com o cliente também podem ter lucros acima da média.

Portanto, não diríamos que a Dell Computer é uma empresa não integrada, por exemplo. Pelo contrário, a Dell está integrada na interface não boa o suficiente com o cliente. A empresa não está integrada nas interfaces modulares "mais do que boas o suficiente" entre os componentes dentro de seus computadores. A Figura 6-2 resume de forma simplificada como os pontos lucrativos da integração patenteada migraram na indústria de computadores pessoais.

No lado esquerdo do diagrama, que representa os primeiros anos da indústria de computadores desktop, quando a funcionalidade do produto era extremamente limitada, a Apple Computer, com sua arquitetura patenteada e modelo de negócios integrado, era a empresa mais bem-sucedida e tinha lucros atraentes. As empresas que forneceram os componentes e os materiais para a Apple, e os varejistas independentes e distantes que vendiam os computadores, não estavam em uma posição tão atraente. No final dos anos 1990, os processos de comoditização e descomoditização transferiram os pontos em que a integração patenteada poderia criar uma vantagem competitiva patenteada para a interface de varejo com o cliente (Dell) e as interfaces dentro dos subsistemas (Intel e Microsoft).

FIGURA 6-2

O *locus* de mudança da vantagem na cadeia de valor do processo da indústria de PCs

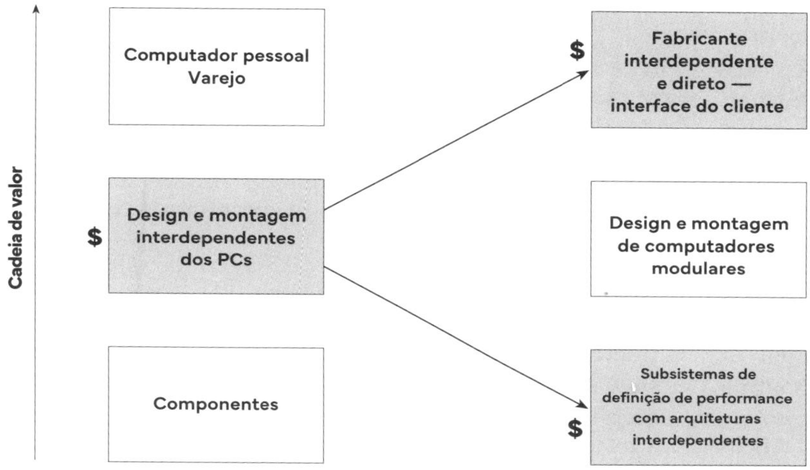

Acreditamos que esse é um fator importante que explica por que a Dell Computer teve mais sucesso do que a Compaq na década de 1990. A Dell foi integrada em uma importante interface não boa o suficiente, enquanto a Compaq não. Também esperamos que uma análise adequada dos custos mostre que os lucros da Dell com operações de varejo são muito maiores do que os lucros de suas operações de montagem.

NOTAS

1. Há duas formas de pensar na cadeia de valor de um produto ou um serviço. Ela pode ser conceituada em termos de seus processos, ou seja, as etapas de valor agregado necessárias para criá-lo ou entregá-lo. Por exemplo, os processos de design, fabricação de componentes, montagem, marketing, vendas e distribuição são processos genéricos em uma cadeia de valor. Também pode ser pensada em termos de componentes, ou a "lista de materiais" que entram em um produto. Por exemplo, o bloco do motor, o chassi, os sistemas de frenagem e os subconjuntos eletrônicos que entram em um carro são componentes de sua cadeia de valor. É útil ter em mente ambas as formas

de pensar sobre uma cadeia de valor, uma vez que as cadeias também são "fractais", ou seja, são igualmente complexas em todos os níveis de análise. Especificamente, para determinado produto que passa pelos processos que definem sua cadeia de valor, vários componentes devem ser usados. No entanto, cada componente que é usado tem sua própria sequência de processos pelos quais deve passar. A complexidade de analisar a cadeia de valor de um produto é irredutível em essência. A questão é em qual nível de complexidade se deseja focar.

2. Essa discussão se baseia muito na estrutura de cinco forças do professor Michael Porter e sua caracterização da cadeia de valor. Veja Michael Porter, *Estratégia Competitiva* (Elsevier Editora) e *Competitive Advantage* (Nova York: Free Press, 1985). Os analistas geralmente usam a estrutura de cinco forças de Porter para determinar quais empresas em um sistema de valor agregado podem exercer o maior poder de se apropriar do lucro de outras. De muitas maneiras, nosso modelo nos Capítulos 5 e 6 fornece uma sobreposição dinâmica em seu modelo de cinco forças, sugerindo que a intensidade dessas forças não é invariante ao longo do tempo. Ele mostra como o poder de capturar uma parcela acima da média do lucro da indústria provavelmente migrará para diferentes estágios da cadeia de valor de maneira previsível em resposta aos fenômenos que descrevemos aqui.
3. Como uma observação geral, quando você examina o que parece ser o auge da maioria das grandes empresas, esse foi (ou é) um período em que a funcionalidade e a confiabilidade de seus produtos ainda não atendiam um grande número de clientes. Como resultado, elas tinham produtos com arquiteturas patenteadas e os fabricavam com vantagens de custo grandes e competitivas. E mais, quando introduziram produtos novos e melhores, os produtos novos puderam sustentar um preço premium porque a funcionalidade não era ainda boa o suficiente e estes podiam atender melhor o que era necessário. Isso pode ser dito para o sistema telefônico Bell; os caminhões da Mack; o equipamento de terraplanagem da Caterpillar; as fotocopiadoras da Xerox; os celulares da Nokia e da Motorola; os microprocessadores da Intel; os sistemas operacionais da Microsoft; os roteadores da Cisco; as empresas de consultoria de TI da EDS ou da IBM; a Harvard Business School; e muitas outras empresas.
4. No texto a seguir, usaremos o termo *subsistema* para significar, geralmente, a montagem de componentes e materiais que fornece uma parte da funcionalidade necessária para que um sistema de uso final seja operacional.
5. Mais uma vez, vemos ligações com a noção do professor Michael Porter de que existem duas estratégias "genéricas" viáveis: diferenciação e baixo custo (veja o Capítulo 2, nota 12). Nosso modelo descreve o mecanismo que faz com que nenhuma dessas estratégias seja sustentável. O diferencial é destruído pelo mecanismo que leva à modularização e à desintegração. As estratégias de baixo custo só são viáveis enquanto os concorrentes de baixo custo não tiverem capacidade suficiente para suprir os clientes em determinado nível da demanda do mercado. O preço é definido na interseção das curvas de oferta e demanda — no custo de caixa do produtor marginal. Quando o

produtor marginal é um disruptor de custo mais alto, os disruptores de baixo custo podem ter lucros atraentes. Mas quando os concorrentes de alto custo se vão e toda a demanda do mercado pode ser suprida por fornecedores igualmente de baixo custo de produtos modulares, então o que era uma estratégia de baixo custo se torna uma estratégia de custo igual.

6. Nem todos os componentes ou subsistemas de um produto contribuem para os atributos de desempenho específicos de valor para os clientes. Aqueles que impulsionam o desempenho que importa são os componentes ou os subsistemas "definidores do desempenho". No caso de um computador pessoal, por exemplo, o microprocessador, o sistema operacional e os aplicativos têm sido os subsistemas que definem o desempenho.

7. As estimativas dos analistas de quanto do dinheiro da indústria ficou com as montadoras de computadores e quanto "vazou" para os fornecedores de back-end ou do subsistema são resumidas em "Deconstructing the Computer Industry", *BusinessWeek,* 23 novembro 1992, 90–96. Como observamos no apêndice deste capítulo, esperamos que muito do lucro da Dell venha de suas operações de varejo direto ao cliente, não da montagem do produto.

8. Com apenas alguns segundos de reflexão, é fácil ver que o setor de gestão de investimentos sofre com o problema de categorização nas linhas definidas pelo setor que são irrelevantes para a rentabilidade e o crescimento. Daí, fundos de investimento são criados para "empresas de tecnologia", e outros fundos o são para "empresas de saúde". Dentro desses portfólios, estão os disruptores e quem sofre a disrupção, empresas à beira da comoditização e da descomoditização, e assim por diante. Michael Mauboussin, chefe de investimentos estrategista do Credit Suisse First Boston escreveu recentemente um artigo sobre esse assunto. Ele se baseia no modelo de construção da teoria que resumimos na introdução deste livro, e sua aplicação no mundo dos investimentos é muito perspicaz. Veja Michael Mauboussin, "No Context: The Importance of Circumstance-Based Categorization", *The Consiliant Observer,* Nova York: Credit Suisse First Boston, 14 janeiro 2003.

9. Os nossos leitores familiarizados com a indústria de unidade de disco podem ver uma contradição entre nossa afirmação de que muito do dinheiro na indústria foi ganho na fabricação de cabeçote e disco e o fato de que os principais fabricantes de cabeçote e disco, como Read-Rite e Komag, não prosperaram. Eles não prosperaram porque a maioria dos principais fabricantes de unidades de disco, particularmente a Seagate, integrou-se à sua própria produção de cabeçotes e discos para que pudesse capturar o lucro, em vez dos fornecedores independentes.

10. A IBM tinha um volume rentável em unidades de 3,5 pol., mas estava nos níveis de maior capacidade desse mercado, onde a capacidade não era boa o suficiente e os designs dos produtos, portanto, tinham de ser interdependentes.

11. Um relato mais completo desses desenvolvimentos foi publicado em Clayton M. Christensen, Matt Verlinden e George Westerman, "Disruption, Disintegration and the Dissipation of Differentiability", *Industrial and* Corporate *Change* 11, nº 5 (2002): 955–993. Os primeiros documentos de

trabalho da Harvard Business School que resumiram essa análise foram escritos e circularam amplamente em 1998 e 1999.

12. Usamos deliberadamente os verbos no presente e no futuro neste parágrafo. A razão é que, no momento em que este relato foi escrito e submetido aos editores, essas declarações eram previsões. Posteriormente, as margens brutas nos negócios de unidade de disco de 2,5 pol. da IBM se deterioraram significativamente, como este modelo previu. No entanto, a IBM optou por vender todo seu negócio de unidades de disco para a Hitachi, dando a outra empresa a oportunidade de vender componentes lucrativos e com possibilidades de desempenho para essa classe de unidades.
13. Escrevemos em outro lugar que a Harvard Business School terá uma oportunidade extraordinária de executar exatamente essa estratégia na educação de gestão se ela a aproveitar. Harvard escreve e publica a grande maioria dos estudos de caso e muitos dos artigos que os professores das escolas de administração têm usado como componentes em cursos cuja arquitetura é de design interdependente. Como o treinamento de gestão no trabalho e as universidades corporativas (que são montadoras não integradas de cursos modulares) fazem disrupção nos programas tradicionais de MBA, Harvard tem uma grande oportunidade de mudar seu modelo de negócios com seu braço editorial e vender não apenas estudos de caso e artigos como componentes básicos, mas também subsistemas de valor agregado como módulos. Estes devem ser planejados para tornar simples para os instrutores de gestão no ambiente corporativo montar um ótimo material personalizado, entregá-lo exatamente quando necessário e ensiná-lo de forma convincente. (Veja Clayton M. Christensen, Michael E. Raynor e Matthew Verlinden, "Skate to Where the Money Will Be", *Harvard Business Review,* novembro 2001.)
14. Isso sugeriria, por exemplo, que o poder de marca da Hewlett-Packard seria um forte mapeamento acima para os clientes ainda não satisfeitos na trajetória de melhoria em que seus produtos estão posicionados. E sugere que a marca HP seria muito mais fraca, em comparação com as marcas da Intel e da Microsoft, mapeando abaixo a partir desse mesmo ponto para clientes mais satisfeitos.
15. Estamos em dívida com uma das alunas de MBA de Harvard do professor Christensen, Alana Stevens, pelos muitos *insights* que ela desenvolveu em um trabalho de pesquisa intitulado "A House of Brands or a Branded House?" Stevens observou que o poder da marca está migrando gradualmente dos produtos para os canais em diversas categorias de varejo. Fabricantes de alimentos de marca e produtos de cuidados pessoais, como Unilever e Procter & Gamble, por exemplo, lutam pelas marcas com seus canais todos os dias, porque muitos de seus produtos são mais do que bons o suficiente. Na Grã-Bretanha, marcas disruptivas de canais como a Tesco e a Sainsbury's venceram decisivamente essa batalha depois de começarem nos preços mais baixos em cada categoria e, depois, subirem. Nos Estados Unidos, os produtos de marca se agarraram com mais tenacidade ao espaço de prateleira, mas muitas vezes com o custo de taxas exorbitantes de alocação. A migração de marcas em categorias suficientemente boas está bem encaminhada em canais

como Home Depot e Staples, onde a funcionalidade e a confiabilidade dos produtos se tornaram mais do que boas o suficiente, e é a simplicidade e a conveniência de compra e uso que não são boas o suficiente, então o poder da marca começou a migrar para o canal cujo modelo de negócios está entregando essa dimensão ainda não atendida.

A Procter & Gamble parece estar seguindo uma estratégia sensata ao lançar uma série de disrupções no novo mercado que, simultaneamente, fornecem o combustível necessário para os esforços de seus canais a fim de ir para o mercado de ponta e preservar o poder da P&G de manter a marca premium no produto. O sistema de limpeza a seco da marca Dryel, por exemplo, é uma novidade no mercado porque permite que os indivíduos façam por si mesmos algo que, historicamente, apenas um profissional mais caro poderia fazer. A limpeza a seco não é boa o suficiente, então o poder de construir uma marca lucrativa provavelmente residirá no produto por algum tempo. Além disso, assim como os produtos eletrônicos com circuito integrado da Sony permitiram que os comerciantes de desconto competissem com as lojas de eletrodomésticos, a Dryel da P&G oferece ao Wal-Mart um veículo para entrar no mercado de ponta e começar a competir com os estabelecimentos de limpeza a seco. A P&G está fazendo a mesma coisa com a introdução do sistema de clareamento de dentes da marca Crest, uma disrupção no novo mercado de um serviço que historicamente só poderia ser fornecido por profissionais. Agradecemos a um dos ex-alunos do professor Christensen, David Dintenfass, gerente global de marca da Procter & Gamble, por nos apontar isso.

16. Quando compartilhamos essas hipóteses com os alunos, alguns dos mais estilosos perguntaram se isso se aplica também às marcas de alta moda, como Gucci, e em categorias de produtos como cosméticos. Aqueles que nos conhecem provavelmente observaram que nos vestir com produtos elegantes e de marca não é um trabalho que tentamos fazer em nossa vida. Confessamos não termos ideia sobre o mundo da alta moda. Provavelmente ele continuará lucrativo para sempre. Quem somos nós para saber?
17. Permanecer competitivo no nível da cadeia de valor definida pelo processo que as montadoras de automóveis atuais dominam provavelmente exigirá que elas se movam em direção a novas estruturas de distribuição — uma integração das cadeias de suprimentos e das interfaces de clientes de uma maneira que explore com eficiência a modularidade do produto em si. Como isso pode ser feito e suas implicações no desempenho são explorados em profundidade no estudo da Deloitte Research "Digital Loyalty Networks".
18. Os nossos leitores que acreditam na eficiência dos mercados de capitais e na capacidade dos investidores de diversificar seus portfólios não verão nenhuma tragédia nessas decisões. Após essas cessões, os acionistas das duas gigantes automobilísticas se viram donos de ações em empresas que projetam e montam carros, e em empresas que fornecem subsistemas com desempenho. Como escrevemos este livro para os gestores em empresas como a General Motors e a Ford, caracterizamos essas decisões como infelizes.

19. Dizemos "geralmente" aqui porque há exceções (a maioria, mas não todas, provando a regra). Observamos no texto deste capítulo, por exemplo, que dois estágios modulares de valor agregado podem ser justapostos, pois os chips de memória DRAM se encaixam em computadores pessoais modulares. E há casos em que duas arquiteturas interdependentes precisam ser integradas, como quando o software de planejamento de recursos corporativos de empresas como a SAP precisa ser intercalado nos processos de negócios interdependentes das empresas. O fato de que nenhum dos lados é modular e configurável é o que torna as implementações SAP tão técnicas e organizacionalmente exigentes.

CAPÍTULO SETE

SUA ORGANIZAÇÃO CONSEGUE TER UM CRESCIMENTO DISRUPTIVO?

Quem devemos escolher para administrar os negócios NGT? Qual unidade organizacional da empresa será melhor ao construir um negócio de crescimento bem-sucedido em torno dessa ideia em particular e quais unidades provavelmente serão um fiasco? Qual a melhor forma de estruturar a equipe que desenvolve e lança esse produto? Quando a criação de uma organização autônoma é importante para o sucesso e quando é loucura? Como podemos prever exatamente o que uma unidade organizacional é capaz e incapaz de realizar? Como criamos novas capacidades?

Um número crescente de inovações fracassa não por causa de uma falha tecnológica fatal ou porque o mercado não está pronto. Elas fracassam porque a responsabilidade de construir esses negócios é dada aos gestores ou às organizações cujas capacidades não estão à altura da tarefa. Os executivos cometem esse erro porque, na maioria das vezes, as próprias habilidades que levam uma organização a ter sucesso em circunstâncias sustentáveis estragam sistematicamente as melhores ideias para o crescimento disruptivo. As *capacidades* de uma organização se tornam suas *deficiências* quando a disrupção está em andamento.[1] Este capítulo mostra uma teoria para orientar os executivos à medida que eles escolhem uma equipe de gestão e constroem uma estrutura organizacional que, juntas, serão capazes de construir um negócio GNT de sucesso. Também descreve como as escolhas dos gestores e da estrutura devem variar segundo as circunstâncias.

Recursos, Processos e Valores

O que realmente significa o tão flexível termo *capacidade*? Achamos útil desdobrar o conceito de capacidades em três classes ou conjuntos de fatores que definem o que uma organização pode ou não realizar (seus recursos, seus processos e seus valores), um tríptico que chamamos de estrutura RPV. Embora cada termo exija uma definição e uma análise cuidadosas, juntos descobrimos que eles fornecem uma maneira poderosa de avaliar as capacidades e as deficiências de uma organização de modos que podem tornar muito mais provável o sucesso da inovação disruptiva.[2]

Recursos

Os recursos são os mais tangíveis dos três fatores na estrutura RPV. Eles incluem pessoas, equipamentos, tecnologia, designs de produtos, marcas, informações, dinheiro e relacionamentos com fornecedores, distribuidores e clientes. Os recursos geralmente são pessoas ou coisas — eles podem ser contratados e demitidos, comprados e vendidos, depreciados ou construídos. A maioria deles é visível e, muitas vezes, mensurável, então os gestores podem avaliar prontamente seu valor. Os recursos tendem a ser bem flexíveis também: é relativamente fácil transportá-los nos limites das organizações. Um engenheiro que é um colaborador valioso em uma grande empresa pode rapidamente se tornar um colaborador valioso em uma startup. A tecnologia que foi desenvolvida para as telecomunicações pode ser valiosa nos cuidados de saúde. O dinheiro é um recurso muito flexível.

De todas as escolhas de recursos necessárias para construir com sucesso os negócios NGT, a que mais derruba um empreendimento é a escolha de seus gestores. Examinamos inúmeros esforços fracassados para criar negócios NGT e estimamos que, em até metade desses casos, aqueles a par da situação julgam que, em retrospectiva, as pessoas erradas foram escolhidas para liderar o empreendimento.[3] Por que o processo de seleção dos principais recursos gerenciais é tão imprevisível e frustrante?

Por que as Pessoas com as Coisas Certas São, Muitas Vezes, as Pessoas Erradas

Suspeitamos que os erros acontecem quando as empresas escolhem os gestores em qualquer nível, do CEO ao chefe da unidade de negócios e ao gerente de projetos, com base no que chamamos de pensar nas "coisas certas", pegando emprestado o termo do famoso livro *The Right Stuff*, de Tom Wolfe, e do filme de 1983 de mesmo nome.[4] Muitos comitês de busca e contratação de executivos classificam os candidatos por atributos da coisa certa. Eles presumem que os gestores de sucesso podem ser identificados usando-se frases como "bom comunicador", "orientado a resultados", "decisivo" e "boas habilidades pessoais". Muitas vezes, eles procuram uma sequência ininterrupta de sucessos do passado para prever que mais sucessos estão disponíveis. A teoria em uso é a de que, se você encontrar alguém com um histórico e os atributos certos, a pessoa poderá gerenciar com sucesso o novo empreendimento. Mas na linguagem deste livro, o pensamento da coisa certa entende errado as categorias.[5]

Uma teoria alternativa, baseada em circunstâncias, articulada pelo professor Morgan McCall pode, na nossa opinião, servir como um guia muito mais confiável para os executivos que tentam ter as pessoas certas nas posições certas no momento certo.[6] McCall afirma que as habilidades de gestão e intuição que permitem às pessoas ter sucesso em novas atribuições foram moldadas por suas experiências em tarefas anteriores em suas carreiras. Uma unidade de negócios, portanto, pode ser pensada como uma escola, e os problemas que os gestores enfrentam dentro dela constituem o "currículo" oferecido nessa escola. As habilidades que os gestores podem esperar ter ou não, assim sendo, dependem muito de quais "cursos" eles fizeram ou não quando frequentaram várias escolas da vida.

Os gestores que conseguiram subir a escada de uma unidade de negócios estável — por exemplo, uma divisão que fabrica motores elétricos padrão de alto desempenho para o setor de eletrodomésticos — provavelmente adquiriram as habilidades necessárias para ter sucesso nesse contexto. Os "graduados" dessa escola teriam habilidades operacionais finamente aperfeiçoadas na gestão de programas de qualidade, equipes de melhoria de processos e esforços de controle de custos. Mas até os executivos de produção mais seniores de tal escola provavelmente seriam ruins em iniciar uma *nova* fábrica, porque há problemas muito diferentes em fazer isso do que na execução de uma bem ajustada.

Quando os líderes de uma empresa em crescimento lento decidem que precisam lançar um novo negócio para restaurar a vitalidade, a quem eles devem recorrer para liderar o empreendimento? Um gestor talentoso da atividade principal que demonstrou um histórico de sucesso? Um externo que começou e desenvolveu uma empresa de sucesso? A visão da escola da vida sugere que ambos os gestores podem ser contratações arriscadas. O candidato interno teria aprendido como cumprir os orçamentos, negociar grandes contratos de fornecimento e melhorar a eficiência operacional e a qualidade, mas pode não ter participado de nenhum "curso" ao iniciar um novo negócio em suas atribuições anteriores na carreira. Um empreendedor externo pode ter aprendido muito sobre a criação de novas organizações rápidas, mas teria pouca experiência competindo por recursos e enfrentando processos inadequados dentro de uma cultura operacional estável e orientada para a eficiência.

Para ter certeza de que os gestores desenvolveram as habilidades necessárias para ter sucesso em uma nova tarefa, deve-se examinar os problemas que eles enfrentaram no passado. Não é tão importante que os gestores tenham tido sucesso com o problema quanto é que eles tenham enfrentado e desenvolvido as habilidades e a intuição de como ao responder o desafio com sucesso da próxima vez. Um problema em prever o sucesso futuro a partir do sucesso passado é que os gestores podem ter sucesso por razões que não são de sua própria autoria, e inúmeras vezes aprendemos muito mais com nossos fracassos do que com os sucessos. O fracasso e a recuperação consequente podem ser cursos críticos na escola da vida. Contanto que eles estejam dispostos e sejam capazes de aprender, cometer erros e se recuperar de tais erros, podem dar aos gestores um instinto para melhor navegar o campo minado da próxima vez.

Para ilustrar como as experiências anteriores dos gerentes podem moldar as habilidades que eles trazem para uma nova tarefa, continuaremos a discussão do Capítulo 4 sobre a Pandesic, a famosa *joint venture* entre a Intel e a SAP lançada em 1997 para fazer uma disrupção no novo mercado vendendo software ERP (planejamento de recursos empresariais) para pequenas empresas. A Intel e a SAP escolheram a dedo alguns de seus executivos mais bem-sucedidos e comprovados para liderar o empreendimento.

A Pandesic aumentou para cem funcionários em oito meses e rapidamente montou escritórios na Europa e na Ásia. Em um ano, anunciou quarenta parcerias estratégicas com empresas como Compaq, Hewlett-Packard e Citibank. Os executivos da Pandesic anunciaram corajosamente seu primeiro produto antes do lançamento para alertar os possíveis concorrentes para ficarem longe do mercado de pequenas empresas. A empresa assinou acordos de distribuição e implementação com as mesmas empresas de consultoria de TI que eram parceiras de canal capazes nos sistemas de grandes empresas da SAP. O produto, inicialmente destinado a ser um software ERP simples entregue a pequenas empresas pela internet, evoluiu para uma solução de ponta a ponta completamente automatizada. A Pandesic foi um fracasso espetacular. Vendeu muito poucos sistemas e fechou as portas em fevereiro de 2001, depois de ter gasto mais de US$100 milhões.

É fácil explicar o fracasso depois do fato acontecido. Os parceiros de canal da Pandesic não estavam motivados a vender o produto porque ele era disruptivo ao seu modelo econômico. A empresa rapidamente aumentou as despesas para ter uma presença global, na esperança de dar um salto maior para ter volume. Mas isso aumentou drasticamente o volume necessário para equilibrar. O produto evoluiu para uma solução complexa, em vez do software simples de pequenas empresas originalmente imaginado. Seus recursos foram especificados e bloqueados antes que um único cliente pagador usasse o produto.

A equipe Pandesic fez muitas coisas erradas, com certeza. Mas a questão realmente interessante não é *o que* eles fizeram de errado. É como gestores tão capazes, experientes e respeitados, entre os melhores que a Intel e a SAP tinham a oferecer, cometeram tais erros.

Para ver como os gestores com ótimos históricos puderam conduzir um empreendimento de modo tão errado, vejamos suas qualificações para a tarefa do ponto de vista das escolas da vida. Isso pode ser feito em três etapas. Primeiro, imagine-se na Pandesic no primeiro dia, quando os executivos concordaram em iniciar esse empreendimento disruptivo. Com apenas previsão e nenhuma retrospectiva, quais desafios ou problemas você poderia prever com muita certeza que esse empreendimento teria? Veja alguns dos problemas que podemos saber que enfrentaríamos:

- Sabemos que não temos certeza se nossa estratégia está certa e ainda temos de descobrir qual seria, chegar a um consenso e construir um negócio em torno disso.
- Não sabemos como o mercado deve ser segmentado. "Pequenas empresas" provavelmente não está certo e "indústria vertical" provavelmente também não. Temos de descobrir quais trabalhos os clientes tentam fazer e, em seguida, planejar produtos e serviços que fazem esse trabalho.
- Precisamos encontrar ou criar um canal de distribuição que será fortalecido pela oportunidade de vender esse produto.
- A empresa-mãe repassará presentes como despesas gerais, requisitos de planejamento e ciclos orçamentários. Precisaremos aceitar alguns e afastar outros.
- Precisamos nos tornar rentáveis e devemos gerenciar percepções e expectativas para que a empresa-mãe continue a fazer os investimentos necessários para impulsionar nosso crescimento lucrativo.

Agora, como uma segunda etapa, aplicaremos a teoria de McCall. Liste os cursos que gostaríamos que os membros da equipe de gestão da Pandesic tivessem feito nas primeiras atribuições de carreira na escola da vida — com as quais teriam desenvolvido intuição e habilidade para entender e gerenciar esse conjunto de problemas previsíveis. Essa listagem de experiências deve constituir uma "especificação de contratação" para a equipe de gestão sênior. Em vez de especificar um conjunto de atributos da coisa certa, a primeira etapa especifica as circunstâncias em que a nova equipe será solicitada a gerenciar. A segunda etapa combina essas circunstâncias e os desafios que os gestores do novo empreendimento já tiveram.

Gostaríamos, no exemplo da Pandesic, de um CEO que no passado lançou um empreendimento pensando que tinha a estratégia certa, percebeu que não estava funcionando e, em seguida, iterou em direção a uma estratégia que deu certo. Gostaríamos de um executivo de marketing que soubesse como o mercado emergente foi estruturado, ajudasse a moldar um novo pacote de produtos e serviços que fizesse um trabalho importante para os clientes que não eram consumidores, e assim por diante.

Com essa lista completa, nossa terceira etapa seria comparar esse conjunto de experiências e perspectivas necessárias com as experiências nos currículos dos gestores que lideraram a Pandesic. Apesar de seus extraordinários antecedentes na gestão das operações globais de empresas de muito sucesso, nenhum dos executivos contratados para executar esse empreendimento havia enfrentado qualquer um desses problemas antes. As escolas da vida que eles frequentaram lhes ensinaram como gerenciar enormes e complexas organizações globais que atendiam a mercados estabelecidos com linhas de produtos bem definidas. Nenhum jamais tentou conseguir uma posição inicial no mercado com um produto disruptivo.[7]

Um dos dilemas mais frustrantes que as corporações estáveis enfrentam quando procuram retomar o crescimento lançando novos negócios é que suas escolas da vida internas ofereceram poucos cursos preciosos nos quais os gestores poderiam ter aprendido a lançar novos negócios disruptivos. De muitas formas, os gestores nos quais os executivos corporativos mais confiam porque entregaram consistentemente os resultados necessários nos negócios principais não podem ser confiáveis para liderar a criação do novo crescimento. Os executivos do RH nessa situação precisam arcar com um grande fardo. Eles precisam monitorar onde, nas escolas da vida da corporação, os cursos necessários podem ser criados e garantir que os gestores promissores tenham a oportunidade de ser adequadamente instruídos antes de solicitados a assumir o comando de um negócio NGT. Quando os gestores com a formação necessária não podem ser encontrados internamente, eles precisam garantir que a equipe de gestão, como um composto equilibrado, tenha dentro dela as perspectivas necessárias das escolas da vida certas. Voltaremos a esse desafio mais adiante neste capítulo.

Encontrar gestores que foram adequadamente formados é um primeiro passo crítico ao montar as capacidades necessárias para ter sucesso. Mas é apenas o primeiro passo, porque as capacidades das organizações são uma função de recursos, não de pessoas, e de elementos que vão além dos recursos, a saber, processos e valores. Veremos isso agora.

Processos

As organizações criam valor à medida que os funcionários transformam os insumos de recursos — o trabalho de pessoas, equipamentos, tecnologia, designs de produtos, marcas, informações, energia e dinheiro — em produtos e serviços de maior valor. Os padrões de interação, coordenação, comunicação e tomada de decisão pelos quais elas realizam essas transformações são os *processos*.[8] Os processos incluem as maneiras como os produtos são desenvolvidos e feitos e os métodos pelos quais a aquisição, a pesquisa de mercado, o orçamento, o desenvolvimento e a remuneração dos funcionários e a alocação de recursos são realizados.

Os processos diferem não apenas em seu propósito, mas também em sua visibilidade. Alguns processos são "formais", no sentido de que são explicitamente definidos, visivelmente documentados e conscientemente seguidos. Outros processos são "informais", na medida em que são rotinas habituais ou formas de trabalho que evoluíram ao longo do tempo, que as pessoas adotam simplesmente porque trabalham ou porque "... É assim que fazemos as coisas por aqui". Ainda outros métodos de trabalho e interação provaram ser tão eficazes por tanto tempo que as pessoas inconscientemente os seguem — eles constituem a cultura da organização. No entanto, se são formais, informais ou culturais, os processos definem como uma organização transforma insumos em coisas de maior valor.[9]

Os processos são definidos ou evoluem de fato para lidar com tarefas específicas. Quando os gestores usam um processo para executar as tarefas para as quais ele foi projetado, é provável que seja executado com eficiência. Mas quando o mesmo processo, aparentemente eficiente, é empregado em uma tarefa muito diferente, diversas vezes parece burocrático e ineficiente. Em outras palavras, um processo que define uma *capacidade* de executar determinada tarefa simultaneamente define as *deficiências* na execução de outras tarefas.[10] Em contraste com a flexibilidade de muitos recursos, os processos, por sua própria natureza, não devem mudar. Eles são estabelecidos para ajudar os funcionários a executar tarefas recorrentes de forma consistente, repetidas vezes. Uma razão pela qual as organizações focadas funcionam tão bem é que seus processos estão sempre alinhados com as tarefas.[11]

Gestores inovadores muitas vezes tentam iniciar negócios NGT usando processos que foram planejados para fazer o negócio principal funcionar com eficiência. Eles sucumbem a essa tentação porque o novo jogo começa antes de o antigo terminar. As inovações disruptivas costumam se enraizar no segmento mais baixo dos mercados ou em novos planos de concorrência em um momento em que o negócio principal ainda está no auge, quando seria loucura revolucionar tudo. Parece mais simples ter processos genéricos para fazer as coisas, mas, *muitas* vezes, a causa da falha de um novo empreendimento é que os processos errados foram usados para construí-lo.

Os processos mais cruciais a examinar geralmente não são os de valorização óbvios envolvidos na logística, no desenvolvimento, na fabricação e no atendimento ao cliente. Em vez disso, são os processos de viabilização ou, em segundo plano, que apoiam as decisões de investimento. Estes incluem como a pesquisa de mercado é sempre feita, como essa análise é traduzida em projeções financeiras, como os planos e os orçamentos são negociados, como os números são entregues etc. Esses processos estão onde residem as deficiências mais graves de muitas organizações na criação de negócios de crescimento disruptivo.

Alguns desses processos são difíceis de observar, portanto, pode ser bem difícil julgar se os processos da organização principal facilitarão ou impedirão um negócio NGT. Você pode ter um bom palpite, no entanto, perguntando se a organização teve situações ou tarefas semelhantes no passado. Não esperaríamos que uma organização tivesse desenvolvido um processo para realizar uma tarefa específica se não tivesse abordado repetidamente uma tarefa como essa antes. Por exemplo, se uma organização formulou repetidamente planos estratégicos para empresas estabelecidas nos mercados existentes, então um processo que os planejadores seguem na formulação de tais planos provavelmente se combinará, e os gestores seguirão instintivamente esse processo. Mas se essa organização não formulou repetidamente planos para competir nos mercados que ainda não existem, é seguro supor que nenhum processo para fazer tais planos existe.[12]

Valores

A terceira classe de fatores que afetam o que uma organização pode ou não realizar são seus valores. Alguns valores corporativos têm um tom ético, como aqueles que orientam as decisões para garantir o bem-estar do paciente na Johnson & Johnson ou que orientam a segurança da fábrica na

Alcoa. Mas na estrutura do RPV, *eles* têm um significado mais amplo. Os valores de uma organização são os padrões pelos quais os funcionários tomam decisões de priorização, aqueles pelos quais eles julgam se um pedido é atraente ou pouco atraente, se determinado cliente é mais importante ou menos do que outro, se uma ideia para um novo produto é atraente ou marginal, e assim por diante.[13]

Funcionários em todos os níveis tomam decisões de priorização. Nos níveis executivos, essas decisões, muitas vezes, assumem a forma de investir ou não em novos produtos, serviços e processos.[14] Entre os vendedores, eles consistem nas decisões diárias sobre para quais clientes eles ligarão, quais produtos empurrarão para esses clientes e quais produtos não enfatizarão. Quando um engenheiro faz uma escolha de design ou há um cronograma de produção para colocar um pedido na frente de outro, isso é uma decisão de priorização.

Quanto maior e mais complexa uma empresa se torna, mais importante é que os gerentes seniores treinem os funcionários em todos os níveis, agindo de forma autônoma, para tomarem decisões de priorização consistentes com a direção estratégica e o modelo de negócios da empresa. É por isso que os executivos seniores de sucesso passam tanto tempo articulando valores claros e consistentes que são amplamente compreendidos em toda a organização. Ao longo do tempo, os valores de uma empresa devem evoluir para se adequar à sua estrutura de custos ou à sua demonstração de resultados, porque, para que a empresa sobreviva, os funcionários *devem* priorizar as coisas que a ajudam a ganhar dinheiro da forma como está estruturada para tanto.

Enquanto os recursos e os processos geralmente são *facilitadores* que definem o que uma organização *pode* fazer, os valores geralmente representam as *restrições*, eles definem o que a organização *não pode* fazer. Se, por exemplo, a estrutura dos custos gerais de uma empresa exige que ela alcance margens de lucro bruto de 40%, uma regra poderosa de valor ou decisão terá evoluído incentivando os funcionários a não propor, e os gerentes seniores a eliminar, ideias que prometem margens brutas abaixo de 40%. Tal organização seria *incapaz* de ter sucesso em negócios de baixa margem, porque você não pode ter sucesso com uma iniciativa que não pode ser priorizada. Ao mesmo tempo, os valores de uma organização diferente, moldados em torno de uma estrutura de custos muito diferente, podem permitir que ela conceda alta prioridade ao mesmo projeto. Essas diferenças criam as assimetrias de motivação que existem entre quem faz e quem recebe a disrupção.

Com o tempo, os valores das empresas de sucesso tendem a evoluir de forma previsível em pelo menos duas dimensões. A primeira diz respeito a margens brutas aceitáveis. À medida que as empresas atualizam seus produtos e serviços para capturar clientes mais atraentes em níveis premium de seus mercados, elas geralmente adicionam custos indiretos. Como resultado, margens brutas que em um ponto eram bem atraentes parecerão pouco atraentes em um ponto posterior. Os valores das empresas mudam conforme migram para o mercado de ponta.[15]

A segunda dimensão ao longo da qual os valores podem mudar diz respeito ao tamanho que um negócio tem de ter para ser interessante. Como o preço das ações de uma empresa representa o valor presente com desconto de seu fluxo de lucros projetado, a maioria dos gestores normalmente se sente compelida a manter não apenas o crescimento, mas também uma *taxa* constante de crescimento. Para uma empresa de US$40 milhões crescer 25%, ela precisa encontrar US$10 milhões em novos negócios no próximo ano. Para uma empresa de US$40 *bilhões* crescer 25%, ela precisa encontrar US$10 *bilhões* em novos negócios no próximo ano. Uma oportunidade que empolga uma organização pequena simplesmente não é o suficiente para ser interessante para uma organização muito grande. Uma das recompensas amargas do sucesso é, de fato, que, ao passo que as empresas ficam grandes, elas literalmente perdem a capacidade de entrar em pequenos mercados emergentes. Seu tamanho e sucesso colocam recursos extraordinários à sua disposição. No entanto, elas não podem implantar esses recursos nos pequenos mercados disruptivos de hoje que serão os grandes mercados de amanhã, porque seus valores não permitirão.

Executivos e financiadores de Wall Street que projetam megafusões entre empresas já de grande porte, a fim de obter uma redução de custos, precisam levar em conta o impacto dessas ações nos valores das empresas resultantes. Embora as corporações fundidas possam ter mais recursos para lançar no desenvolvimento de novos produtos, suas organizações comerciais tendem a perder o apetite por tudo, exceto pelas maiores oportunidades de sucesso. O grande tamanho representa uma *deficiência* muito real na criação de negócios NGT. Mas, como mostraremos mais adiante neste capítulo, quando as grandes corporações mantêm a flexibilidade para ter pequenas unidades de negócios dentro delas, elas continuam tendo tomadores de decisão que podem ficar animados com as oportunidades que surgem.

A Migração das Capacidades

Nas fases iniciais de um negócio, muito do que é feito é atribuído aos seus *recursos*, em particular às pessoas. A adição ou a saída de algumas pessoas importantes pode ter uma profunda influência em seu sucesso. Com o tempo, as capacidades da organização mudam para seus processos e valores. À medida que as pessoas trabalham juntas com sucesso para lidar com tarefas recorrentes, os processos são definidos. Enquanto o modelo de negócios toma forma e fica claro quais negócios precisam receber a maior prioridade, os valores se fundem. Na verdade, uma das razões pelas quais muitas empresas jovens de produtos interessantes saem do mercado é que o recurso principal e inicial, a equipe fundadora, não institui os *processos* ou os *valores* que podem ajudar a empresa a seguir com uma sequência de novos produtos interessantes.

O sucesso é mais fácil de sustentar quando o *locus* da capacidade de inovar migra com sucesso dos recursos para os processos e os valores. Na verdade, começa a importar menos quais pessoas são designadas para quais equipes de projeto. Nas grandes empresas de consultoria de gestão de sucesso, por exemplo, centenas de novos MBAs se juntam à empresa todos os anos, e quase tantos saem. Mas elas são capazes de realizar um trabalho de alta qualidade ano após ano, porque suas capacidades estão enraizadas em seus processos e valores, e não nos recursos.

Conforme os processos e os valores de uma nova empresa se fundem, as ações e as atitudes do fundador da empresa normalmente têm um impacto profundo. O fundador, muitas vezes, tem opiniões fortes sobre como os funcionários devem trabalhar juntos para tomar decisões e fazer as coisas. Da mesma forma, os fundadores impõem seus pontos de vista sobre quais precisam ser as prioridades da organização. Se os métodos do fundador forem falhos, claro, a empresa provavelmente fracassará. Mas se esses métodos forem úteis, os funcionários experimentarão coletivamente por si mesmos a validade das metodologias e dos critérios da solução de problemas do fundador para a tomada de decisões. À medida que eles usam com sucesso esses métodos de trabalho em conjunto para abordar as tarefas recorrentes, os processos tornam-se definidos. Da mesma forma, se a empresa se torna financeiramente bem-sucedida, priorizando vários usos de seus recursos de acordo com critérios que refletem as prioridades do fundador, os valores da empresa começam a se combinar.

Ao passo que as empresas de sucesso amadurecem, os funcionários presumem gradualmente que as prioridades que eles aprenderam a aceitar, e as formas de fazer as coisas e os métodos de tomar decisões que empregaram com tanto sucesso, são a maneira correta de trabalhar. Uma vez que os membros da organização começam a adotar formas de trabalho e critérios para tomar decisões por suposição, em vez de uma decisão consciente, então esses processos e valores passam a constituir a *cultura* da organização.[16] Conforme as empresas crescem de alguns funcionários para centenas e milhares, o desafio de fazer com que todos eles concordem sobre o que precisa ser feito e como deve ser feito, para que os trabalhos certos sejam realizados repetidamente e de forma consistente, pode intimidar até mesmo os melhores gestores. A cultura é uma poderosa ferramenta de gestão nessas situações. Ela permite que os funcionários ajam de forma autônoma e os faz agir com consistência.

Assim, a localização dos fatores mais poderosos que definem as capacidades e as deficiências de uma organização migra ao longo do tempo, de recursos para processos e valores visíveis e conscientes, depois para a cultura. Quando as capacidades da organização residem principalmente no seu pessoal, mudar para resolver novos problemas é algo relativamente simples. Mas quando as capacidades residem nos processos e nos valores e, *especialmente*, quando se tornam incorporadas na cultura, a mudança pode se tornar extraordinariamente difícil.

Toda mudança organizacional implica mudança nos recursos, nos processos ou nos valores, ou em alguma combinação destes. As ferramentas necessárias para gerenciar cada um desses tipos de mudança são diferentes. Além disso, as organizações estabelecidas normalmente têm a oportunidade de criar negócios NGT, e a consequente necessidade de utilizar diferentes recursos, processos e valores, em um momento em que o negócio principal ainda é muito saudável — quando os executivos *não* devem mudar os recursos, os processos e os valores que permitem que as principais atividades sustentem seu sucesso. Isso requer uma abordagem muito mais personalizada para gerenciar a mudança do que muitos gestores sentiram ser necessário, como discutiremos a seguir.[17]

Selecionando a Base Organizacional Certa para um Novo Negócio Disruptivo

Observamos no Capítulo 2 que os líderes em exercício em um setor quase *sempre* saem vitoriosos em batalhas de tecnologia sustentável, enquanto historicamente quase sempre *perderam* as batalhas de disrupção. A estrutura RPV das capacidades organizacionais nos ajuda a ver por que o histórico das empresas líderes difere tanto entre essas duas tarefas. Os líderes do setor desenvolvem e introduzem tecnologias sustentáveis repetidas vezes: no estudo da indústria de unidades de disco de computador que foi a base do livro *O Dilema da Inovação,* 111 das 116 novas tecnologias eram sustentáveis. Ano após ano, à medida que as empresas estabelecidas introduzem produtos novos e aprimorados para ter vantagem sobre a concorrência, elas refinam os processos para avaliar o potencial tecnológico e verificar as necessidades de seus clientes por tecnologias alternativas sustentáveis. Em outras palavras, as organizações desenvolvem uma *capacidade* de inovação sustentável que reside em seus processos. Os investimentos em tecnologia sustentável também se encaixam nos valores das empresas líderes, porque prometem maiores margens de lucro com produtos melhores ou custo reduzido.[18]

Por outro lado, as inovações disruptivas ocorrem de modo tão intermitente que nenhuma empresa tem um processo praticado para lidar com elas. Além disso, como os produtos disruptivos normalmente prometem menor lucro bruto por unidade vendida e não podem ser usados pelos melhores clientes, as disrupções são inconsistentes com os valores das empresas líderes. As empresas estabelecidas têm os *recursos* (engenheiros, dinheiro e tecnologia) necessários para ter sucesso em tecnologias sustentáveis e disruptivas. Mas seus processos e valores constituem *deficiências* em seus esforços para ter sucesso na inovação disruptiva.

Em contraste, empresas menores e disruptivas são realmente mais capazes de buscar mercados em crescimento emergentes. Elas não têm recursos, mas isso não as limita. Seus valores podem abranger pequenos mercados e suas estruturas de custo podem acomodar margens menores por unidade vendida. Seus processos menos formais de pesquisa de mercado e alocação de recursos permitem que os gestores procedam intuitivamente, em vez de ser apoiados por uma pesquisa e uma análise cuidadosas. Todas essas vantagens se somam a enormes oportunidades ou desastres iminentes, dependendo de sua perspectiva. Os executivos que criam negócios NGT, portanto, precisam fazer mais do que designar gestores que estiveram nas escolas da vida certas para o problema. Eles devem garantir que a responsabilidade por tornar o empreendimento bem-sucedido seja dada a uma organização cujos processos facilitem o que precisa ser feito e cujos valores possam priorizar essas atividades. A teoria é a de que os requisitos de uma inovação precisam se encaixar nos processos e nos valores da organização anfitriã, ou a inovação não terá sucesso.

Em muitos aspectos, a estrutura RPV é uma forma de pensar por meio de *qualquer* tipo de gestão da mudança. Uma mudança envolve a criação de novos recursos, novos processos ou novos valores. É raro que a mudança por atacado em qualquer uma dessas dimensões seja justificada em uma empresa de sucesso, porque geralmente os recursos, os processos e os valores existentes apoiam os negócios estabelecidos e saudáveis, mesmo que novos recursos, processos e valores sejam necessários para dar suporte àqueles que estão surgindo. Se os executivos param de usar políticas genéricas de um processo e uma organização para todos os tipos de inovações, eles podem melhorar muito as probabilidades de que seus empreendimentos de crescimento tenham sucesso.

A Figura 7-1 mostra uma estrutura para ajudar os gestores a decidir quando podem explorar os recursos organizacionais atuais e quando devem criar ou adquirir novos recursos para lançar um negócio NGT. O eixo vertical esquerdo na Figura 7-1 mede até que ponto os processos existentes — os padrões de interação, comunicação, coordenação e tomada de decisão atualmente usados na organização — são os que farão o novo trabalho de modo eficaz. Se o ajuste é bom (em direção à extremidade inferior da escala), o gerente de projetos pode explorar os processos existentes da organização e coordenar o trabalho feito dentro das unidades funcionais existentes. Caso contrário, novos processos e novos tipos de interações da equipe serão necessários.

O eixo horizontal inferior pede aos gestores que avaliem se os valores da organização alocarão os recursos para a nova iniciativa necessários para ser um sucesso. Se houver um ajuste ruim, então os valores da organização principal darão baixa prioridade ao projeto, ou seja, o projeto é potencialmente disruptivo em relação ao seu modelo de negócio.

FIGURA 7-1

Um modelo para encontrar a estrutura e a base organizacionais certas

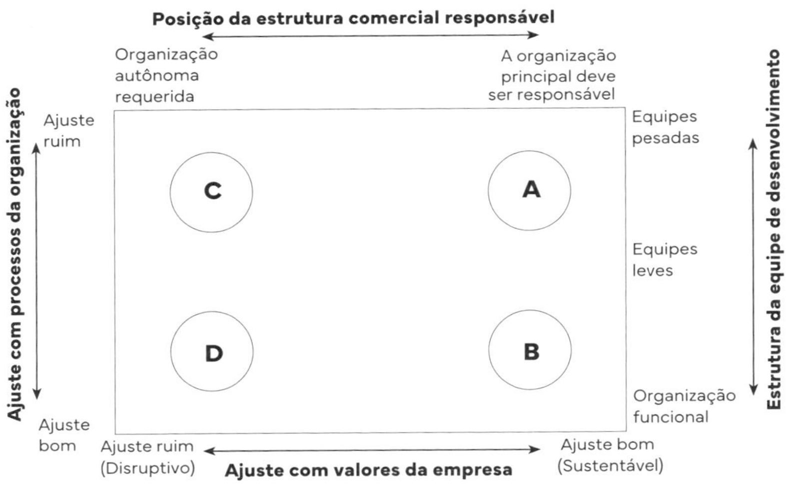

O eixo horizontal superior na Figura 7-1 captura em um continuum o nível de autonomia necessário para uma unidade organizacional tentar explorar uma inovação. Para as inovações disruptivas, a criação de uma organização autônoma para desenvolver e comercializar o empreendimento será absolutamente essencial para seu sucesso. Mas no outro extremo, se há um forte ajuste sustentável, o gestor pode esperar que a energia e os recursos da organização principal se fundam por trás disso porque o projeto é sustentável. Não há razão para trabalhos não convencionais ou cisões em tais casos.

O eixo vertical direito mapeia três estruturas organizacionais que podem ser usadas para explorar ou superar os processos existentes. A equipe de desenvolvimento encarregada de orientar uma inovação para o mercado pode ser *pesada*, *leve* ou *funcional* (tudo definido mais adiante neste capítulo). As quatro regiões na Figura 7-1 integram os desafios de lidar com os diferentes tipos de ajuste com os processos e os valores da organização principal. A região A descreve uma situação em que um gestor é confrontado com uma inovação, mas sendo uma mudança tecnológica sustentável. Ela se encaixa nos valores da organização, mas apresenta-a com diferentes problemas para resolver, portanto, requer novos tipos de interação e coordenação entre grupos e indivíduos. Essa circunstância requer uma equipe de projeto pesada (descrita mais adiante). Na região B, onde o projeto se ajusta aos processos da empresa, bem como aos seus valores, o novo empreendimento pode ser facilmente desenvolvido coordenando as fronteiras funcionais dentro da organização existente. A região C denota uma mudança tecnológica disruptiva que não se encaixa nos processos existentes da organização nem nos valores. Para garantir o sucesso em tais casos, os gestores devem criar uma organização autônoma. A região D tipifica projetos em que produtos ou serviços semelhantes aos da principal precisam ser vendidos dentro de um modelo de negócios fundamentalmente com custos reduzidos. Esses empreendimentos podem alavancar os processos de gestão da logística da organização principal, mas precisam de orçamento, gerenciamento e perfis de lucros e perdas muito diferentes.[19]

Ao usar a Figura 7-1, é importante lembrar que a disrupção é um termo relativo. O que é disruptivo para uma empresa pode ter um impacto sustentável em outra. Por exemplo, a Dell Computer começou vendendo computadores por telefone. Para a Dell, a iniciativa de começar a vender pela internet foi uma inovação *sustentável*. Isso a ajudou a ganhar mais dinheiro na forma como já estava estruturada para tanto. Sem nenhuma surpresa, a Dell adotou o varejo pela internet com muito sucesso. Para a Compaq, a Hewlett-Packard e a IBM, no entanto, o marketing diretamente para os clientes foi bem disruptivo por causa de seu impacto nos parceiros do canal de varejo. Eles não podiam abrir espaço para a distribuição pela internet dentro de suas organizações existentes, portanto, suas tentativas de incorporar esse novo canal tiveram bem menos sucesso. O único jeito de se tornar líderes em marketing de computadores diretamente para os clientes era fazer isso dentro de uma unidade de negócios autônoma e, possivelmente, com uma nova marca.

Da mesma forma, a internet é uma tecnologia sustentável em relação aos varejistas de catálogo, como a Lands' End, e por isso esperamos que eles a incorporem em seus processos existentes. Mas é disruptiva em relação aos varejistas físicos, como a Macy's, que exigiria unidades autônomas para explorar o varejo online de uma maneira que poderia criar um crescimento verdadeiramente disruptivo.[20] Da mesma forma, a internet é uma tecnologia sustentável para os corretores de desconto, como a Ameritrade, e uma tecnologia disruptiva para os corretores *full service*, como a Merrill Lynch.

As organizações não podem fazer disrupção em si mesmas. Então, quando a Merrill Lynch implementou a negociação de ações pela internet dentro de sua principal organização de corretagem, o efeito era essencialmente trazer melhores informações para os corretores *full service* da Merrill, para ajudá-los a fazer um trabalho ainda melhor atendendo às necessidades de seus clientes com patrimônio líquido. O sistema da internet foi moldado como uma tecnologia sustentável em relação à Merrill Lynch, e nenhum outro resultado seria possível. E mais, a Merrill Lynch foi sábia em fazer isso. Seu negócio de corretagem para clientes ricos é um negócio bonito e lucrativo, e a Merrill seria louca se não o tornasse ainda melhor e mais lucrativo.[21] Mas seus executivos não deveriam concluir que lidaram com a ameaça e a oportunidade da corretagem online de desconto apresentada por Charles Schwab. Eles só poderiam fazer isso se adquirissem ou criassem uma unidade autônoma cujos valores ou estrutura de custos os ajudassem a obter lucros atraentes a preços reduzidos.

É uma razão importante para nossa observação no Capítulo 4 de que as empresas estabelecidas tendem a impor ideias disruptivas no mercado principal, forçando-as a competir com o consumo em uma base de tecnologia sustentável. Enquanto as estratégias para desenvolver e comercializar essas inovações disruptivas forem desenvolvidas dentro da organização principal, esse será o único resultado que podemos esperar. Os processos e os valores de uma organização garantem que ela só pode implementar inovações sustentáveis.

Criando Novas Capacidades

O modelo RPV pode ser um guia útil para os executivos que determinam que precisam criar novos recursos porque aqueles que sua organização atualmente tem não são adequados para a criação de negócios NGT. Isso pode ser enquadrado como uma decisão do tipo "fazer ou comprar". Normalmente, enquadramos as decisões de fazer ou comprar como relacionadas a recursos, como treinar os gerentes internamente ou contratá-los de fora.

Mas os processos e os valores também podem ser feitos ou comprados, como a análise a seguir descreve.

Criando a Força de Talentos da Gestão

De muitas maneiras, criar a força de talentos da gestão necessária para lançar uma sequência de negócios NGT é um problema sobre quem vem primeiro: o ovo ou a galinha. Maximizar as probabilidades de sucesso significa identificar gestores capazes, aqui e agora, de enfrentar com sucesso os desafios da construção de novos negócios. Mas para desenvolver gestores para o futuro, as organizações precisam colocar os promissores em situações e responsabilidades para as quais ainda não estão qualificados. É o único modo de eles aprenderem as habilidades necessárias para ter sucesso. Você precisa criar negócios de sucesso para ter o currículo certo dentro de suas escolas da vida internas nas quais os próximos gestores podem aprender. No entanto, ter gestores capazes é um pré-requisito para construir esses negócios em crescimento. Lutar com sucesso nessas dimensões do dilema da inovação é uma responsabilidade crítica de um diretor de RH.

No momento em que uma empresa atinge um tamanho substancial, a maioria dos executivos estabeleceu processos para identificar um grupo de gestores em início de carreira e de alto potencial que deve estar preparado, pronto e esperando, com as habilidades para ter sucesso nas situações que a empresa enfrentará no futuro. Em muitas empresas, os funcionários são escolhidos para essa faixa de gestão de alto potencial com base nas evidências iniciais de atributos corretos. Nessas empresas, recrutar e promover líderes promissores implica peneirar muitas pessoas para encontrar as poucas que têm os atributos desejados e finais de alguma forma inicial.

Mas a teoria da escola da vida diz que o potencial não deve ser medido por atributos, mas sim pela capacidade de *adquirir* os atributos e as habilidades necessários para as situações futuras. Em outras palavras, o talento a ser buscado é a capacidade de aprender o que precisa ser aprendido com as experiências em que o funcionário de alto potencial será instruído no futuro. Ao focar a capacidade de aprender, é possível evitar a armadilha de presumir que o que consta na lista finita de competências importantes para hoje são aquelas que serão necessárias no futuro. Um formulário de avaliação de desempenho voltado para identificar pessoas de alto potencial certamente cobriria os requisitos técnicos e cognitivos básicos, mas *não* exigiria uma classificação nos atributos certos. Ele se concentraria em medidas orientadas para o aprendizado, como "buscar oportunidades para aprender", "buscar e usar o feedback", "fazer as perguntas certas", "olhar as coisas de novas perspectivas" e "aprender com os erros". Alguns atributos de um bom aprendiz aparecerão como conquistas, claro, mas a busca é por determinar se um funcionário está disposto a aprender novas habilidades.

Mas colocar as pessoas nas posições onde aprenderão tem seu próprio dilema. Aquelas que estão "prontas agora", que são consideradas totalmente qualificadas para lidar com determinado trabalho, por definição, têm menos a aprender fazendo. E aquelas que têm mais a aprender trazem menos experiência para a tarefa. McCall observa que, como resultado, muitos gestores intensamente focados em entregar resultados cada vez melhores, muitas vezes, são piores no desenvolvimento da próxima geração da força de talentos da gestão. É preciso disciplina e visão extraordinárias por parte dos executivos seniores para equilibrar a tensão entre implantar funcionários totalmente qualificados para entregar resultados agora *versus* dar oportunidades de aprendizado a funcionários de alto potencial que precisam de mais desenvolvimento. Mas eles devem encontrar esse equilíbrio.

Algumas empresas lidam com essa tensão recorrendo repetidamente aos mercados de trabalho, invadindo outras empresas para buscar pessoas com as habilidades necessárias já a pleno vapor. Voltando aos Capítulos 5 e 6, acreditamos que uma razão para o treinamento de gestão interna estar ficando mais difundido é porque os gestores ainda não têm um bom desempenho. De várias maneiras, os processos de desenvolvimento de gestão interna podem criar uma interface otimizada e interdependente entre as habilidades do gestor e os processos e valores da empresa. Nas situações em que o desempenho da gestão ainda não é bom o suficiente, terceirizar gerentes "modulares" e tentar conectá-los ao sistema complexo e interdependente de recursos, processos e valores de uma empresa costuma não funcionar bem.[22]

Uma empresa que trabalha para desenvolver uma sequência de negócios NGT pode criar um círculo virtuoso no desenvolvimento da gestão. Lançar negócios em crescimento após crescimento cria um conjunto de escolas rigorosas e exigentes nas quais os executivos da próxima geração podem aprender a liderar a disrupção. Já as empresas que apenas esporadicamente tentam criar negócios NGT oferecem aos próximos executivos poucos cursos de que eles precisam para um crescimento sustentável de sucesso.

Criando Novos Processos

O eixo vertical direito na Figura 7-1 mostra o tipo de equipe de desenvolvimento necessária para criar processos apropriados para um negócio NGT. Quando diferentes processos precisam ser criados, isso requer o que os professores da Harvard Business School, Kim Clark e Steven Wheelwright, chamam de *equipe pesada*.[23] O termo se refere a um grupo de pessoas que são retiradas de suas organizações funcionais e colocadas em uma estrutura de equipe que lhes permite interagir em diferentes questões em um ritmo diferente e com diferentes grupos organizacionais do que habitualmente poderiam nos limites das organizações funcionais. As equipes pesadas são ferramentas para criar novos processos ou novas formas de trabalhar juntas. Em contraste, as equipes *leves* ou funcionais são ferramentas para explorar os processos existentes.

Podemos usar os conceitos de interdependência e modularidade do Capítulo 5 para visualizar uma equipe pesada e entender quando é importante criar uma. Quando há uma interface bem definida entre as atividades de duas pessoas ou grupos organizacionais diferentes, o que significa que é possível especificar claramente o que cada um deve entregar, você pode medir e verificar o que elas entregam, e não há interdependências imprevistas entre o que um faz e o que o outro deve fazer em resposta, então essas pessoas e esses grupos podem interagir a distância e não precisam estar na mesma equipe. Quando essas condições *não* são atendidas, todas as interdependências imprevisíveis devem ser incorporadas nos limites de uma equipe pesada. O limite externo da equipe pode ser desenhado onde há interfaces modulares. Novos métodos de trabalho em conjunto podem se unir dentro dessa equipe à medida que ela aborda sua tarefa. Então podem se tornar codificados como processos se a equipe é mantida intacta e aborda uma tarefa semelhante repetidas vezes.[24]

Para terem sucesso, as equipes pesadas devem estar no mesmo local. Os membros da equipe trazem sua *expertise* funcional para o grupo, mas não *representam* os "interesses" de seu grupo funcional na equipe. Suas responsabilidades são simplesmente fazer o que precisa ser feito para que o projeto seja bem-sucedido, mesmo que esse curso de ação não seja ideal para o grupo funcional. Muitas empresas têm usado equipes pesadas com sucesso como um método para criar novos processos. A Chrysler, por exemplo, historicamente estruturou seus grupos de desenvolvimento de produtos em torno de componentes específicos, como sistemas elétricos. Quando a mudança da base da concorrência no setor forçou a Chrysler a acelerar o desenvolvimento de novos automóveis no início dos anos 1990, a empresa organizou suas equipes de desenvolvimento em torno de plataformas como a minivan, em vez de nos subsistemas técnicos. As equipes pesadas que a Chrysler criou não eram tão boas em focar o design de componentes, mas as equipes moldaram novos processos que eram muito mais rápidos e eficientes na criação de designs de carros inteiramente novos. Foi uma realização crítica, pois a base da concorrência mudou. Empresas tão diversas quanto a Medtronic, em marca-passos cardíacos, a IBM, em unidades de disco, e a Eli Lilly, com o Zyprexa, seu medicamento para esquizofrenia, usaram equipes pesadas como veículos para criar processos diferentes e mais rápidos.[25]

Desenhar fluxogramas não cria processos radicalmente diferentes. Pelo contrário, os executivos constroem processos dando a um grupo de pessoas em uma equipe pesada um novo problema que a organização não enfrentou antes. Depois que a equipe aborda o desafio com sucesso, a equipe precisa enfrentar um problema semelhante outras vezes. Em última análise, essa nova forma de trabalhar será incorporada na equipe, depois, pode se difundir por toda a organização.

Criando Novos Valores

As empresas podem criar novos critérios de priorização, ou valores, apenas configurando novas unidades de negócios com novas estruturas de custos. Charles Schwab, por exemplo, criou seu empreendimento de corretagem online disruptivo como uma organização completamente autônoma. O preço das negociações online era de US$29,95, em comparação com o preço médio de quase US$70 que Schwab cobrava por negociações executadas com seus corretores por telefone e no escritório. A unidade separada foi realmente disruptiva para a tradicional. Cresceu tão rápido que em dezoito meses a empresa decidiu dobrar para a nova organização disruptiva o que era a atividade principal. Os valores da corporação, que em nosso modelo são sinônimos de sua estrutura de custos, foram, assim, transformados com o lançamento de uma empresa disruptiva de sucesso. Os valores corporativos de Schwab mudaram quando o negócio disruptivo tirou do lugar a antiga organização, cujos valores eram incapazes de priorizar o negócio de crescimento disruptivo.

A razão pela qual uma organização não pode fazer disrupção em si mesma é que as organizações bem-sucedidas *só* podem priorizar naturalmente as inovações que prometem margens de lucro melhores em relação à sua estrutura de custos atual. Para Schwab, portanto, foi muito mais simples criar um novo modelo de negócios que pudesse ter US$29,95 como uma proposta lucrativa do que cortar custos suficientes da organização original para que pudesse ganhar dinheiro no ponto de preço disruptivo. É a melhor maneira de mudar os valores, porque o novo jogo disruptivo quase sempre deve começar enquanto o negócio estabelecido ainda tem um potencial sustentável substancial e lucrativo.

O que significa *autonomia*? Nossa pesquisa sugere que a separação geográfica da atividade principal não é uma dimensão crítica da autonomia. Nem a estrutura de propriedade. Não há razão para que um empreendimento disruptivo não possa ser totalmente de propriedade de sua empresa-mãe. As principais dimensões da autonomia relacionam-se com processos e valores. O negócio disruptivo precisa ter a liberdade de criar novos processos e construir uma estrutura de custos única, a fim de ser rentável conforme cria e vende até mesmo seus primeiros produtos. Julgar sobre quais processos e custos gerais das empresas principais o novo empreendimento deve ou não aceitar é um papel fundamental do CEO na construção de negócios NGT. Voltaremos a isso no Capítulo 10.

Comprando Recursos, Processos e Valores

Os gestores normalmente pensam que a aquisição, em vez de desenvolver um conjunto de capacidades, faz sentido competitivo e financeiro. Infelizmente, o histórico das empresas no desenvolvimento de novas capacidades pela aquisição é assustadoramente irregular. A estrutura RPV pode ser uma forma útil de enquadrar o desafio de integrar as organizações adquiridas. Toda vez que uma empresa obtém outra, compra seus recursos, seus processos e seus valores. Portanto, os gerentes de aquisição precisam começar perguntando: "O que realmente tornou tão cara a empresa que acabei de comprar? Eu justifiquei o preço por causa de seus *recursos* — pessoas, produtos, tecnologia ou posição de mercado? Ou uma parte substancial do seu valor foi criada por seus processos e valores — suas formas únicas de trabalhar e tomar decisões que permitiram à empresa compreender e atender os clientes; desenvolver, fazer e entregar novos produtos em tempo útil; e fazê-lo dentro de uma estrutura de custos que lhe deu o potencial disruptivo?"

Se os processos e os valores da empresa adquirida são os verdadeiros impulsionadores do sucesso, então a última coisa que o gerente de aquisição quer fazer é integrar a empresa na nova organização-mãe. A integração evaporará muitos dos processos e dos valores da empresa adquirida, pois seus gestores são obrigados a adotar a maneira de fazer negócios do comprador e ter suas propostas NGT avaliadas de acordo com os critérios de decisão da empresa compradora. Se seus processos e valores eram a razão de seu sucesso histórico, uma estratégia melhor é deixar o negócio adquirido sozinho e a empresa-mãe infundir seus recursos nos processos e nos valores da empresa adquirida. Essa estratégia, em essência, constitui a verdadeira aquisição de novas capacidades.

Se, por outro lado, os *recursos* da empresa eram a principal razão para a aquisição, então a integração da empresa na empresa-mãe faz muito sentido, basicamente conectando as pessoas adquiridas, os produtos, a tecnologia e os clientes nos processos da empresa-mãe como forma de alavancar os recursos existentes dela.

O modelo RPV pode trazer luz para a aquisição da Chrysler pela Daimler-Benz e seus esforços subsequentes para integrar as duas organizações. A Chrysler tinha poucos recursos que pudessem ser considerados únicos em comparação com seus concorrentes. Grande parte de seu sucesso no mercado nos anos 1990 estava enraizada em seus processos, particularmente no de design de produto com uma equipe pesada, que poderia criar novos designs elegantes em 24 meses. Os valores da Chrysler também valeram muito, porque ela podia projetar e produzir um carro com um quinto do número de funcionários indiretos da Daimler. Qual teria sido a melhor forma para a Daimler alavancar as capacidades adquiridas na Chrysler? Mantendo-a independente e incorporando os recursos da Daimler nos processos da Chrysler e em sua estrutura de custos. Em vez disso, à medida que Wall Street começou a exigir a redução de custos, analistas com pouco senso de processos e menos ainda de valores pressionaram a gestão da Daimler a consolidar as duas organizações para cortar custos. Suspeitamos que a integração das duas empresas comprometerá muitos dos principais processos e valores que tornaram a Chrysler uma aquisição tão atraente.

Por outro lado, muitas das aquisições da Cisco Systems funcionaram bem porque, podemos argumentar, ela manteve os recursos, os processos e os valores na perspectiva certa. A maioria das empresas que a Cisco adquiriu era de pequenas empresas com menos de dois anos: organizações em estágio inicial cujo valor de mercado foi construído principalmente sobre seus recursos, em particular seus engenheiros e produtos. A Cisco tem um processo bem definido e deliberado pelo qual basicamente conecta esses recursos aos processos e aos sistemas da empresa-mãe, e tem um método cuidadosamente cultivado de manter os engenheiros da empresa adquirida felizes na folha de pagamento da Cisco. No processo de integração, a Cisco descartou todos os processos e valores emergentes que vieram com a aquisição, porque não foi por isso que ela pagou. Em algumas ocasiões, quando a empresa adquiriu uma organização maior e mais madura — como sua aquisição da StrataCom em 1996 —, a Cisco não se integrou. Em vez disso, ela deixou a StrataCom sozinha e infundiu recursos substanciais na organização para ajudá-la a crescer a uma taxa mais rápida.[26]

Os Custos de Errar

Grandes oportunidades podem ser perdidas e milhões de dólares desperdiçados quando os gestores têm ideias de alto potencial, mas as colocam em um contexto organizacional inadequado para a tarefa. Dois exemplos conhecidos disso são o esforço do Bank One para criar o WingspanBank. com no final dos anos 1990 e o esforço de F. W. Woolworth para transformar a Woolco em uma varejista líder de descontos na década de 1960. Vejamos isso pela lente dessa teoria.

Wingspan do Bank One

A divisão de cartões de crédito do Bank One, a First USA, trabalhou com uma empresa líder de consultoria de gestão para lançar um banco online chamado Wingspan no final dos anos 1990. Eles definiram o Wingspan como uma organização integral, mas autônoma, que teria clientes e marca separados; portanto, não faria uma pilhagem nos negócios do Bank One. Os criadores da estratégia aparentemente sentiram que a novidade e a natureza disruptiva do banco online significavam que o Wingspan tinha a melhor chance de sucesso como uma empresa separada.

Os testes decisivos no Capítulo 2, no entanto, sugerem que o banco online é uma inovação *sustentável* em relação aos modelos de negócios dos principais bancos de varejo. Os bancos online não podem competir com o não consumo, porque quase todos os proprietários de computadores e usuários nos Estados Unidos já têm contas bancárias. Portanto, uma disrupção no novo mercado simplesmente não é possível: o banco online só pode competir com o consumo. A alternativa disruptiva, a criação de um ataque de baixo custo, exigiria primeiro encontrar um conjunto de clientes sobrecarregados com a funcionalidade e a confiabilidade dos produtos e serviços bancários atuais e, em segundo lugar, implicaria a criação de um modelo de negócio que pode ter lucros atraentes a preços reduzidos necessários para ganhar o negócio dos clientes nos níveis menos exigentes do mercado. Dado os altos custos de publicidade para atrair clientes e sem a vantagem do custo em dinheiro, isso também não é viável.[27]

Como a disrupção é impossível, o banco pela internet só pode ser implantado como uma tecnologia sustentável em relação ao modelo de negócios dos bancos de varejo. De fato, uma parte significativa de seus melhores clientes quer a conveniência, e na maioria dos casos, o custo por transação é menor quando feito pela internet, em comparação com uma agência ou um caixa eletrônico. Por conseguinte, não havia motivos para que o Bank One precisasse fazer esse esforço separadamente. Na verdade, em uma batalha sustentável, as empresas estabelecidas quase sempre vencem.

F. W. Woolworth e o Varejo de Desconto

Em 1962, a F. W. Woolworth, um dos principais varejistas do mundo, estabeleceu sua loja de departamento de descontos, a Woolco, como uma divisão integral, mas administrada de forma autônoma e independente — e deveria ser assim. O varejo de descontos era disruptivo do ponto de vista de valores e exigia processos operacionais fundamentalmente diferentes. As lojas de variedades de Woolworth tinham, em média, 35% de margens brutas e entregavam estoques cerca de 3,4 vezes por ano. O varejo de desconto implicava margens brutas médias de apenas 23%, e, para ter retornos aceitáveis, esses varejistas precisavam entregar estoques cerca de 5 vezes por ano.[28]

Em 1971, os executivos corporativos da Woolworth decidiram integrar as funções de gestão, compra e logística da Woolco de volta no negócio principal da Woolworth, a fim de alavancar esses custos fixos nos volumes de ambas as empresas. O resultado? Dentro de um ano, os valores do negócio principal forçaram as margens da Woolco a subir 34%, e os giros de estoque da Woolco diminuíram quatro vezes, ambas espelhando o modelo de lucro das lojas F. W. Woolworth. A Woolco teve de ser fechada. Muito rápido, assim como vimos com a implementação da corretora de internet da Merrill Lynch, o modelo de negócio com potencial disruptivo simplesmente teve de se adequar aos processos e aos valores da organização onde estava. Como uma lei geral de natureza organizacional, não há outro resultado possível. As organizações não podem fazer disrupção em si mesmas. Os gestores só podem fazer o que faz sentido para eles, dado o contexto em que trabalham. Como uma oportunidade disruptiva, a Woolco precisava permanecer separada. Como uma oportunidade sustentável, o banco pela internet precisava ser integrado ao negócio principal do Bank One.

> Os gestores cujas organizações enfrentam oportunidades para crescer devem primeiro determinar se eles têm as pessoas e outros recursos necessários para ter sucesso. Então, precisam fazer mais duas perguntas: os processos pelos quais o trabalho é feito habitualmente na organização são apropriados a este novo projeto? E os valores da organização darão a esta iniciativa a prioridade de que necessita? As empresas estabelecidas podem melhorar suas chances de sucesso na inovação disruptiva se usam equipes funcionalmente orientadas e pesadas onde cada uma é apropriada e se comercializam as inovações sustentáveis nas organizações tradicionais, mas colocam as disruptivas nas organizações autônomas.

Uma das principais razões pelas quais a inovação bem-sucedida parece difícil e imprevisível é que as empresas geralmente empregam pessoas talentosas cujas habilidades de gestão foram aprimoradas para resolver os problemas de empresas estáveis. E muitas vezes, os gestores são definidos para trabalhar dentro de processos e valores que não foram planejados para a nova tarefa. Em vez de aceitar políticas genéricas, se os executivos gastarem o tempo garantindo que pessoas capazes trabalhem em organizações com processos e valores que correspondem à tarefa, eles criarão um grande ponto de alavancagem para criar com sucesso um novo crescimento.

NOTAS

1. Um dos estudos mais importantes sobre este tema está resumido em Dorothy Leonard-Barton, "Core Capabilities and Core Rigidities: A Paradox in Managing New Product Development", *Strategic Management Journal* 13 (1992): 111–125.
2. Os conceitos deste capítulo tentam se basear em uma respeitada tradição de conhecimento sobre as capacidades das organizações que é conhecida nos círculos acadêmicos como "visão baseada em recursos" (RBV, sigla em inglês) da empresa. Essa tradição vê os recursos como o ativo definidor de uma empresa e busca explicar as diferenças de desempenho e crescimento em termos de diferenças nos complementos dos recursos. Veja, por exemplo, K. R. Conner, "A Historical Comparison of Resource-Based Theory and Five Schools of Thought Within IO Economics: Do We Have a New Theory of the Firm?", *Journal of Management* 17, nº 1 (1991): 121–154. Os trabalhos originais nessa corrente são de E. T. Penrose, *The Theory of the Growth of the Firm* (Londres: Basil Blackwell, 1959); e B. Wernerfelt, "A Resource-Based View of the Firm", *Strategic Management Journal* 5 (1984): 171–180. Um trabalho mais recente inclui M. Peteraf, "The Cornerstones of Competitive Advantage: A Resource-Based View", *Strategic Management Journal* 14, nº 3 (1993): 179–192; e J. Barney, "The Resource-Based Theory of the Firm", *Organization Science* 7, nº 5 (1996): 469.

   Definimos "recursos" muito mais estritamente do que muitos pesquisadores RBV, usando conceitos adicionais, ou seja, processos e valores, para capturar outros elementos constituintes e importantes das capacidades das empresas que alguns optaram por incluir na categoria de recursos. Veja, por exemplo, D. Teece e G. Pisano, "The Dynamic Capabilities of Firms: An Introduction", *Industrial and Corporate Change* 3, nº 3 (1994): 537–556; R. M. Grant, "The Resource-Based Theory of Competitive Advantage", *Cali-*

fornia Management Review 33, nº 3 (1991): 114–135; e J. Barney, "Organizational Culture: Can It Be a Source of Sustained Competitive Advantage?", *Academy of* Management *Review* 11, nº 3 (1986): 656–665. Nossa crença é a de que o que se tornou, em muitos casos, um debate sobre definições do fenômeno é, na verdade, um fracasso de categorização. A estrutura e a teoria apresentadas neste capítulo foram resumidas de forma preliminar em um capítulo adicionado à segunda edição do livro *O Dilema da Inovação*. Esse modelo foi publicado inicialmente em Clayton Christensen e Michael Overdorf, "Meeting the Challenge of Disruptive Change", *Harvard Business Review,* março–abril 2000.

3. As descobertas relatadas pelos psicólogos gerenciais da RHR International corroboram essa estimativa. A RHR informou recentemente que até 40% dos executivos seniores recém-contratados se demitiram, tiveram desempenho significativamente inferior ou foram demitidos dentro de dois anos após assumirem novas posições (*Globe & Mail,* 1º abril 2003, B1).
4. Tom Wolfe, *The Right Stuff* (Nova York: Farrar, Straus, and Giroux, 1979).
5. Consistente com nossas declarações no Capítulo 1 sobre como uma teoria robusta pode trazer previsibilidade para um empreendimento, muitas pesquisas iniciais sobre como contratar as pessoas certas para os trabalhos certos categorizaram os gestores em potencial por seus atributos. Lembre-se de que os primeiros pesquisadores da aviação observaram uma alta correlação entre a posse de atributos, como asas e penas, e a capacidade de voar. Mas eles só conseguiram fazer afirmações sobre *correlação* ou associação, não causalidade. Somente quando os pesquisadores identificam o mecanismo causal fundamental e entendem as diferentes circunstâncias em que os profissionais podem se encontrar, as coisas podem ficar altamente previsíveis. Nesse caso, ter muitos atributos corretos pode estar extremamente correlacionado com o sucesso em uma atribuição, mas não é o mecanismo causal fundamental do sucesso.
6. Morgan McCall, *High Flyers: Developing the Next Generation of Leaders* (Boston: Harvard Business School Press, 1998). Esse livro mostra uma maneira nova e intelectualmente rigorosa de pensar sobre como os gestores aprendem e de avaliar se um gestor é capaz de enfrentar com sucesso os desafios que estão por vir. É altamente recomendável que os profissionais interessados em aprender mais sobre como levar as pessoas certas ao lugar certo no momento certo leiam o livro em sua totalidade.
7. Em um ponto posterior no desenvolvimento do empreendimento, claro, serão *precisos* executivos que tenham feito esses cursos na escola da vida que se relacionam com a escala de um negócio — e, mais adiante ainda, administrar com eficiência uma organização. Uma das razões pelas quais muitos novos empreendimentos acabam após um sucesso inicial de um único produto é que os fundadores não têm a intuição e experiência em criar processos que repetidas vezes podem criar produtos melhores, produzi-los e entregá-los de forma confiável.
8. A caracterização mais lógica e abrangente dos processos que vimos está em David Garvin, "The Processes of Organization and Management", *Sloan*

Management Review, verão 1998. Quando usamos o termo *processos*, queremos que ele inclua todos os tipos de processos que Garvin definiu.

9. Sob vários rótulos, muitos estudiosos exploraram longamente a noção de "processos" como o bloco de construção fundamental da capacidade organizacional e da vantagem competitiva. Talvez entre as obras mais influentes esteja a de R. R. Nelson e S. G. Winter, *An Evolutionary Theory of Economic Change* (Cambridge, MA: Belknap Press, 1982). Nelson e Winter se referem a "rotinas", em vez de processos, mas o conceito fundamental é o mesmo. Eles estabelecem que as empresas criam vantagem competitiva desenvolvendo rotinas melhores do que outras empresas, e que estas são desenvolvidas apenas com a replicação fiel de comportamentos eficazes. Uma vez estabelecidas, as boas rotinas são difíceis de mudar. Veja, por exemplo, M. T. Hannan e J. Freeman, "The Population Ecology of Organizations", *American Journal of Sociology* 82, nº 5 (1977): 929–964.

   Um trabalho subsequente explorou e demonstrou o poder do conceito de processos (chamados, de forma variada, de *capacidades organizacionais, capacidades dinâmicas* e *competências essenciais*) como uma fonte de vantagem competitiva. Exemplos desse trabalho incluem D. J. Collis, "A Resource-Based Analysis of Global Competition: The Case of the Bearings Industry", *Strategic Management Journal* 12 (1991): 49–68; D. Teece e G. Pisano, "The Dynamic Capabilities of Firms: An Introduction", *Industrial and Corporate Change* 3, nº 3 (1994): 537–556; C. K. Prahalad e G. Hamel, "The Core Competence of the Corporation", *Harvard Business Review,* maio–junho 1990, 79–91.

   Nossa visão é a de que, embora esse fluxo de pesquisa tenha sido extremamente perspicaz, como o trabalho sobre a visão baseada em recursos a que nos referimos na nota 3, existe a limitação de expandir a definição de "processo" para incluir todos os determinantes possíveis da vantagem competitiva ou, no interesse da integridade intelectual, excluir de seu escopo de análise importantes elementos das capacidades das empresas. Para ter mais informações, veja A. Nanda, "Resources, Capabilities, and Competencies", em *Organizational Learning and Competitive Advantage,* eds. B. Moingeon e A. Edmondson (Nova York: The Free Press, 1996), 93–120.

10. Veja Leonard-Barton, "Core Capabilities and Core Rigidities".

11. Veja C. Wickham Skinner, "The Focused Factory", *Harvard Business Review,* maio–junho 1974.

12. Chet Huber, que foi o presidente fundador do serviço de telemática OnStar da General Motors, refletiu para nós sobre a importância da distinção entre recursos (pessoas) e processos: "Uma das minhas maiores lições foi perceber que a *empresa* precisava ser empreendedora, e não os *indivíduos* dentro dela. [Os indivíduos] precisavam agir mais como nadadores sincronizados para manter a organização muito bem alinhada." Clayton M. Christensen e Erik Roth, "OnStar: Not Your Father's General Motors (A)", Caso 9-602-081 (Boston: Harvard Business School), 12.

13. O conceito de valores, como definimos o termo aqui, é semelhante às construções de "contexto estrutural" e "contexto estratégico" que surgiram no

trabalho acadêmico sobre o processo de alocação de recursos. Obras importantes nessa tradição incluem J. L. Bower, *Managing the Resource Allocation Process* (Homewood, IL: Richard D. Irwin, 1972) e R. Burgelman, "Corporate Entrepreneurship and Strategic Management: Insights from a Process Study", *Management Science* 29, nº 12 (1983): 1349–1364.

14. O Capítulo 8 examina em maior profundidade o efeito que os valores têm na alocação de recursos e na elaboração de estratégias.
15. Por exemplo, a Toyota entrou no mercado norte-americano com seu modelo Corona, um produto voltado para os níveis de menor preço do mercado. À medida que o nível de entrada no mercado ficou repleto de modelos parecidos da Nissan, da Honda e da Mazda, a disputa entre concorrentes igualmente de baixo custo reduziu as margens de lucro. A Toyota desenvolveu carros mais sofisticados voltados para níveis mais altos do mercado, a fim de melhorar suas margens. Suas famílias de carros Corolla, Camry, 4-Runner, Avalon e Lexus foram introduzidas em resposta às mesmas pressões competitivas: a Toyota manteve suas margens saudáveis ao migrar para o mercado de ponta. No processo, a Toyota teve de adicionar custos à sua operação para projetar, construir e dar suporte aos carros desse calibre. Posteriormente, decidiu sair dos níveis de entrada do mercado, tendo considerado inaceitáveis as margens que poderia obter, dada sua estrutura de custos alterada.

    Recentemente a Toyota introduziu seu modelo Echo em uma tentativa de se relançar no nível de entrada com um carro de US$14 mil que lembra as tentativas periódicas das montadoras norte-americanas de restabelecer posições na ponta baixa do mercado. Para ter sucesso, a gestão da Toyota terá de nadar contra uma corrente muito forte. Uma coisa é a gerência sênior da Toyota decidir lançar esse novo modelo. Mas para implementar essa estratégia com sucesso, muitas pessoas no sistema Toyota, incluindo seus revendedores, terão de concordar que vender mais carros com margens mais baixas é uma maneira melhor para a empresa aumentar os lucros e os valores patrimoniais do que vender mais Camrys, Avalons e Lexus. Somente o tempo dirá com certeza se a Toyota será bem-sucedida em contrariar os valores desenvolvidos da empresa.
16. Veja Edgar Schein, *Organizational Culture and Leadership* (São Francisco: Jossey-Bass, 1988). Nossa descrição do desenvolvimento da cultura de uma organização se baseia muito na pesquisa de Schein.
17. Os profissionais Michael Tushman, de Harvard, e Charles O'Reilly, de Stanford, estudaram profundamente a necessidade de gerenciar as organizações dessa forma para criar o que eles chamam de "organizações ambidestras". À medida que entendemos seu trabalho, eles afirmam que não basta simplesmente separar uma organização autônoma para buscar inovações importantes, mas disruptivas, que não correspondem aos valores da organização principal. A razão é que, com muita frequência, os executivos fazem isso para tirar a disrupção de sua agenda para que possam se concentrar em gerenciar a atividade principal. Para criar uma organização verdadeiramente ambidestra, Tushman e O'Reilly afirmam que as duas organizações diferentes precisam estar localizadas *dentro* de uma unidade de negócios. A

responsabilidade de gerenciar as organizações disruptivas e sustentáveis precisa estar em um nível na organização em que as duas não são tratadas como negócios em um portfólio. Pelo contrário, elas devem estar dentro de um grupo ou uma unidade de negócios cuja gestão tem largura de banda para prestar atenção ao que deve ser integrado e compartilhado entre os grupos e o que deve ser implementado de forma autônoma. Veja Michael L. Tushman e Charles A. O'Reilly, *Winning Through Innovation: A Practical Guide to Leading Organizational Change and Renewal* (Boston: Harvard Business School Press, 2002).

18. Historicamente, algumas startups apoiadas por capital de risco, particularmente em telecomunicações e saúde, seguiram uma estratégia de inovação sustentável, ultrapassando o líder na curva sustentável e, então, vendendo rapidamente para a maior empresa estabelecida na trajetória ascendente atrás delas. Essa estratégia funciona não porque os valores das empresas estabelecidas as impedem de focar a mesma inovação, mas porque seus processos não são tão rápidos quanto os das startups. É uma forma comprovada de obter lucro, mas não é um caminho pelo qual um negócio NGT pode ser criado. Seja com a aquisição do produto, seja superando o concorrente, a empresa estabelecida estará, no fim, oferecendo um produto melhor como parte de sua linha de produtos, e o empreendimento que o desenvolveu primeiro não existirá. As startups compreendem essencialmente as equipes de projetos pesadas, que desenvolvem produtos de maneira autônoma e depois são dissolvidas quando os produtos estão prontos para a comercialização. É um mecanismo pelo qual as empresas estabelecidas com capital próprio e preços atraentes podem pagar pela pesquisa e pelo desenvolvimento com tal capital, em vez de fazendo despesas.
19. O estabelecimento de sua subsidiária Xiameter pela Dow Corning Corporation é um exemplo perfeito dessa situação. A Xiameter é um modelo de negócios de vendas e distribuição de alta confiabilidade e baixo custo que permite que a empresa tenha lucros atraentes em preços de produtos de silicone padrão no nível de *commodities*. Os clientes que precisam de serviços de custo mais alto para orientar suas decisões de compra podem adquirir os silicones por meio da estrutura de vendas e distribuição da Dow Corning.
20. Fazemos essa declaração apenas para ilustrar. No momento da escrita deste artigo, o catálogo e o varejo online estão tão bem estabelecidos como uma onda disruptiva no varejo que, se uma loja de departamentos tentasse criar um grande negócio NGT online, ela seguiria uma estratégia sustentável como concorrente em relação às empresas que criaram o varejo online. Mesmo um gigante como a Macy's provavelmente perderia para as empresas que já estão em uma marcha sustentável na trajetória disruptiva. A aquisição de uma empresa que tem uma forte posição nessa trajetória disruptiva, como a Sears fez quando comprou a Lands' End, é o único modo de as lojas de departamento agora pegarem essa onda.
21. Como a Merrill Lynch, o Goldman Sachs também implementou sistemas de negociação na internet para os clientes existentes dentro de seus negócios de corretagem *full service*. Como consequência, a tecnologia foi implementada de modo a sustentar os valores ou a estrutura de custos dessas unidades

de negócio. Na verdade, a implementação das capacidades de negociação pela internet provavelmente adicionou custo às estruturas das empresas, porque era uma opção adicional e não deslocava o canal de negociação baseado nos corretores tradicionais. Veja Dennis Campbell e Frances Frei, "The Cost Structure and Customer Profitability Implications of Electronic Distribution Channels: Evidence from Online Banking", documento de trabalho, Harvard Business School, Boston, 2002.

22. Um fluxo interessante de pesquisa está chegando à mesma conclusão. Veja, por exemplo, Rakesh Khurana, *Searching for a Corporate Savior: The Irrational Quest for Charismatic CEOs* (Princeton, NJ: Princeton University Press, 2003). Khurana descobriu que trazer para uma empresa gerentes "superstar" conhecidos — aqueles que em nossa linguagem têm muitos dos atributos das coisas certas mais cobiçados em abundância — é algo que fracassa com bem mais frequência do que muitos supõem.
23. Veja Kim B. Clark e Steven C. Wheelwright, "Organizing and Leading Heavyweight Development Teams", *California Management Review* 34 (primavera 1992): 9–28. Os conceitos descritos nesse artigo são muitíssimo importantes. Recomendamos que os gestores interessados nesses problemas o estudem com atenção. Clark e Wheelwright definem uma equipe pesada como aquela cujos membros normalmente são dedicados e estão no mesmo local. A responsabilidade de cada membro não é representar seu grupo funcional na equipe, mas atuar como *gerente geral* para assumir a responsabilidade pelo sucesso de todo o projeto e estar ativamente envolvido nas decisões e no trabalho dos membros que vêm de cada área funcional. À medida que trabalham juntos para concluir o projeto, eles trabalharão novas maneiras de interagir, coordenar e tomar decisões que comporão os novos processos ou as novas capacidades que serão necessárias para ter sucesso na nova empresa em uma base contínua. Essas formas de fazer o trabalho são institucionalizadas conforme o novo negócio ou a linha de produtos cresce.
24. A inovação conceitual e fundamental que leva às conclusões deste parágrafo vem do estudo original de Rebecca M. Henderson e Kim B. Clark, "Architectural Innovation: The Reconfiguration of Existing Systems and the Failure of Established Firms", *Administrative Science Quarterly* 35 (1990): 9–30. É a pesquisa que, a nosso ver, elevou o estado de construção da teoria no processo de pesquisa de categorias baseadas em atributos para categorias baseadas em circunstâncias. Sua ideia essencial é a de que, ao longo de um período de tempo, os padrões de interação, comunicação e coordenação entre os responsáveis por planejar um novo produto (o processo de desenvolvimento do produto que uma empresa segue) virão a espelhar o padrão no qual os componentes do produto interagem dentro da arquitetura do produto. Na circunstância em que a arquitetura permanecer inalterada de uma geração para outra, esse processo habitual facilitará as interações necessárias para o sucesso. Mas na circunstância em que a organização de desenvolvimento precisar mudar a arquitetura significativamente, de modo que pessoas diferentes precisem interagir com pessoas diferentes sobre tópicos diferentes em um momento diferente, o mesmo processo habitual impedirá o sucesso.

De muitas maneiras, o diagnóstico e as recomendações sobre a mudança do processo que estão nos eixos verticais da Figura 7-1 derivam do trabalho de Henderson e Clark. Os diagnósticos e as recomendações sobre os eixos horizontais que se relacionam com os valores da organização derivam do livro *O Dilema da Inovação*, que, por sua vez, se baseia no trabalho dos professores Bower e Burgelman, que citamos em outros lugares. Esse corpo de pesquisa também parece ter elevado o estado da teoria de categorizações baseadas em atributos para teoria baseada em circunstâncias.

25. Observamos uma tendência frustrante entre os gestores ao buscarem soluções genéricas para os desafios que enfrentam, em vez de desenvolverem uma maneira de aplicar soluções adequadas ao problema. Sobre essa questão em particular, alguns gestores parecem ter concluído nos anos 1990 que as equipes pesadas eram a "resposta" e transformaram todas as suas organizações de desenvolvimento em equipes de desenvolvimento pesadas para *todos* os projetos. Depois de alguns anos, a maioria decidiu que as equipes pesadas, embora oferecessem benefícios em termos de velocidade e integração, eram muito caras — então voltaram a organização inteira para o modo leve. Algumas das empresas citadas no texto tiveram esses problemas e não aprenderam como empregar equipes adequadas nas circunstâncias apropriadas.
26. Veja Charles A. Holloway, Steven C. Wheelwright e Nicole Tempest, "Cisco Systems, Inc.: Acquisition Integration for Manufacturing", Caso OIT26 (Palo Alto e Boston: Stanford University Graduate School of Business e Harvard Business School, 1998).
27. Reconhecemos que é uma declaração perigosa de fazer; provavelmente uma declaração mais precisa seria a de que, no momento em que isto foi escrito, ninguém parecia ser capaz de conceber uma estratégia disruptiva viável para o banco online. É possível, por exemplo, que o E*Trade Bank esteja construindo com sucesso um banco disruptivo de baixo custo. Na nota 21, citamos um de uma série de artigos em andamento que a professora Frances Frei, da Harvard Business School, escreveu com vários coautores sobre o impacto do fornecimento de novos canais de atendimento aos clientes. Quando os bancos estabelecidos adicionaram caixas eletrônicos, telefone e serviços online aos clientes, eles não conseguiram interromper os canais antigos de serviço, como atendentes presenciais e agentes de empréstimo. Como consequência, Frei mostrou que a oferta de canais de serviços de menor custo realmente agrega custo, por serem aditivos, e não substitutivos. É possível que o E*Trade Bank, sem a infraestrutura legada e os custos do serviço presencial, possa realmente criar um modelo de negócios cujos custos sejam baixos o suficiente para obter retornos atraentes com os preços reduzidos necessários para conquistar o negócio de clientes sobrecarregados.
28. Os giros de inventário de um varejista não são algo simples de aumentar (veja o Capítulo 2, nota 18). Ao subir, os varejistas carregam uma estrutura relativamente rígida de estoque que se transforma em produtos de margem mais alta, resultando em uma melhoria imediata no ROI. A descida do mercado implica carregar a mesma estrutura rígida de volume de negócios para produtos de margem mais baixa, resultando em um impacto imediato no ROI. É uma parte muito assimétrica do mundo.

CAPÍTULO OITO

GERENCIANDO O PROCESSO DE DESENVOLVIMENTO DA ESTRATÉGIA

Não me diga que apenas a estratégia certa é essencial para o sucesso. Como faço para criar uma estratégia que funcione? Qual processo para formular a estratégia é mais provável que gere uma que levará ao sucesso? É melhor ser pioneiro em um mercado emergente ou ser seguidor quando a topografia do mercado fica mais clara? Quando devemos deixar as inovações surgirem dentro da empresa? Quando e por que devemos dirigir as coisas de cima? Quais aspectos da formulação da estratégia os executivos seniores precisam gerenciar mais de perto?

A maioria das questões sobre estratégia que surgem na criação de um novo negócio diz respeito à substância da estratégia. Os gestores ficam ansiosos para que sua estratégia seja a correta. Mas há uma questão relativa a isso que é ainda mais importante e sobre a qual a maioria deles se esquece de perguntar, e é a razão pela qual muitos empreendimentos acabam com estratégias falhas. Essa questão crucial diz respeito ao *processo* de formulação da estratégia que a equipe de gestão do empreendimento usará para desenvolver e implementar um plano vencedor. Embora os executivos estejam compreensivelmente obcecados por encontrar a estratégia certa, eles podem realmente exercer maior influência gerenciando o processo usado para desenvolver a estratégia, assegurando que o processo certo seja usado nas circunstâncias certas.

Ideias inovadoras sempre surgem em uma condição semipronta, parcialmente formada, como observamos. Posteriormente, elas passam por um processo de modelagem que as transforma no plano de negócios totalmente desenvolvido, com estratégia completa, o que é necessário para ter financiamento. Este capítulo descreve dois processos simultâneos, mas fundamentalmente diferentes, de desenvolvimento estratégico e apresenta uma teoria baseada em circunstância que indica com qual desses processos de gestão se deve contar como a fonte mais confiável de visão estratégica nos diferentes estágios de desenvolvimento do negócio. Em seguida, descreve o funcionamento do processo de alocação de recursos, que é o filtro pelo qual todas as ações estratégicas devem fluir para afetar o curso da empresa. O capítulo termina descrevendo algumas ferramentas e conceitos que os executivos podem usar para gerenciar os processos contínuos de formulação estratégica de modo mais eficaz.

Dois Processos da Formulação da Estratégia

Em toda empresa existem dois processos simultâneos pelos quais a estratégia é definida. A Figura 8-1 sugere que ambos os processos de criação de estratégia (deliberada e emergente) estão sempre operando em toda empresa.[1] O processo deliberado de elaboração de estratégia é consciente e analítico. Muitas vezes, é baseado na análise rigorosa de dados sobre o crescimento do mercado, o tamanho do segmento, as necessidades dos clientes, os pontos fortes e fracos dos concorrentes e trajetórias tecnológicas. Nesse processo, a estratégia costuma ser formulada em um projeto com início e fim distintos e, em seguida, implementada "de cima para baixo". Esperamos que as teorias discutidas neste livro possam ajudar os executivos e seus consultores a elaborar estratégias ainda melhores e deliberadas para criar e sustentar o crescimento do que era possível com os métodos tradicionais de análise de dados.

Estratégias deliberadas são a ferramenta apropriada para organizar a ação se três condições são atendidas. Primeiro, a estratégia deve abranger e abordar corretamente todos os detalhes importantes necessários para o sucesso, e os responsáveis pela implementação devem entender cada detalhe importante na estratégia deliberada da gestão. Em segundo lugar, se a organização deve tomar uma ação coletiva, a estratégia precisa fazer tanto sentido para todos os funcionários, pois eles veem o mundo a partir de seu

FIGURA 8-1

O processo pelo qual a estratégia é definida e implementada

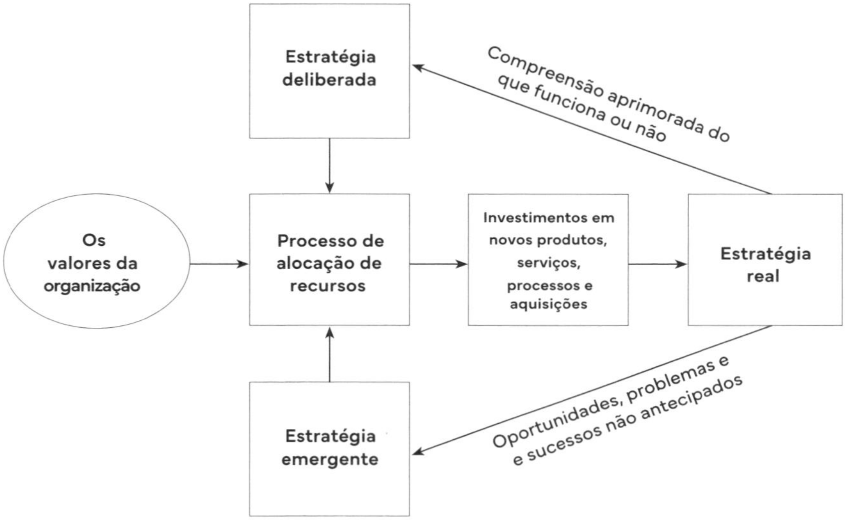

próprio contexto, quanto fazer sentido para a alta administração, a fim de que todos ajam de forma adequada e consistente. Por fim, as intenções coletivas devem ser realizadas com pouca influência não antecipada de forças externas que sejam políticas, tecnológicas ou de mercado. Por ser difícil encontrar uma situação em que todas essas três condições se apliquem, o processo emergente de elaboração de estratégias quase sempre altera a estratégia que a empresa realmente implementa.[2]

A estratégia emergente, que, como descrito na Figura 8-1, brota dentro da organização, é o efeito cumulativo de priorização diária e das decisões de investimento feitas por gerentes intermediários, engenheiros, vendedores e pela equipe financeira. Tendem a ser decisões operacionais táticas do dia a dia que são tomadas por pessoas que não estão em um estado de espírito visionário, futurista ou estratégico. Por exemplo, a decisão de Sam Walton de construir sua segunda loja em outra cidade pequena perto da primeira no Arkansas para ter eficiência logística e gerencial, em vez de construí-la em uma cidade grande, levou ao que se tornou a estratégia brilhante do Wal-Mart de construir lojas de desconto em pequenas cidades que eram grandes o suficiente para se antecipar à capacidade de entrada dos concorrentes. As estratégias emergentes resultam das respostas dos gestores a problemas ou oportunidades imprevisíveis nas etapas de análise e planejamento do processo deliberado de criação da estratégia. Quando a eficácia de uma estratégia desenvolvida por um processo emergente é reconhecida, é possível formalizá-la, melhorá-la e explorá-la, transformando uma estratégia emergente em uma deliberada.

Os processos emergentes deve ser dominantes nas circunstâncias em que o futuro é difícil de ler e não está claro qual deve ser a estratégia correta. Esse é quase sempre o caso nas fases iniciais da vida de uma empresa. No entanto, a necessidade de estratégia emergente surge sempre que uma mudança nas circunstâncias anuncia que a fórmula que funcionou no passado pode não ser tão eficaz no futuro. Por outro lado, o processo da estratégia deliberada deve ser dominante, uma vez que uma estratégia vencedora ficou clara, porque, nessas circunstâncias, a execução eficaz muitas vezes significa a diferença entre o sucesso e o fracasso.[3]

O Papel Essencial da Alocação de Recursos no Processo de Desenvolvimento da Estratégia

A Figura 8-1 traça a confluência desses processos deliberados e emergentes de tomada de decisão na definição da estratégia real. Ideias e iniciativas, de origem deliberada ou emergente, são filtradas pelo processo de alocação de recursos, representado pela caixa central à esquerda na figura. O processo de alocação de recursos determina quais iniciativas deliberadas e emergentes são financiadas e implementadas e quais são recursos negados. A estratégia real se manifesta apenas pelo fluxo de novos produtos, processos, serviços e aquisições para os quais os recursos são alocados.

O processo de alocação de recursos costuma ser complexo e difuso, operando em todos os níveis e o tempo todo. Se os valores que orientam as decisões de priorização na alocação de recursos não estão cuidadosamente ligados à estratégia deliberada da empresa (e muitas vezes não estão), então disparidades significativas podem se desenvolver entre a estratégia deliberada de uma empresa e sua estratégia real. Monitorar, entender e controlar ativamente os critérios pelos quais as decisões diárias de alocação de recursos são tomadas em todos os níveis da organização estão entre os desafios de maior impacto que o gestor pode enfrentar no processo de desenvolvimento da estratégia.

As iniciativas que recebem financiamento e outros recursos do processo de alocação de recursos podem ser chamadas de *ações estratégicas*, em oposição às intenções estratégicas. O presidente da Intel, Andrew Grove, aconselhou: "Para entender as estratégias reais das empresas, preste atenção no que elas fazem, não no que dizem."[4] Em nossa linguagem, isso significa que a estratégia de uma empresa é o que sai do processo de alocação de recursos, não o que entra.

À medida que a empresa faz essas coisas, os gestores enfrentam e respondem a crises e oportunidades inesperadas, e suas experiências retornam ao processo emergente. Conforme os gestores aprendem o que funciona ou não no mercado competitivo, sua melhor compreensão retorna para o processo de estratégia deliberada. Cada decisão de alocação de recursos, por mais leve que seja, molda o que a empresa realmente faz. Isso cria novas oportunidades e novos problemas e gera novas entradas deliberadas e emergentes no processo.

Como funciona esse processo crítico de alocação de recursos? Ele é fortemente impulsionado pelos valores da organização, que, como observado no Capítulo 7, são os critérios pelos quais gestores e funcionários tomam decisões de priorização. A maioria das ideias para o desenvolvimento de novos produtos, serviços e negócios surge dos funcionários na organização. Mas os gerentes intermediários não podem levar todas essas ideias até a alta administração para terem aprovação e financiamento. Os valores ou os critérios que os gerentes intermediários usam para decidir quais ideias promoverão e quais permitirão definhar desempenham um papel essencial ao determinar o que sai do processo de alocação de recursos. Observamos no Capítulo 1 que, uma vez que os gerentes intermediários decidem que uma ideia tem mérito, eles interagem com os inovadores para moldar a ideia em um plano de negócios totalmente desenvolvido que pode conseguir financiamento. Os valores que a alta administração emprega nessas decisões de financiamento, portanto, exercem uma influência igualmente poderosa sobre as ideias que podem ou não emergir do processo de alocação de recursos.[5]

Dois fatores têm uma influência particularmente importante nos valores que orientam as decisões de alocação de recursos. O primeiro é a estrutura de custo da empresa, que determina as margens de lucro brutas que ela deve ganhar para cobrir os custos gerais e ter lucro. Bons gestores têm dificuldades de acordo com a prioridade no processo de alocação de recursos para as propostas inovadoras que não manterão ou melhorarão as margens de lucro da organização.[6] O segundo fator é o limite de tamanho que as novas oportunidades devem atender para passar pelo filtro de alocação de recursos. Esse limiar aumenta à medida que a empresa fica maior. Oportunidades que eram vistas como estimulantes no processo de alocação de recursos de uma empresa quando ela era pequena são filtradas como "não grandes o suficiente para serem interessantes" na empresa maior.

Além desses poderosos determinantes diretos dos valores que orientam as prioridades dos executivos seniores na alocação de recursos, outros critérios que são sutilmente incorporados nos processos difusos em toda a empresa influenciam o que os funcionários no nível inferior são capazes de priorizar. Estes se combinam para exercer mais influência sobre quais iniciativas podem passar pelo filtro de alocação de recursos. Um exemplo desses fatores é a curta permanência na atribuição que é típica na carreira de funcionários de alto potencial. Os sistemas de desenvolvimento de gestão na maioria das organizações movem os funcionários de alto potencial para novos cargos de responsabilidade a cada dois ou três anos, a fim de ajudá-los a dominar as habilidades de gestão em várias partes do negócio. Essa prática é fundamental no desenvolvimento da gestão, mas seu efeito é influenciar os gerentes de nível médio a dar prioridade a projetos que serão recompensados dentro da permanência típica esperada em seus cargos. Eles querem produzir melhores resultados que mereçam promoções atraentes.

Outros fatores estão inseridos no sistema de compensação de incentivo da força de vendas. As decisões dos vendedores sobre quais clientes focar e quais produtos enfatizar são elementos críticos do processo de alocação de recursos difuso e são muito influenciadas pela forma como são compensadas. Os clientes também exercem uma influência poderosa sobre as iniciativas que sobrevivem ao processo de alocação de recursos. Você não pode construir um negócio em torno de um produto que seus clientes não querem, porque os clientes pagam as contas. Embora os gestores pensem que controlam o processo de alocação de recursos, os clientes geralmente exercem um manejo de fato ainda mais poderoso sobre como o dinheiro pode ou não ser gasto. As ações dos concorrentes também exercem uma influência poderosa. Quando a ação de um concorrente ameaça roubar clientes ou oportunidades de crescimento, os gestores quase não têm escolha a não ser empurrar uma resposta pelo filtro de alocação de recursos.

O processo de alocação de recursos, em outras palavras, é difuso, indisciplinado e, muitas vezes, invisível. Os executivos que esperam gerenciar o processo estratégico efetivamente precisam ter uma compreensão sutil de seu funcionamento, porque a estratégia é determinada pelo que sai do processo de alocação de recursos, não pelas intenções e pelas propostas que entram.

Uma Análise da Alocação de Recursos na Elaboração da Estratégia: O Caso Intel

A Intel começou como fabricante de memórias de semicondutores, e seus engenheiros fundadores desenvolveram os primeiros chips DRAM (memória de acesso aleatório dinâmico) comercialmente viáveis do mundo.[7] Em 1971, um engenheiro da Intel inventou o microprocessador durante um projeto de desenvolvimento financiado por uma empresa japonesa de calculadoras, a Busicom. Embora as DRAMs tenham continuado a representar a maior parte das vendas da empresa nos anos 1970, as vendas de microprocessadores da Intel cresceram gradualmente em uma série de aplicações pequenas e emergentes.

Todos os meses, os planejadores de produção da Intel se reuniam para alocar a capacidade de produção disponível em seus produtos, que variava de DRAMs a EPROMs e microprocessadores.[8] O departamento de vendas levava para a reunião os envios previstos por produto e a contabilidade levava um ranking desses produtos por margens brutas, por início de produção da placa de circuito integrado (wafer). O produto de margem mais alta seria, então, alocado, e a capacidade de produção precisava atender a seus envios previstos. O produto de margem mais alta obteria a capacidade necessária para atender aos envios previstos, e assim por diante, até que a linha de produtos com as margens brutas mais baixas fosse alocada, independentemente da capacidade residual restante. As margens brutas por placa de circuito integrado iniciaram, ou seja, constituíram os valores da organização que eram utilizados nessa decisão crítica de alocação de recursos.

Os fabricantes japoneses de DRAM atacaram o mercado dos EUA no início dos anos 1980, fazendo com que os níveis dos preços caíssem drasticamente e relegando as DRAMs ao ranking mais baixo por margem bruta dos produtos da Intel. Como houve uma concorrência menos intensa, os microprocessadores consistentemente ganharam entre as margens brutas mais atraentes do portfólio de produtos da Intel. O processo de alocação de recursos, portanto, desviou sistematicamente a capacidade de fabricação das DRAMs para os microprocessadores. Isso ocorreu sem nenhuma decisão explícita da gestão para mudar a estratégia. A alta administração, de fato, continuou a investir dois terços do dinheiro para P&D no negócio de DRAM, mesmo com o processo de alocação de recursos realizando uma saída sistemática das DRAMs.[9]

Finalmente, em 1984, quando a empresa mergulhou na crise financeira e as DRAMs tinham apenas uma fração do volume da Intel, a gerência sênior reconheceu que ela havia se tornado uma empresa de microprocessadores. Eles pararam os gastos com P&D de DRAM, e Gordon Moore e Andy Grove fizeram sua saída histórica pela porta giratória no saguão da empresa como gestores da antiga companhia e retornaram como gestores da nova.[10] Mas foi o processo de alocação de recursos que transformou a Intel de uma empresa de DRAM em uma empresa de microprocessadores. A notável mudança de estratégia da Intel não foi resultado de uma estratégia planejada e articulada dentro no ambiente executivo; pelo contrário, ela surgiu com decisões diárias tomadas pelos gerentes intermediários à medida que alocavam recursos.[11]

Quando essa nova oportunidade de negócios ficou clara, foi hora de gerenciar a estratégia de modo assertivo e deliberado, o que a gerência da Intel fez com maestria. Ao manter uma mão forte, e às vezes implacável, no filtro de alocação de recursos, a gerência selecionou as iniciativas que brotaram, mas não apoiavam diretamente o negócio de microprocessadores. Ambos os processos estratégicos foram cruciais. Uma direção estratégica viável teve de se unir no lado emergente do processo, porque ninguém poderia prever claramente o futuro dos computadores desktop com microprocessadores. Mas, uma vez que a estratégia vencedora ficou aparente, foi algo tão crítico para o sucesso final da Intel que a alta administração, em seguida, assumiu o controle do processo de alocação de recursos e deliberadamente orientou a estratégia de cima.

Combine o Processo de Criação da Estratégia com o Estágio de Desenvolvimento do Negócio

A história da Intel ilustra que as estratégias raramente seguem uma sequência simples desde a formulação até a implementação. Além disso, a estratégia nunca é estática. A maioria das empresas deve, no início, traçar seu curso em uma direção deliberada, porque precisam ir a algum lugar. Esperamos que as teorias deste livro ajudem aqueles que criam novos negócios a orientar deliberadamente uma estratégia viável com muito mais precisão do que era possível no passado. Mas mesmo com essa orientação, haverá muito a ser descoberto.

Pesquisas sugerem que em mais de 90% de todos os novos negócios bem-sucedidos, historicamente, a estratégia que os fundadores de propósito decidiram seguir não foi a que levou ao sucesso do negócio.[12] Os empreendedores raramente acertam com exatidão suas estratégias na primeira vez. Os bem-sucedidos fazem isso porque têm dinheiro sobrando para tentar novamente depois de aprenderem que sua estratégia inicial era falha, já os fracassados normalmente gastaram seus recursos implementando uma estratégia deliberada antes que sua viabilidade pudesse ser conhecida. Um dos papéis mais importantes da alta administração nos primeiros anos de um empreendimento é aprender com as fontes emergentes o que funciona ou não e, depois, transformar esse aprendizado no processo por meio do canal deliberado. Como Mintzberg e Waters aconselham, "A abertura à estratégia emergente permite que a administração aja antes que tudo seja totalmente compreendido — para responder a uma realidade em evolução, em vez de ter de se concentrar em uma fantasia estável... A própria estratégia emergente implica aprender o que funciona, tomando uma ação de cada vez em busca desse padrão ou da consistência viável."[13]

Os gestores eficazes acabam reconhecendo o padrão viável que constitui uma estratégia de sucesso. Nesse ponto, com uma mão firme nos critérios usados como filtros no processo de alocação de recursos, os gestores precisam tornar a formulação da estratégia muito mais deliberada. Em vez de continuar a sentir seu caminho para o mercado, eles precisam executar com coragem a estratégia que aprenderam que funcionará. A Intel, o Wal-Mart e uma série de outras empresas viram surgir uma estratégia viável que era bem diferente do que seus fundadores haviam imaginado. Mas quando o modelo ficou claro, eles executaram essa estratégia agressivamente.

Gerenciando Dois Processos de Estratégia Fundamentalmente Diferentes: Uma Habilidade Rara e Complexa

Na maioria das ondas de crescimento disruptivo, vários concorrentes são atraídos para a oportunidade. As empresas que não se destacam como líderes falham em um dos dois lugares. Primeiro, muitos dos concorrentes iniciais fracassam porque gastam seu dinheiro agressivamente implementando uma estratégia deliberada nos estágios iniciais, quando a estratégia certa não pode ser conhecida. O segundo ponto de falha ocorre após o mercado e suas aplicações ficarem claros para as empresas que gerenciaram o processo de estratégia emergente de forma mais eficaz. As empresas que ficam na poeira são aquelas cujos executivos não assumem o controle deliberado da alocação de recursos e concentram todos os investimentos na corrida para o mercado de ponta.

A mudança de um modo de estratégia emergente para um deliberado é essencial para o sucesso no negócio disruptivo inicial de uma empresa. Mas o trabalho do CEO na gestão desse processo não termina aí, porque o processo de éstratégia deliberada, muitas vezes, se torna um impedimento subsequente aos esforços de uma empresa para lançar novas ondas de crescimento disruptivo bem-sucedido. Isso acontece de duas formas. Primeiro, os filtros no processo de alocação de recursos das empresas de sucesso se tornam tão bem sintonizados com a estratégia de sucesso que filtram tudo, exceto as iniciativas que sustentam os negócios existentes, fazendo com que ignorem as inovações disruptivas que criam as próximas ondas de crescimento. Tão importante quanto, já que os processos de estratégia deliberada se tornaram incorporados nas organizações, eles acham difícil empregar processos emergentes outra vez ao lançar novos negócios.

Os esforços de uma empresa para capturar novas ondas de crescimento disruptivo precisam ser guiados por processos emergentes. Simultaneamente, no entanto, como os negócios estabelecidos da corporação normalmente têm muitos anos de lucratividade, permanecendo mesmo enquanto o negócio NGT disruptivo está em andamento, o negócio principal precisa ser conduzido por processos estratégicos deliberados para orientar as inovações sustentáveis que o manterão competitivo e rentável.

Em nossos estudos, encontramos um bom número de empresas cujos executivos perceberam a necessidade de alocar recursos para criar novos negócios de crescimento disruptivo antes que fosse tarde demais. Mas muito, muito raramente vimos executivos que demonstraram de maneira consistente a capacidade de gerenciar o processo de desenvolvimento de estratégia de forma adequada em inúmeros negócios em vários estágios de maturidade. Depois de entrarem em um modo de estratégia deliberada, eles acham muito difícil deixar os novos negócios serem guiados por um processo emergente.

Por exemplo, a Prodigy Communications, uma *joint venture* entre a Sears e a IBM, foi pioneira em serviços online no início dos anos 1990. Os gestores da Sears e da IBM foram extraordinariamente ousados na alocação de recursos: eles investiram mais de US$1 bilhão no que era uma inovação incerta e potencialmente disruptiva. Mas eles não tiveram tanto sucesso em gerenciar o processo estratégico, ajudando a Prodigy a definir uma estratégia viável por meio de processos emergentes, mesmo enquanto as empresas controladoras gerenciavam seus negócios principais deliberadamente.

O plano de negócios original da Prodigy previa que os consumidores usariam serviços online principalmente para acessar informações e fazer compras. Em 1992, a administração percebeu que os 2 milhões de assinantes da Prodigy passavam mais tempo enviando e-mails do que baixando informações ou fazendo compras online. A arquitetura da infraestrutura de computadores e comunicações da Prodigy foi projetada para otimizar o processamento de transações e a entrega de informações, e a Prodigy, consequentemente, começou a cobrar taxas extras dos assinantes que enviavam mais de trinta mensagens de e-mail por mês. Em vez de ver o e-mail como um sinal de estratégia emergente, a empresa tentou filtrá-lo, porque, de forma deliberada, o trabalho da gestão era implementar a estratégia original.

A America Online (AOL) felizmente entrou no mercado mais tarde, depois que os clientes descobriram que o e-mail era a principal razão para assinar um serviço online. Com uma infraestrutura tecnológica adaptada a mensagens e sua assinatura "Mensagem para Você,", a AOL foi muito mais bem-sucedida.

Segundo nosso modelo, o erro da Prodigy não foi entrar no mercado cedo. Também não foi um erro que a gestão visasse a recuperação de informações e as compras como a principal atração de um serviço online. Ninguém poderia saber no início exatamente como esses serviços seriam usados.[14] O erro dos executivos foi empregar um processo estratégico deliberado antes que a viabilidade da estratégia fosse conhecida. Se a Prodigy tivesse mantido a flexibilidade estratégica e tecnológica para responder às evidências estratégicas emergentes, a empresa teria uma enorme liderança sobre a AOL e a CompuServe (o terceiro maior provedor de serviços online). Um desafio semelhante enfrentou o grupo de empresas que responderam no início dos anos 1990 à visão amplamente difundida de que um grande mercado de assistentes digitais pessoais portáteis estava prestes a surgir. Muitos dos principais fabricantes de computadores, incluindo NCR, Apple, Motorola, IBM e Hewlett-Packard, visaram esse mercado, junto com algumas startups, como a Palm. Todos sentiam que o mercado queria um dispositivo de computação portátil. A Apple foi um dos inovadores mais agressivos nesse espaço. Seu Newton custou US$350 milhões para ser desenvolvido, devido às tecnologias, como o reconhecimento de caligrafia, que eram necessárias para incorporar o máximo de funcionalidade possível no produto. A Hewlett-Packard também investiu agressivamente para projetar e construir sua pequena unidade de disco Kittyhawk para esse mercado.

No final, os produtos não eram bons o suficiente para substituir os notebooks, e cada uma das empresas descartou seu esforço, exceto a Palm. A estratégia original da Palm era fornecer um sistema operacional para esses assistentes digitais pessoais.[15] Quando as estratégias de seus clientes falharam, a Palm procurou outro aplicativo e criou o conceito de um organizador pessoal eletrônico.

Quais foram os erros estratégicos aqui? As empresas de computação empregaram processos estratégicos deliberados do começo ao fim. Elas investiram pesado para implementar suas estratégias e cancelaram os projetos quando estas se mostraram erradas. A Palm foi a única que mudou para um processo de estratégia emergente quando sua estratégia deliberada original falhou. Quando surgiu uma estratégia viável, a Palm mudou para um processo deliberado conforme migrava para o mercado de ponta.

Claro, não é algo simples de fazer.

Pontos de Alavancagem Executiva no Processo de Criação da Estratégia

O processo de alocação de recursos é o filtro pelo qual todas as ações estratégicas devem passar. Por ser tão complexo e difundido em toda a empresa, é raro que os executivos seniores possam simplesmente elaborar uma nova estratégia e "implementá-la". Em vez disso, definir e implementar a estratégia implica gerir as condições nas quais os processos de estratégia e alocação de recursos operam para que o processo estratégico possa funcionar de forma eficiente, dadas as circunstâncias em que cada uma das organizações da empresa está. Processos eficazes e apropriados gerarão os insights estratégicos necessários. O restante deste capítulo foca os três pontos de alavancagem executiva no processo estratégico. Os gestores devem:

1. Controlar com cuidado a estrutura de custos *inicial* de um negócio NGT, porque isso determinará rapidamente os valores que conduzirão as decisões críticas de alocação de recursos nesse negócio.

2. Acelerar ativamente o processo pelo qual uma estratégia viável surge, garantindo que planos de negócios sejam projetados para testar e confirmar as suposições críticas usando ferramentas como o planejamento orientado por descoberta.

3. Intervir pessoal e repetidamente, negócio por negócio, julgando se a circunstância é tal que o negócio precisa seguir um processo emergente ou deliberado de elaboração de estratégias. Os CEOs não devem deixar a política, o hábito ou a cultura escolher o processo estratégico.

Crie uma Estrutura de Custos que Ache Atraente os Clientes Certos

Note que não identificamos os "memorandos do escritório executivo" como um modo de influenciar os valores da organização. Isso ocorre porque o poder da estrutura de custos de um empreendimento supera "ser estrategicamente importante" como um critério que orienta as decisões de alocação de recursos.[16] Os executivos devem prestar muita atenção no início para a criação de uma estrutura de custos e modelo de negócios dentro dos quais os pedidos dos clientes ideais que descrevemos no Capítulo 4 parecerão lucrativos. Caso contrário, será impossível construir um negócio com esses clientes como base.[17]

Ilustraremos isso trazendo as coisas para perto da nossa realidade, contando a experiência de Clayton Christensen na administração de uma empresa apoiada por capital de risco que ele fundou com vários professores do MIT no início dos anos 1980, antes de se retirar para a academia. A empresa foi formada para explorar a interessante tecnologia de fazer produtos com materiais notáveis chamados cerâmica avançada, e a história é recontada em vários casos sob o nome de disfarce de Materials Technology Corporation (MTC).[18]

A estratégia da MTC era se tornar um grande fabricante de produtos feitos com esses materiais cerâmicos avançados. Como o negócio de materiais requer muito capital, Christensen e seus colegas sabiam desde o início que a MTC precisaria de muito dinheiro para levar a empresa ao ponto de equilíbrio, estimando em cerca de US$60 milhões. No início dos anos 1980, isso era um grande montante para levantar. O que motivou a quantia necessária não era apenas o custo das instalações físicas, mas também a duração do ciclo de desenvolvimento do produto. Por causa da posição da MTC no início da cadeia de valor, ela precisava vencer contratos para desenvolver novos componentes para seus clientes, que usariam esses componentes avançados para fabricar seus próprios produtos de última geração. Desenvolver e testar os componentes facilmente levou de um a dois anos. Quando a MTC teve sucesso, então, e só então, os clientes puderam iniciar seu próprio ciclo para projetar e testar os novos produtos que os materiais avançados da MTC haviam permitido. Os processos de desenvolvimento dos clientes normalmente levaram mais dois a quatro anos. Em outras palavras, a estratégia da MTC implicava ter muitas despesas antes que a receita começasse a rolar.[19]

Christensen decidiu cobrir o custo da equipe de pesquisa e desenvolvimento da MTC negociando contratos de desenvolvimento conjuntos multimilionários de grandes parceiros corporativos, da mesma forma como muitas empresas de biotecnologia financiaram seus demorados processos de desenvolvimento. Quando a MTC vendeu um grande contrato de desenvolvimento para criar a tecnologia necessária para fabricar os produtos que sua estratégia previa, teve de contratar cientistas e engenheiros para fazer o trabalho.

A estratégia funcionou bem por alguns anos. Então o primeiro grande contrato de desenvolvimento da MTC foi concluído, e o financiamento que cobria os salários de três cientistas e cinco engenheiros chegou ao fim. Dado o lento aumento do volume de produção inerente ao ciclo de desenvolvimento de produtos da MTC, como a empresa cobriria seus salários? Eram alguns dos melhores cientistas de materiais do mundo e eles simplesmente não podiam ser despedidos. Assim, a empresa teve de vender outro contrato de desenvolvimento que daria à MTC dinheiro suficiente para cobrir seus salários e suas despesas gerais. Quando o próximo projeto financiado chegou ao fim, a empresa teve de vender outro programa financiado para cobrir os altos custos fixos da empresa, e assim por diante. A empresa começou com uma estratégia para ser um fabricante de produtos de volume. Mas muito rapidamente, e sem querer, a gestão começou a implementar uma estratégia para se tornar uma base de pesquisa por contrato. Simplesmente não havia nenhum modo de as margens brutas geradas pelos volumes iniciais dos produtos manufaturados poderem cobrir as despesas gerais que tinham de ser colocadas em prática para entregar o que a MTC vendeu aos primeiros clientes.

O longo ciclo de desenvolvimento da MTC e a enorme necessidade de financiamento representam um exemplo extremo, mas cada novo empreendimento corporativo tem sua própria versão desse desafio. É hábito de grandes empresas estabelecidas aumentar as despesas antes das receitas, porque, em um mundo de estratégia deliberada e inovação sustentável, estas são apostas seguras. Mas esses gastos definem uma estrutura de custos muito rapidamente, e antes que você perceba, tem um modelo de negócios que define o tipo de negócio que parece atraente ou não. Em última análise, a MTC tornou-se uma empresa de manufatura, mas apenas com terríveis dispensas e reestruturação da natureza de seus custos. Foi somente com a criação de uma nova estrutura de custos que um novo pedido do cliente poderia parecer atraente e, assim, ter prioridade na alocação de recursos.

Este exemplo ilustra por que os executivos precisam prestar muita atenção para acertar as condições iniciais. A única forma dos gestores de um novo empreendimento poderem competir com o não consumo em um produto simples é colocar em prática uma estrutura de custos que torna esses clientes e produtos financeiramente atraentes. Minimizar os grandes compromissos com custos permite que uma empresa busque com entusiasmo os pequenos pedidos que são a força vital inicial dos negócios disruptivos em seus anos emergentes.

Acelerando o Processo de Estratégia Emergente

Os executivos cujos empreendimentos estão no modo de descoberta não precisam assistir passivamente o que evolui no processo estratégico emergente. Eles podem empregar um método rigoroso chamado *planejamento orientado à descoberta* para ajudar uma estratégia viável a surgir muito mais rapidamente e com propósito do que é provável que aconteça com tentativa e erro menos estruturados.[20]

A maioria dos processos deliberados de planejamento estratégico passa por quatro etapas, como sugerido na Tabela 8-1. Primeiro, os inovadores fazem suposições sobre o futuro e o sucesso que uma ideia nova do negócio desfrutará. Essas suposições podem estar fundamentadas em uma boa teoria preditiva, mas, muitas vezes, são fundamentadas no modo como as coisas eram no passado. Na segunda etapa, os inovadores fazem projeções financeiras com base nesses pressupostos, e em terceiro lugar, os executivos seniores aprovam a proposta com base nas projeções financeiras. Em quarto lugar, a equipe responsável pelo novo empreendimento sai para implementar a estratégia. Costuma haver um ciclo do segundo passo para o primeiro nesse processo deliberado. Como os inovadores e os gerentes intermediários geralmente sabem que os números têm de parecer bons para que a proposta seja financiada, eles costumam voltar e revisar as suposições que estão fazendo para que os números funcionem.

Esse processo não é ruim em um mundo de melhorias sustentáveis e estratégia deliberada. Mas quando é usado para a tomada de decisões no mundo emergente da disrupção, o processo faz com que decisões ruins sejam tomadas porque as suposições sobre as quais as projeções e as decisões são construídas muitas vezes estão erradas.

O planejamento orientado à descoberta é uma forma de gerenciar ativamente o processo de estratégia emergente. Como descrito na Tabela 8-1, envolve a reordenação de quatro etapas. A primeira é fazer projeções financeiras — o desempenho financeiro desejado ou exigido do empreendimento. A lógica por trás disso é bem convincente.

TABELA 8-1

Um método orientado à descoberta para gerenciar o processo de estratégia emergente

Inovações sustentáveis: planejamento deliberado	Inovações disruptivas: planejamento orientado à descoberta
(Nota: as decisões para iniciar esses projetos podem ser baseadas em números e regras.)	(Nota: as decisões para iniciar esses projetos devem se basear no reconhecimento de padrões.)
1. Faça suposições sobre o futuro.	1. Faça projeções financeiras direcionadas.
2. Defina uma estratégia baseada nesses pressupostos e faça projeções financeiras com base nessa estratégia.	2. Quais suposições devem ser verdadeiras para que essas projeções se materializem?
3. Tome decisões para investir com base nessas projeções financeiras.	3. Efetue um plano para aprender, testar se as suposições críticas são razoáveis.
4. Implemente a estratégia para alcançar os resultados financeiros projetados.	4. Invista para executar a estratégia.

Se todos sabem que os números devem parecer bons para conseguir financiamento, qual o motivo da encenação cíclica de fazer e revisar as suposições para que os números pareçam bons o suficiente? A demonstração de resultados necessária e o retorno no investimento devem ser apenas o primeiro slide padrão em cada apresentação. A segunda etapa, onde o trabalho real começa, é compilar uma *checklist* de suposições. Ela responde à pergunta: "Todos nós sabemos que os números precisam ser bons. Então, quais suposições precisam ser verdadeiras para que possamos esperar de modo realista que esses números se materializem?" As suposições nessa lista devem ser da mais essencial para a menos. Ela deve incluir suposições relacionadas a cada uma das teorias deste livro: que as disrupções de baixo ou no novo mercado são possíveis, que os clientes-alvo usarão o novo produto para os trabalhos que tentam fazer, que o novo empreendimento levará a empresa para o ponto na cadeia de valor onde o dinheiro estará no futuro etc.

A terceira e quarta etapas no planejamento orientado à descoberta também invertem a ordem do processo estratégico deliberado. A terceira etapa é implementar um plano. Não um plano estratégico deliberado, mas um plano para testar a validade das suposições mais importantes. Esse plano precisa ser gerado rapidamente e com o mínimo de despesas possível, validando ou invalidando as informações sobre as suposições mais críticas. Isso permite que os inovadores revisem a estratégia antes da quarta etapa: a decisão de implementar por meio de investimentos significativos. Isso pode ser feito depois que a viabilidade de várias suposições fica mais evidente.

Os inovadores que usam o processo orientado à descoberta costumam aprender muito cedo que simplesmente não há um conjunto razoável de suposições para apoiar um plano que alcançará os números que a organização exige. Isso pode implicar que a ideia simplesmente não pode ser moldada em uma estratégia viável. Ou pode significar que a ideia precisa ser colocada dentro de uma unidade de negócios menor, cujos valores podem não exigir que ela fique exageradamente grande e rápida.

Gerenciando o Mix de Estratégias Emergentes e Deliberadas

Muitos processos em uma organização podem se tornar tão refinados e eficazes que eles simplesmente seguem com pouca atenção da alta administração, liberando os gestores para se preocupar com as dimensões mais fora do padrão do negócio. É perigoso, no entanto, permitir que o processo de desenvolvimento da estratégia opere no piloto automático. A qualquer momento, algumas empresas sob os cuidados de um gestor podem precisar ser gerenciadas por meio de processos estratégicos agressivos e deliberados, enquanto outras precisam de processos emergentes.

Os executivos não podem girar um botão de liga/desliga para iniciar e parar o fluxo de oportunidades e problemas a partir de direções deliberadas e emergentes. Eles estão sempre fluindo, e o trabalho do CEO é gerenciar constantemente qual direção deve influenciar predominantemente o pensamento estratégico. Aquilo que o botão comanda, que é o processo de alocação de recursos, pode ficar realmente complicado, e é por isso que os CEOs precisam manter as mãos no controle frequente e conscientemente. Quando uma estratégia viável surge e é hora de colocá-la em execução, o CEO precisa mudar agressivamente para um modo de estratégia deliberada e parar de financiar oportunidades emergentes que possam desviar a empresa de seu foco no plano vencedor.

Uma vez feito, os executivos muitas vezes têm amnésia e se lembram seletivamente apenas de seu sucesso na implementação deliberada da estratégia exitosa. Eles perdem a memória do processo emergente pelo qual a estratégia de sucesso foi descoberta e, portanto, esquecem de redefinir o processo estratégico para um modo emergente nas novas organizações que tentam construir os próximos negócios em crescimento. Quase todas as empresas, como resultado, empregam sistemas genéricos de estratégia deliberada. É uma razão muito comum pela qual novos empreendimentos lançados por corporações e muitas empresas de capital de risco fracassam.[21] Gerenciar o processo de estratégia de formas apropriadas às circunstâncias pode melhorar muito as chances de um empreendimento ter sucesso.

Simplesmente procurar ter a estratégia certa não é o suficiente. O segredo é gerenciar o processo pelo qual a estratégia é desenvolvida. Iniciativas estratégicas entram no processo de alocação de recursos a partir de duas fontes: deliberadas e emergentes. Nas circunstâncias da inovação sustentável e de certas disrupções de baixo custo, a paisagem competitiva é clara o suficiente para que a estratégia possa ser deliberadamente concebida e implementada. Mas nos estágios iniciais de uma disrupção no novo mercado, é quase impossível acertar os detalhes da estratégia. Em vez de executar uma estratégia, os gestores nessa circunstância precisam implementar um processo pelo qual uma estratégia viável possa emergir.

Há três pontos de alavancagem executiva na criação da estratégia. O primeiro é gerenciar a estrutura de custos, ou os valores da organização, para que pedidos de produtos disruptivos dos clientes ideais possam ser priorizados. O segundo é o planejamento orientado à descoberta, um processo disciplinado que acelera o aprendizado do que funcionará ou não. O terceiro é garantir vigilantemente que os processos estratégicos deliberados e emergentes sejam seguidos nas circunstâncias apropriadas para cada negócio na corporação. É um desafio que poucos executivos dominaram e um dos colaboradores mais importantes para o fracasso da inovação nas empresas estabelecidas.

NOTAS

1. A noção de que esses dois processos diferentes coexistem foi articulada por Henry Mintzberg e James Waters em seu clássico artigo "Of Strategies, Deliberate and Emergent", *Strategic Management Journal* 6 (1985): 257. Robert Burgelman, professor de Stanford, é provavelmente o estudioso de destaque nesse campo, e muitos de seus trabalhos são citados neste capítulo. Dois documentos importantes dele são "Intraorganizational Ecology of Strategy Making and Organizational Adaptation: Theory and Field Research", *Organization Science* 2, nº 3 (agosto 1991): 239–262; e "Strategy as Vector and the Inertia of Coevolutionary Lock-in", *Administrative Science Quarterly* 47 (2002): 325–357. O livro recente de Burgelman, *Strategy Is Destiny* (Nova York: Free Press, 2002), resume muitas de suas descobertas. Os professores Rita McGrath e Ian MacMillan, da Columbia e da Wharton Business Schools, respectivamente, também estudaram essas questões. Consideramos seu artigo "Discovery-Driven Planning" (*Harvard Business Review,* julho–agosto 1995) particularmente útil na compreensão de quais processos de desenvolvimento estratégico são apropriados em quais circunstâncias. Por fim, também nos baseamos muito no trabalho do professor Amar Bhide, *The Origin and Evolution of New Business* (Oxford e Nova York: Oxford University Press, 2000).
2. Mintzberg e Waters, "Of Strategies", p. 258.
3. Isso também é um desvio da abordagem tradicional de pensar sobre a maneira "certa" de definir a estratégia. Normalmente, os estudiosos de negócios adotam uma abordagem "ou/ou" para o processo de formulação da estratégia, como notoriamente (ou não) demonstrado na queda de braço de grande visibilidade entre Henry Mintzberg ("de baixo para cima") e Igor Ansoff ("de cima para baixo") nas páginas do *Strategic Management Journal* (vol. 11, 1990, e vol. 12, 1991).
4. Andrew Grove, *Only the Paranoid Survive* (Nova York: Doubleday, 1996), p. 146.
5. Os professores Joseph L. Bower, da Harvard Business School, e Robert Burgelman, de Stanford, são os principais estudiosos que descreveram como os recursos são alocados em investimentos alternativos concorrentes em todos os níveis da organização. Veja Joseph L. Bower, *Managing the Resource Allocation Process* (Boston: Harvard Business School Press, 1970); Robert A. Burgelman e Leonard Sayles, *Inside Corporate Innovation* (Nova York: Free Press, 1986).
6. O efeito que esse mecanismo de filtragem pode ter nas possibilidades de estratégia de uma empresa pode ser profundo. A 3M Corporation, por exemplo, é uma das empresas mais inovadoras da história moderna em termos de habilidades em aplicar suas principais plataformas tecnológicas em variadas aplicações de mercado. Sua insistência para que todos os novos produtos atinjam metas de margem bruta relativamente altas, no entanto, focou a empresa em inúmeros nichos de produtos pequenos e premiums e impediu que todos, exceto alguns de seus novos produtos, se tornassem grandes negócios no mercado de massa.

7. Essa história foi narrada em Robert A. Burgelman, "Fading Memories: A Process Study of Strategic Business Exit in Dynamic Environments", *Administrative Science Quarterly* 29 (1994): 24–56; e Grove, *Only the Paranoid Survive.*
8. EPROMs são circuitos de memória que podem ser apagados, programados e são de somente leitura. Como seus microprocessadores, a linha de produtos EPROM da Intel também resultou do processo emergente, não deliberado. Veja Burgelman, "Fading Memories".
9. Havia fortes razões pelas quais a alta administração continuou a investir em DRAMs. Por exemplo, a gestão acreditava que as DRAMs eram o "motivador tecnológico" e que permanecer competitivo nas DRAMs era essencial para ser competitivo em outras linhas de produtos.
10. Grove, *Only the Paranoid Survive.*
11. Os microprocessadores eram uma tecnologia disruptiva no novo mercado trazendo a lógica para as aplicações onde previamente não era viável, dado o tamanho e o custo dos grandes circuitos lógicos impressos da placa usados nos computadores mainframe e nos minicomputadores da época. Em relação ao modelo de negócios da Intel, no entanto, eles eram uma inovação sustentável. O produto ajudou a Intel a ganhar mais dinheiro da maneira como foi estruturado para tanto, logo, os recursos foram prontamente alocados para ele. Isso ilustra um princípio muito importante: o de que a disrupção só pode ser expressada em relação ao modelo de negócios de uma empresa e seus concorrentes.
12. Fortes evidências para isso são discutidas em Amar Bhide, *The Origin and Evolution of New Businesses* (Nova York: Oxford University Press, 2000).
13. Mintzberg e Waters, "Of Strategies", p. 271.
14. Em vários discursos e artigos, o Dr. John Seeley Brown disse que é muito difícil prever antecipadamente como as pessoas usarão as tecnologias disruptivas que mudam o modo como vivemos e trabalhamos. Recomendamos todos os textos do Dr. Brown aos nossos leitores. Ele influenciou nosso próprio pensamento de maneiras profundas. Veja, por exemplo, J. S. Brown (ed.), *Seeing Differently: Insights on Innovation* (Boston: Harvard Business School Publishing, 1997); J. S. Brown, "Changing the Game of Corporate Research: Learning to Thrive in the Fog of Reality", em *Technological Innovation: Oversights and Foresights,* Raghu Garud, Praveen Rattan Nayyar e Zur Baruch Shapira (eds.) (Nova York: Cambridge University Press, 1997), p. 95–110; J. S. Brown e Paul Duguid, *The Social Life of Information* (Boston: Harvard Business School Press, 2000).
15. Na linguagem do Capítulo 4, a maioria das empresas tentava forçar a inovação disruptiva (dispositivos portáteis) no grande e óbvio mercado tradicional, o de notebooks. Fiel à forma, essa estratégia se mostrou muito cara, e todas fracassaram.
16. Uma importante perspectiva teórica chamada "dependência de recursos" afirma que são as entidades externas à organização que controlam o que ela pode ou não fazer. Essas entidades, clientes e investidores, fornecem à corporação os recursos necessários para prosperar. Os gestores não podem

fazer coisas que não são do interesse desses provedores externos de recursos, ou reterão seus recursos e a empresa fechará. Veja Jeffrey Pfeffer e Gerald R. Salancik, *The External Control of Organizations: A Resource Dependence Perspective* (Nova York: Harper & Row, 1978). *O Dilema da Inovação* dedicou um espaço significativo a essa questão, observando que o mecanismo para gerenciar a mudança em face da dependência de recursos é criar organizações independentes que podem ser dependentes de outros fornecedores de recursos, que valorizam os produtos disruptivos.

17. O distinto sociólogo Arthur Stinchcombe escreveu muito sobre a importância das condições iniciais na determinação da cadeia subsequente de decisões e eventos.
18. Clayton Christensen, "Materials Technology Corp.", Caso 9-694-075 (Boston: Harvard Business School, 1994); e Clayton Christensen, "Linking Strategy and Innovation: Materials Technology Corp.", Caso 9-696-082 (Boston: Harvard Business School, 1996).
19. Para Christensen, estudar esses problemas como acadêmico deixou claro que a tecnologia da MTC foi uma inovação sustentável: a empresa tentou trazer melhores produtos para mercados estabelecidos e a tecnologia de ponta implicou extensas interdependências no desenvolvimento e no design. A MTC fez muitas das escolhas descritas neste livro incorretamente, e, como resultado, embora tenha sobrevivido e seja lucrativa, o caminho foi absolutamente tortuoso.
20. Veja Rita Gunther McGrath e Ian C. MacMillan, "Discovery-Driven Planning", *Harvard Business Review,* julho–agosto 1995, p. 44–56. Os professores McGrath e MacMillan escreveram várias coisas muito úteis sobre como gerenciar a criação de novos negócios, das quais este artigo é representativo. Encorajamos você a contatá-los em seus escritórios em Columbia e Wharton, respectivamente, para ter mais boas ideias. Em seu artigo, eles usam o termo "planejamento baseado em plataforma". Em vez disso, chamamos esse processo de "planejamento estratégico deliberado", para ser consistente com a linguagem usada em outros pontos neste capítulo.
21. Estamos preocupados com o fato de que, conforme as empresas de capital de risco se tornaram gradualmente povoadas por analistas menos experientes que aprenderam apenas sobre estratégia deliberada em seus cursos de MBA, elas sutilmente exigem cada vez mais rigor, dados e evidências de que a estratégia de um negócio está certa. Então pressionam as equipes de gestão de suas empresas de portfólio a "executar". Elas só voltam ao modo emergente quando o investimento inicial foi desperdiçado e os fundadores, demitidos, e não há alternativa senão buscar uma estratégia viável com processos emergentes.

CAPÍTULO NOVE

EXISTE O DINHEIRO BOM E O RUIM

Importa quem financia o negócio que quero desenvolver? Como as expectativas dos provedores do meu capital podem restringir as decisões que poderei tomar? O capital de risco é melhor para os negócios disruptivos do que o capital corporativo? O que os executivos das empresas podem fazer para garantir que as expectativas que acompanham seu financiamento façam com que os gestores tomem as decisões corretas que levarão ao sucesso?

Ser financiado é uma obsessão para a maioria dos inovadores com uma ótima ideia; como resultado, a maioria das pesquisas sobre a captação de capital se concentrou em como obtê-lo. Para os empresários corporativos, os autores costumam descrever o processo de orçamento do capital como uma burocracia complicada e recomendam que os inovadores encontrem um "campeão" bem colocado na hierarquia que faça funcionar o sistema de números e a política para obter financiamento. Para as startups que buscam capital de risco, muitos conselhos focam a estruturação de negócios que não lhes deem muito controle, ainda permitindo que se beneficiem das redes e da perspicácia que as empresas de capital de risco oferecem.[1]

Embora o conselho seja útil, ele burla uma questão que achamos potencialmente mais importante: o *tipo* de dinheiro que os executivos fornecem aos negócios NGT e o tipo de capital que os gestores desses negócios aceitam representam escolhas iniciais fundamentais ao lançar um negócio

NGT. São decisões cruciais, porque o tipo e a quantidade de dinheiro que os gestores aceitam definem as expectativas dos investidores que eles terão de atender. Essas expectativas influenciam fortemente os tipos de mercados e canais que o empreendimento pode ou não visar. Como o processo de garantir o financiamento força o molde de muitas ideias potencialmente disruptivas, ao invés de inovações sustentáveis destinadas a mercados grandes e óbvios, o processo em si de obter dinheiro para iniciar um empreendimento realmente leva muitas delas ao fracasso.

Concluímos que o melhor dinheiro nos anos iniciais de um negócio é *paciente com o crescimento*, mas *impaciente com o lucro*. Nosso objetivo neste capítulo é ajudar os executivos a entender por que esse tipo de dinheiro tende a facilitar o sucesso e ver como a outra categoria de capital, que é *impaciente com o crescimento*, mas *paciente com o lucro*, é suscetível de condenar os inovadores a uma marcha fúnebre se investido nos estágios iniciais. Também esperamos que este capítulo ajude aqueles que financiam novos negócios a entender as forças que tornam seu dinheiro bom ou ruim para nutrir o crescimento.

As teorias mais usadas sobre o dinheiro bom e o ruim para os empreendimentos NGT foram baseadas em atributos, e não em circunstâncias. Provavelmente a categorização baseada em atributos mais comum é o capital de risco *versus* o capital corporativo. Outras categorias incluem o capital público *versus* o privado, e amigos e familiares *versus* dinheiro gerenciado por profissionais. Nenhum desses esquemas de categorização apoia uma teoria que possa prever de modo confiável qual dinheiro ajudará melhor os novos empreendimentos a ter sucesso. Às vezes, o dinheiro de cada uma dessas categorias é uma bênção, outras vezes, é como o beijo da morte.

Já demonstramos por que o dinheiro que financia um negócio NGT precisa ser paciente com o crescimento. Competir com o não consumo e ir de forma disruptiva para o mercado de ponta são elementos críticos de uma estratégia NGT bem-sucedida, e, por definição, esses mercados disruptivos serão pequenos por um tempo. O único modo de um empreendimento se tornar grande instantaneamente é se os usuários existentes de um produto consolidado forem atraídos a mudar em massa para o produto da nova empresa. É a área da inovação sustentável, e as startups raramente podem vencer uma batalha nesse campo. O dinheiro *deve* ser impaciente com o crescimento nas circunstâncias de estratégia deliberada e de estágio posterior, depois que surgir uma estratégia vencedora para o novo negócio.

O dinheiro precisa ser impaciente com o lucro para acelerar o processo de estratégia emergente inicial de um empreendimento disruptivo. Quando se espera que novos empreendimentos gerem lucro de modo relativamente rápido, a gestão é forçada a testar o mais rápido possível a suposição de que os clientes ficarão felizes em pagar um preço lucrativo pelo produto, ou seja, verificar se os produtos reais criam valor real suficiente pelos quais os clientes pagarão com dinheiro de verdade. Se a gestão de um empreendimento continua recorrendo ao tesouro corporativo para financiar as perdas contínuas, os gestores podem adiar esse teste crítico e buscar a estratégia errada por um longo tempo. As expectativas de lucro inicial também ajudam os gestores de um empreendimento a manter os custos fixos baixos. Um modelo de negócios que pode ganhar dinheiro com custos baixos por unidade é um ativo estratégico essencial nas estratégias disruptivas no novo mercado *e* de baixo custo, porque a estrutura de custos determina o cliente que é ou não atraente. Quanto mais baixo o início, maior a vantagem. Por fim, a rentabilidade inicial protege de cortes um empreendimento de crescimento quando o resultado corporativo se torna desagradável.[2]

A seguir, detalhamos melhor como um dinheiro bom fica ruim. Recontamos esse processo do ponto de vista dos investidores corporativos, na esperança de que essa história ajude os gestores que buscam financiamento a reconhecer o dinheiro bom e o ruim quando o veem, e a entender as consequências de aceitar cada tipo. Esperamos também que os investidores de capital de risco e os empresários que financiam possam ver nesses relatos implicações paralelas para suas próprias operações. O dinheiro ruim pode vir dos investidores de risco e corporativos, assim como o dinheiro bom.

A Espiral Fatal do Crescimento Inadequado

O dinheiro bom fica ruim em uma espiral descendente de autorreforço que torna muito difícil até mesmo para os melhores executivos fazer qualquer coisa, exceto presidir a morte da empresa. Há cinco etapas nessa espiral. Assim que uma empresa entra nela, é quase impossível não seguir nas etapas subsequentes.

Etapa 1: Empresas de Sucesso

Depois de usar um processo de estratégia emergente para encontrar uma fórmula de sucesso, uma empresa jovem segue seu rumo com um produto que ajuda os clientes a fazer um trabalho importante de maneira melhor do que qualquer concorrente. Com a estratégia vencedora agora clara, a equipe executiva afasta o controle do processo de criação da estratégia das influências emergentes e foca deliberadamente todos os investimentos para explorar essa oportunidade.[3] Qualquer coisa que desvie os recursos do foco deliberado e essencial no crescimento da atividade principal é retirado. Esse foco é um requisito fundamental para o sucesso nessa fase.[4] Como sempre, isso significa que nenhum negócio NGT é lançado enquanto o negócio principal ainda prospera.

Esse foco coloca a empresa em sua trajetória sustentável à frente dos concorrentes menos agressivos e focados. Como as margens no alto nível são atraentes, a empresa mal percebe quando começa a perder negócios de baixo custo e sensíveis ao preço, no que é visto como "segmento de *commodities*". Sair dos produtos de margem mais baixa e substituir essas receitas por produtos de margem mais alta no topo da trajetória sustentável geralmente parece algo bom, porque as margens de lucro bruto gerais melhoram.

Etapa 2: Empresas com Lacuna no Crescimento

Apesar do sucesso da empresa, seus executivos logo percebem que têm uma lacuna no crescimento. Isso é causado pela tendência irritante dos investidores no mercado financeiro de incorporar o crescimento esperado no valor presente de uma ação, de modo que atender às expectativas de crescimento resulta apenas em uma taxa média de valorização do preço das ações. A única forma de os gerentes fazerem com que os preços das ações de suas empresas aumentem a uma taxa mais rápida do que a média do mercado é *excedendo* a taxa de crescimento que os investidores já incorporaram no nível de preços atual. Assim, os gestores que buscam criar valor para os acionistas sempre têm uma lacuna no crescimento: a diferença entre a rapidez com que devem crescer e o quanto precisam crescer rápido para alcançar retornos acima da média para os acionistas.[5]

Como regra geral, os executivos atendem às expectativas dos investidores por meio de inovações sustentáveis. Os investidores entendem os negócios nos quais as empresas atualmente competem e o potencial de crescimento que se encontra ao longo da trajetória sustentável nesses negócios — que eles descontam no valor presente do preço das ações. Portanto, a inovação sustentável é fundamental para *manter* o preço das ações de uma empresa.[6] É a criação de novos negócios disruptivos que permite às empresas excederem as expectativas dos investidores e, assim, criar um valor incomum para os acionistas. Precisamente devido às razões pelas quais as empresas estabelecidas são propensas a subestimar o potencial de crescimento nos negócios disruptivos, os investidores também subestimaram consistentemente (portanto, tiveram uma agradável surpresa) o potencial de crescimento das disrupções. Criar novos negócios disruptivos é a única maneira a longo prazo de continuar criando valor para os acionistas.

Quando as receitas de uma empresa são denominadas em milhões de dólares, a quantidade de novos negócios que os gestores precisam ter para fechar a lacuna no crescimento — novas receitas e lucros de fontes desconhecidas e ainda a serem descontadas — também é denominada em milhões de dólares. Mas, à medida que as receitas de uma empresa crescem em bilhões, o limite de tamanho dos novos negócios necessários para sustentar sua taxa de crescimento, o que dirá exceder as expectativas dos investidores, fica cada vez maior. Em algum momento, a empresa relatará um crescimento mais lento do que os investidores haviam descontado, e seu preço das ações será atingido quando os investidores perceberem que superestimaram as perspectivas de crescimento dela.

Para fazer o preço das ações se mover novamente, a alta administração anuncia uma taxa de crescimento direcionada que é muito maior do que a taxa de crescimento subjacente realista das atividades principais. Isso cria uma lacuna no crescimento ainda maior do que aquela que a empresa já tinha antes, uma lacuna que deve ser preenchida com novos produtos e negócios que a empresa ainda não concebeu. Anunciar uma taxa de crescimento irreal é o único caminho viável. Os executivos que se recusarem a fazer esse jogo serão substituídos por gestores dispostos a tentar. E as empresas que não tentam crescer verão sua capitalização de mercado diminuir até serem adquiridas por empresas ansiosas para jogar.

Etapa 3: O Dinheiro Bom se Torna Impaciente com o Crescimento

Quando confrontados com uma grande lacuna no crescimento, os valores da corporação, ou os critérios usados para aprovar projetos no processo de alocação de recursos, mudarão. Qualquer coisa que não promete fechar a lacuna no crescimento ficando muito grande muito rapidamente não pode passar pela alocação de recursos no processo estratégico. É aqui que o processo de criar negócios NGT sai dos trilhos. Ao passo que o capital de investimento da corporação fica impaciente com o crescimento, o dinheiro bom se torna ruim porque desencadeia uma cascata de decisões inevitáveis e incorretas.

Os inovadores que buscam financiamento para as inovações disruptivas que, em última análise, alimentariam o crescimento da empresa com alta probabilidade de sucesso agora descobrem que seus balões de ensaio são derrubados porque não podem ficar grandes e rápidos o suficiente. Os gestores da maioria das empresas disruptivas não podem projetar com credibilidade que o negócio se tornará muito grande muito rapidamente, porque as disrupções no novo mercado precisam competir com o não consumo e devem seguir um processo estratégico emergente. Obrigá-los a projetar grandes números os força a declarar uma estratégia que submete, com confiança, a inovação em um mercado grande, existente e óbvio cujo tamanho pode ser estatisticamente comprovado. Isso significa competir com o consumo.

Depois que os executivos seniores aprovaram o financiamento para o projeto de crescimento exagerado, os gestores da empresa não podem recuar e seguir uma estratégia emergente que busca competir com o não consumo. Eles estão condenados a entregar o crescimento que projetaram. Portanto, devem aumentar as despesas de acordo com o plano.

Etapa 4: Os Executivos Toleram as Perdas por um Tempo

Fica claro que competir com o consumo em um mercado grande e óbvio será um desafio caro, porque, se os clientes quiserem comprar o produto, este deve ter um desempenho melhor do que os produtos que eles já usam. A equipe adverte os executivos seniores que digerir grandes perdas é um pré-requisito para conquistar o pote de ouro. Determinados a serem visionários com os interesses de longo prazo da empresa em mente, os executivos aceitam a realidade de que o negócio perderá um bom dinheiro por algum tempo. Não há nenhuma retirada. Os executivos se convencem de que investir para crescer *resultará* em crescimento, como se houvesse uma relação linear entre os dois, como se quanto mais agressivamente você investir para desenvolver o novo negócio, mais rápido ele decolará.[7]

A fim de cumprir o cronograma orçado para a implantação e o aumento, os gerentes de projeto colocam a estrutura de custos em prática antes que haja receitas, e como eles devem dar suporte a uma receita acentuada, esses custos são substanciais. Mas o *overfunding* (fundos que ultrapassam a meta estabelecida inicial) é perigoso para a saúde de um novo empreendimento, porque os níveis de despesas pesadas, por sua vez, definem os clientes e os segmentos de mercado que fornecerão ou não as receitas adequadas para cobrir esses custos. Se isso acontece, os clientes que vêm do não consumo nas aplicações emergentes e, portanto, estão encantados com produtos simples — em suma, os clientes ideais para um empreendimento disruptivo — inevitavelmente se tornam pouco atraentes para o negócio. Os canais ideais, aqueles que precisam de algo para alimentar sua própria marcha disruptiva no mercado de ponta *contra* a concorrência, também se tornam pouco atraentes. Apenas os maiores canais que alcançam as maiores populações parecem ser capazes de trazer receita rápido o suficiente.

Isso completa a transformação da natureza do dinheiro da corporação. Tornou-se um dinheiro ruim para a disrupção no novo mercado: impaciente com o crescimento, mas paciente com o lucro.

Etapa 5: As Perdas Crescentes Precipitam a Retração

Conforme os gestores do empreendimento tentam ter sucesso competindo com o consumo, eles encontram todas as razões pelas quais os clientes preferem continuar comprando os produtos que sempre usaram em seus fornecedores de confiança. Muitas vezes, essas razões implicam as interdependências vistas no Capítulo 5. As inovações sustentáveis raramente podem ser trocadas nos sistemas de uso existentes. Por via de regra, muitas outras coisas inesperadas precisam mudar para que os clientes possam se beneficiar do uso do novo produto. Enquanto as receitas ficam muito aquém, as despesas ficam dentro do orçamento. As perdas aumentam. O preço das ações então é derrubado novamente, pois os investidores percebem mais uma vez que suas expectativas de crescimento não podem ser atendidas.

Uma nova equipe de gestão é trazida para resgatar o preço das ações. Para estancar a hemorragia, a nova equipe interrompe todos os gastos, exceto o necessário para manter a atividade principal forte. O foco no principal é bem-vindo. É uma fórmula comprovada para a melhoria do desempenho, porque os recursos, os processos e os valores da empresa foram aprimorados exatamente para essa tarefa. A resposta é um salto no preço das ações, mas assim que o novo preço desconta totalmente qualquer potencial de crescimento existente na atividade principal, os novos executivos percebem que devem investir para crescer. Mas agora a empresa enfrenta uma lacuna no crescimento ainda maior, e a situação volta para a etapa 3, em que a empresa precisa de negócios NGT que podem ficar *realmente* grandes *muito* rápido. Essa pressão faz com que a gestão repita a sequência trágica de decisões erradas diversas vezes, até que grande parte do valor tenha sido destruída e a empresa seja adquirida por outra corporação, que não conseguiu gerar seu próprio crescimento com a disrupção, mas viu na aquisição uma oportunidade sinérgica de extrair custo da combinação.

Como Gerenciar o Dilema de Investir para Ter Crescimento

O dilema de investir para ter crescimento é que a natureza do dinheiro de uma empresa é boa para o crescimento somente quando ela cresce de modo saudável. As principais atividades que ainda crescem dão cobertura para os negócios NGT. Os executivos seniores fortalecidos pela sensação de que o *pipeline* das inovações sustentáveis nos negócios estabelecidos atenderá ou excederá as expectativas dos investidores podem permitir que novos negócios tenham tempo para seguir processos estratégicos emergentes enquanto competem com o não consumo. É quando o crescimento diminui — quando os executivos seniores veem que o *pipeline* da inovação sustentável é inadequado para atender às expectativas dos investidores — que investir para crescer fica difícil. A natureza do dinheiro da empresa muda conforme as novidades devem ficar muito grandes e muito rápido, e não permitirá que os inovadores façam o que for necessário para crescer. Quando você é um empreendedor corporativo e sente essa mudança no contexto da empresa, é melhor ter cuidado.

Esse dilema atinge quase todas as empresas e é o mecanismo causal por trás das descobertas em *Stall Points*, o estudo do Conselho de Estratégia Corporativa citado no Capítulo 1.[8] Esse estudo mostrou que das 172 empresas na lista *Fortune* das 50 maiores empresas entre 1955 e 1995, 95% viram seu crescimento estagnar nas taxas de crescimento do PIB ou abaixo. Das empresas cujo crescimento estagnou, apenas 4% conseguiram relançar com sucesso seu crescimento, mesmo a uma taxa de 1% acima do crescimento do PIB. Quando o crescimento parou, o dinheiro das corporações ficou impaciente com o crescimento, o que impossibilitou fazer as coisas necessárias para lançar negócios de crescimento bem-sucedidos.

Nos últimos anos, o dilema ficou ainda mais complexo. Se as empresas cujo crescimento estagnou de alguma forma encontram uma maneira de lançar um novo negócio de sucesso, os analistas do mercado financeiro muitas vezes se queixam de que não podem avaliar a nova oportunidade adequadamente porque está enterrada em uma corporação maior e de crescimento mais lento. Em nome do valor do acionista, eles exigem que a corporação transfira o negócio NGT para os acionistas, de modo que o valor total de seu incrível potencial de crescimento possa ser refletido no preço de suas próprias ações. Se os executivos responderem e transferirem, eles poderão realmente "desbloquear" o valor do acionista. Mas depois de desbloqueados, eles ficam bloqueados novamente em um negócio de baixo crescimento, com a missão de aumentar o valor para os acionistas.

Diante dessa evidência preocupante, os diretores-executivos, cuja tarefa é criar valor para o acionista, *devem* preservar a capacidade de seu capital de nutrir os negócios em crescimento da maneira como precisam ser alimentados. Quando os executivos permitem que o crescimento das principais atividades caia para níveis medíocres, os empreendimentos NGT devem arcar com todo o peso de mudar a taxa de crescimento dos resultados das suas operações na corporação inteira. Isso força a empresa a exigir que os novos negócios se tornem muito grandes bem rápido. Seu capital, como consequência, torna-se um veneno para os empreendimentos de crescimento. A única forma de impedir que o capital de investimento se deteriore é usá-lo quando ainda é bom, investi-lo a partir de um contexto que ainda é saudável o suficiente para que o dinheiro possa ser paciente com o crescimento.

De muitas maneiras, as empresas cujas ações são de capital aberto estão em uma prensa de autorreforço. Os acionistas dominantes são os fundos de pensão. As corporações pressionam os gestores de seus investimentos em fundos de pensão para entregar retornos fortes e consistentes, porque o forte desempenho do investimento reduz a quantidade de lucros que deve ser desviada para financiar as obrigações da pensão. Assim, os gestores de investimento se viram e pressionam as corporações, cujas ações eles possuem, a entregar um crescimento de lucros consistente que é inesperadamente acelerado. As empresas privadas não estão sujeitas a muitas dessas pressões. Portanto, as expectativas que acompanham seu capital, muitas vezes, podem ser mais adequadas para a criação de negócios NGT.

Use o Reconhecimento de Padrões, Não os Resultados Financeiros, para Sinalizar os Eventuais Pontos de Parada

Como as pessoas de fora normalmente medem o sucesso de uma empresa por seus resultados financeiros, os executivos são tentados a confiar nas mudanças nos resultados financeiros como sinais de que devem aceitar ou agir. Mas isso é loucura, porque os resultados financeiros do período mais recente com efeito refletem os resultados dos investimentos que foram feitos anos antes para melhorar os processos e criar novos produtos e negócios. Os resultados financeiros medem o quanto o negócio era saudável, não o quanto é.[9] Eles são uma ferramenta particularmente ruim para gerenciar a disrupção, porque ir para o mercado de ponta é bom financeiramente, como observamos antes.

Os executivos devem usar com cuidado *qualquer* tipo de dados ao olhar para o futuro, porque os dados confiáveis geralmente estão disponíveis apenas sobre o passado e serão um guia preciso somente se o futuro lembra o passado.[10] Para ilustrar as limitações dos dados na tomada de decisões disruptivas, recontaremos uma experiência que Clayton Christensen teve em uma aula recente de MBA. Ele havia escrito um artigo que se preocupava com o fato de que os programas tradicionais de MBA de dois anos das principais escolas de negócios estivessem sendo ameaçados por duas disrupções. A onda mais próxima, uma disrupção de baixo custo, são os programas executivos de MBA noturnos e de fim de semana que permitem que os gestores que trabalham tenham MBA em apenas um ano. A onda mais significativa é uma disrupção no novo mercado: treinamento de gestão no trabalho que varia desde instituições de ensino corporativas, como a Universidade Motorola e Crotonville da GE, até seminários de treinamento em Holiday Inns.

Christensen pediu uma votação dos alunos no início da aula: "Depois de ler o documento, quantos de vocês acham que os principais programas de MBA estão sofrendo disrupção?" *Três* dos 102 alunos levantaram a mão. Os outros 99 assumiram a posição de que esses desenvolvimentos não eram relevantes para o destino das respeitadas instituições.

Christensen então pediu a um dos três que estavam preocupados que explicasse o porquê. "Há um padrão real aqui", ele respondeu, e listou seis elementos do padrão. Estes incluíam salários de MBA que ultrapassam o que as empresas operacionais podem pagar, os disruptores que competem com o não consumo, as pessoas que contratam a formação "no trabalho" para ter um trabalho muito diferente feito, uma mudança na base da concorrência quanto à velocidade, conveniência e personalização, e currículos interdependentes *versus* modulares. Ele concluiu que o padrão se encaixava: todas as coisas que aconteceram com outras empresas à medida que sofreram disrupção estavam, de fato, em andamento na educação de gestão. "É por isso que eu levaria a sério", concluiu ele.

Christensen então se virou para aqueles que não estavam preocupados e perguntou por quê. Eles tendiam a apontar os dados: o número de alunos ainda tentando ser admitidos nas principais escolas, os salários iniciais atraentes dos graduados, a reputação da marca dos programas, ex-alunos leais e grandes oportunidades de *networking* no campus etc. Nenhum dos programas disruptivos poderia chegar perto de competir nessas dimensões.

Assim, Christensen perguntou a um dos defensores mais declarados da invencibilidade das principais escolas de negócios: "E se você fosse reitor de uma dessas escolas. Quais dados o convenceriam de que era algo que você precisaria resolver?"

"Eu veria a participação de mercado da escola entre os CEOs das empresas Global 1000", ele respondeu. "Se a nossa cota de mercado começasse a cair, então eu me preocuparia." Christensen então perguntou se esses dados seriam um sinal de que ele deveria começar a lidar com o problema ou que o jogo acabou. "Ah, eu acho que o jogo acabaria nessa altura", ele admitiu.

"Mais alguém?", Christensen pressionou. "Imagine que você seja o reitor. Quais dados o convenceriam de que deveria agir?" Vários propuseram evidências que eles achavam convincentes, mas em todos os casos, a classe concluiu que, quando os dados convincentes ficassem disponíveis, o jogo acabaria para os programas de MBA de alta qualidade e de dois anos.

Quando Christensen perguntou "Essas escolas deveriam ver isso como uma ameaça ou uma oportunidade?", aconteceu outra reação interessante. Houve pouca energia na classe em relação à oportunidade de crescimento que a educação de gestão "no trabalho" apresentava para as principais escolas de negócios. Suspeitamos que a razão para a indiferença dos alunos está relacionada ao paradoxo "ameaça *versus* oportunidade", destacado no Capítulo 3. No momento da escrita deste livro, as principais escolas de negócios estão em sua melhor fase, por qualquer medida dos desempenhos financeiro, acadêmico e competitivo. Elas não precisam de crescimento para se sentirem saudáveis. Ainda não há nada nas medidas de força e vitalidade organizacional que sugira que o mundo que esses programas desfrutaram provavelmente mudará.[11]

Crie Políticas para Investir o Dinheiro Bom Antes que Ele Fique Ruim

Quando você dirige um carro, espera até o medidor de combustível baixar antes de reabastecer o tanque, e com o tanque cheio novamente, você pode acelerar o carro de volta com velocidade máxima. Simplesmente não é possível gerenciar o crescimento da mesma forma — esperar até o indicador de crescimento começar a cair em direção a zero antes de abastecer os negócios NGT. O motor de crescimento é uma máquina muito mais delicada e que deve ser mantida funcionando continuamente com processo e política, em vez de reagir conforme o medidor de crescimento fica vazio. Sugerimos três políticas específicas para manter o motor de crescimento em funcionamento. Juntas, as políticas forçam a organização a *começar cedo*, *começar pequeno* e *exigir um sucesso inicial*.

- Lance negócios NGT com regularidade quando a atividade principal ainda está saudável, quando ainda pode ser paciente com o crescimento, e não quando os resultados financeiros sinalizam a necessidade.
- Continue dividindo as unidades de negócios para que, à medida que a corporação fica cada vez maior, as decisões de lançar empreendimentos de crescimento continuem a ser tomadas dentro das unidades organizacionais que podem ser pacientes

com o crescimento, porque são pequenas o suficiente para se beneficiar do investimento em pequenas oportunidades.

- Minimize o uso do lucro das empresas estabelecidas para subsidiar as perdas nos negócios NGT. Seja impaciente com o lucro: não há nada como a rentabilidade para garantir que um negócio de alto potencial continue a ter o financiamento necessário, mesmo quando as principais atividades da empresa se tornam amargas.

Comece Cedo: Lance Negócios NGT Regularmente Enquanto a Principal Atividade Ainda Está Saudável

Estabelecer uma política que exige o lançamento de novos negócios de crescimento disruptivo em um ritmo predeterminado é a única forma de os executivos realmente evitarem reagir depois que o motor de crescimento parou. Eles *devem* lançar ou adquirir regularmente negócios NGT enquanto as principais atividades ainda crescem de forma saudável, porque, quando o crescimento diminui, a mudança radical nos valores da empresa que se segue impossibilita o crescimento. Se os executivos fizerem isso e continuarem a moldar as estratégias desses negócios para serem disruptivos, logo um novo negócio ou dois entrarão no campo da grande receita a cada ano, prontos para sustentar o crescimento total da empresa. Se os executivos usarem o capital de investimento de suas empresas quando podem ser pacientes com o crescimento, o dinheiro não será prejudicado. Ele permanecerá renovado, capaz de financiar os negócios NGT.

Adquira Negócios NGT em um Ritmo Predeterminado

Alguns executivos de grandes empresas bem-sucedidas temem que, mesmo desenvolvendo ideias e planos de negócios de alto potencial para os negócios de crescimento disruptivo, eles simplesmente não serão capazes de criar os processos e os valores necessários para nutri-los. Portanto, ficam inclinados a comprar negócios de crescimento disruptivo, em vez de fazer isso internamente. A aquisição pode ser uma estratégia muito bem-sucedida se for orientada por uma boa teoria.

Muitas aquisições corporativas são desencadeadas com a chegada de um banqueiro de investimento com um negócio para vender. As decisões de aquisição ou não, muitas vezes, são impulsionadas por projeções de fluxo de caixa descontado e avaliações de se o negócio é subvalorizado ou fixo, ou pode gerar economias de custo por meio de sinergias com um negócio existente. Algumas teorias usadas para justificar essas aquisições se mostram precisas, e as aquisições criam grande valor. Mas a maioria delas não.[12]

As equipes de desenvolvimento de negócios corporativos podem adquirir negócios disruptivos com facilidade. Se esperarem até que as trajetórias de crescimento dessas empresas sejam óbvias para todos, claro, as empresas disruptivas poderão ser muito caras para serem adquiridas. Mas se uma equipe de desenvolvimento de negócios identifica os candidatos pelas lentes das teorias nos Capítulos 2 a 6, em vez de esperar por evidências históricas conclusivas, então adquirir negócios de crescimento disruptivo no estágio inicial em um ritmo regular pode ser uma ótima estratégia para criar e sustentar o crescimento de uma empresa. Em contraste com a aquisição de negócios maduros que colocam uma empresa em uma trajetória de receita maior, mas ainda estável, a aquisição de empresas disruptivas no estágio inicial pode mudar a inclinação da trajetória da receita.

Uma empresa cuja riqueza foi fortemente moldada pela aquisição de negócios disruptivos foi a Johnson & Johnson. Na maior parte dos anos 1990, a J&J foi organizada em três grandes grupos operacionais: produtos farmacêuticos éticos, dispositivos médicos e diagnósticos (MDD) e produtos de consumo. A Figura 9-1 mostra que, em 1993, os grupos de consumo e MDD tinham tamanhos parecidos, cada um gerando pouco menos de US$5 bilhões em vendas. Posteriormente eles cresceram com taxas muito diferentes. A trajetória de crescimento intrínseco do negócio de consumo era essencialmente estável e cresceu ao adquirir grandes plataformas de receita, como Neutrogena e Aveeno, cujas trajetórias de crescimento eram similares e estáveis. Embora essas aquisições coloquem a linha de receita do grupo de consumo em uma plataforma mais alta, elas não mudaram a *inclinação* da plataforma — e lembre-se de que são as mudanças na inclinação da plataforma, não no nível desta, que criam valor para os acionistas a uma taxa acima da média. Mesmo com as aquisições, as receitas totais do grupo de consumo cresceram apenas a uma taxa anual de cerca de 4% ao longo da década.

FIGURA 9-1

Receita e lucro operacional dos produtos de consumo (CP) *versus* dispositivos médicos e diagnósticos (MDD) da Johnson & Johnson em 1992–2001

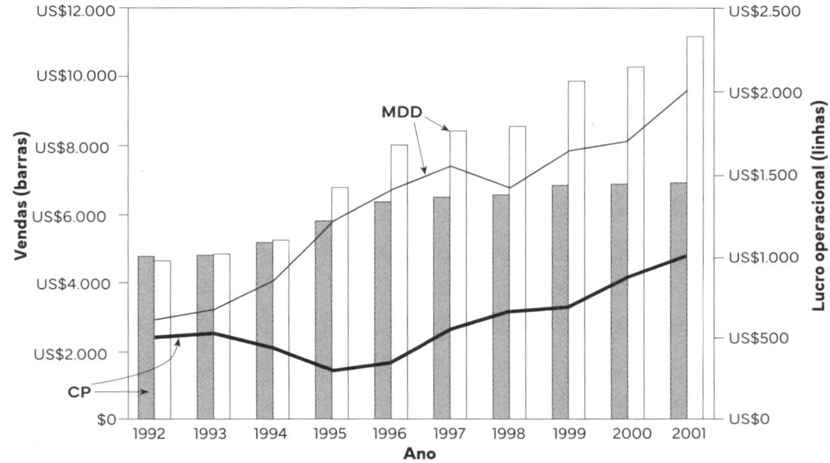

Fontes: Demonstrativos financeiros da Johnson & Johnson; análise da Deloitte Consulting.

Por outro lado, o grupo de negócios MDD cresceu mais de 11% ao ano no mesmo período. Isso foi impulsionado por quatro negócios disruptivos, cada um dos quais a empresa havia adquirido. A empresa Ethicon Endo-Surgery, da J&J, fabrica instrumentos para cirurgia endoscópica, uma disrupção em relação à cirurgia invasiva convencional. Sua divisão Cordis produz instrumentos para angioplastia, que é disruptiva em relação à cirurgia de bypass de coração aberto. A divisão Lifescan da empresa fabrica medidores portáteis de glicose que permitem que pacientes com diabetes testem seus próprios níveis de açúcar no sangue sem precisarem ir aos laboratórios dos hospitais. E as lentes de contato descartáveis Vistakon da J&J foram disruptivas em relação às lentes tradicionais feitas por empresas como a Bausch & Lomb. As estratégias de cada um desses negócios se encaixam precisamente nos testes decisivos para a disrupção no novo mercado descritos no Capítulo 2. Juntos, eles cresceram a uma taxa anual de 43% desde 1993 e agora representam cerca de US$10 bilhões em receita. A taxa de crescimento geral do grupo foi de 11%, porque as outras empresas do grupo MDD, aquelas que não estão em trajetórias disruptivas, cresceram juntas a uma taxa anual de 3%. Os grupos de consumo e MDD cresceram com a aquisição. As taxas de crescimento dos dois grupos diferiram porque o MDD adquiriu negócios com potencial disruptivo, já o grupo de consumo adquiriu negócios premium que não eram disruptivos.[13]

A Hewlett-Packard também sustentou seu crescimento por quase duas décadas depois que suas principais linhas de negócios amadureceram, usando uma estratégia híbrida para encontrar disrupções. Sua aquisição da Apollo Computer, uma fabricante líder de estações de trabalho, foi a plataforma sobre a qual a HP construiu seus negócios de computadores com microprocessadores, o que fez disrupção nos fabricantes de minicomputadores, como a Digital Equipment. O negócio de impressoras a jato de tinta da HP, hoje responsável por uma parcela significativa do lucro total da empresa, foi uma disrupção concebida e lançada internamente, mas dentro de uma unidade de negócios organizacionalmente autônoma.

A GE Capital, que foi o principal motor de criação de valor para os acionistas da GE nos anos 1990, foi um grande disruptor no setor de serviços financeiros. Cresceu com uma estratégia híbrida de incubação de negócios disruptivos em alguns segmentos do setor e a aquisição de outros.

Comece Pequeno: Divida as Unidades de Negócios para Manter a Paciência com o Crescimento

A segunda política obrigatória é manter as unidades operacionais relativamente pequenas. Uma empresa descentralizada pode manter os valores necessários para ver e buscar com entusiasmo inovações disruptivas por muito mais tempo do que uma monolítica e centralizada, porque o tamanho que um novo empreendimento disruptivo deve alcançar a fim de fazer a diferença para uma pequena unidade de negócio é mais consistente com o aumento de receita de um novo negócio disruptivo.

Compare a perspectiva em uma empresa monolítica de US$20 bilhões de dólares que precisa crescer 15% ao ano com a perspectiva em uma corporação de US$20 bilhões de dólares composta por vinte unidades de negócios. Os gestores da empresa monolítica terão de ver cada inovação proposta na perspectiva de precisar encontrar US$3 bilhões em novas receitas além do que foi feito no ano anterior. Já a perspectiva média dos vinte gestores das unidades de negócios na empresa descentralizada é a de que eles precisam trazer US$150 milhões em novos negócios no próximo ano.

Na empresa de múltiplas unidades de negócios, há mais gestores buscando oportunidades de crescimento disruptivo e mais oportunidades parecerão atraentes para eles.

De fato, a maioria das empresas que parecem ter se transformado nos últimos trinta anos, como Hewlett-Packard, Johnson & Johnson e General Electric, por exemplo, era composta por um grande número de unidades de negócios menores e relativamente autônomas. Essas corporações não mudaram transformando os modelos de negócios de suas unidades existentes em negócios de crescimento disruptivo. A transformação foi alcançada com a criação de novas unidades disruptivas e com o fechamento ou a venda das unidades maduras que atingiram o fim viável de suas trajetórias de tecnologia sustentável.[14]

Uma razão para a taxa de mortalidade das empresas independentes de unidades de disco medida no livro *O Dilema da Inovação* ser tão alta foi que todas eram empresas de negócios individuais. Como organizações monolíticas, mesmo as relativamente pequenas, elas nunca aprenderam a gerenciar negócios emergentes de crescimento disruptivo junto com negócios maiores e maduros. Não havia processos para isso.

Ao seguir a política que recomendamos, os gestores novamente precisam ser orientados pela teoria, não pelos números. Os contadores argumentarão que as despesas gerais redundantes podem ser eliminadas quando as unidades de negócios são consolidadas em entidades muito maiores. Esses analistas raramente avaliam o impacto que a consolidação tem nas consequentes demandas nessas megaunidades no sentido de que quaisquer novos negócios lançados devem ficar muito grandes e muito rápido.[15]

Exija um Sucesso Inicial: Minimize o Subsídio dos Empreendimentos NGT

A terceira política, que é esperar que as empresas NGT gerem lucro com relativa rapidez, faz duas coisas importantes. Primeiro, ajuda a acelerar o processo da estratégia emergente, forçando o empreendimento a testar o mais rápido possível a suposição de que há clientes que pagarão preços atraentes pelos produtos da empresa. A empresa jovem pode, então, pressionar ou mudar o curso com base nesse feedback. Em segundo lugar, forçar um empreendimento a se tornar lucrativo assim que possível ajuda a protegê-lo de ser fechado quando a atividade principal fica amarga.[16]

Honda: Um Exemplo de Tropeço Forçado

Não ter muito dinheiro foi uma grande bênção para a Honda, por exemplo, quando ela atacou o mercado de motocicletas dos EUA.[17] Fundada no Japão pós-guerra pelo entusiasta de corridas de motocicleta Suchiro Honda, em meados dos anos 1950, a empresa se tornou mais conhecida por sua Super Cub 50cc, projetada como um ciclomotor mais potente, mas fácil de pilotar, que percorria as ruas japonesas lotadas como um veículo de entrega.

Quando a Honda visou o mercado de motos dos EUA em 1958, sua gestão definiu uma meta de vendas de 6 mil unidades por ano, representando 1% desse mercado. Assegurar apoio para o empreendimento nos EUA não era apenas uma questão de convencer o Sr. Honda. O Ministério das Finanças japonês também tinha de aprovar a liberação da moeda estrangeira necessária para fazer operações na América. Logo após a introdução fracassada do carro Toyopet pela Toyota, o Ministério ficou relutante em abrir mão do escasso câmbio estrangeiro. Apenas US$250 mil foram liberados, sendo só US$110 mil em dinheiro vivo; o restante estaria no estoque.

A Honda lançou suas operações nos EUA com estoque em cada um dos seus modelos de 50cc, 125cc, 250cc e 305cc. No entanto, as maiores apostas foram feitas nas motos maiores, porque o mercado norte-americano era composto exclusivamente de grandes motos. Em nossa linguagem, a Honda se propôs a fazer uma disrupção de baixo custo, na esperança de escolher os clientes mais sensíveis ao preço no mercado existente com uma motocicleta barata e completa.

Em 1960, a Honda vendeu alguns modelos de suas maiores máquinas, que logo começaram a vazar óleo e explodir suas embreagens. Descobriu-se que os melhores engenheiros da Honda, cujas habilidades foram aprimoradas desenvolvendo produtos de bom desempenho em pequenas arrancadas do tipo "pare e siga" em ruas congestionadas, não tinham ideia de que não sabiam nada sobre as demandas de percursos constantes, de alta velocidade e em estradas, o que era comum entre os motociclistas nos Estados Unidos. A Honda não teve escolha a não ser investir seu precioso dinheiro no retorno das motos defeituosas via frete aéreo ao Japão. O problema quase quebrou a empresa.

Com quase todos os recursos dedicados a dar suporte e promover as máquinas maiores e problemáticas contra os titulares bem financiados e de sucesso, o pessoal da Honda nos Estados Unidos recorreu ao uso da Super Cubs de 50cc como seu próprio transporte. Eram confiáveis, baratas de rodar e a Honda achou que não poderia vendê-las: simplesmente não havia mercado para motos tão pequenas. Certo?

A exposição que a Super Cub teve no uso diário da equipe de gestão da Honda em Los Angeles gerou um interesse surpreendente de indivíduos e varejistas — não distribuidores de motos, mas lojas de artigos esportivos. Com pouco dinheiro, graças às dificuldades encontradas na venda das grandes motos, a Honda decidiu vender as Super Cubs apenas para sobreviver.

Pouco a pouco, o sucesso contínuo na venda da Super Cub e a decepção contínua com as máquinas maiores acabaram redirecionando os esforços da Honda para a criação de um segmento inteiramente novo, o de motos *off-road*. Com o preço em um quarto do custo de uma grande Harley, elas eram vendidas para pessoas sem jaquetas de couro que nunca teriam comprado as máquinas de alto giros dos fabricantes norte-americanos e europeus estabelecidos. Eram usadas para diversão, não para rodar na estrada. Aparentemente, uma disrupção de baixo custo não era uma estratégia viável, porque simplesmente não havia motociclistas suficientes que eram atendidos pelas marcas e pelos músculos das Harleys, das Triumphs e das BMWs. O que surgiu foi uma disrupção no novo mercado, com a qual a Honda posteriormente fez um trabalho magistral de exploração deliberada.

O que levou a Honda a descobrir esse mercado foi a *falta* de recursos financeiros. Isso impediu que seus gestores tolerassem as perdas significativas e criou um ambiente em que os gestores do empreendimento tivessem de responder aos sucessos inesperados. É a essência da gestão do processo estratégico emergente.[18]

É importante lembrar que essa política — de limitar as despesas e buscar um lucro inicial para acelerar o processo de estratégia emergente — não é uma missão genérica. Nas circunstâncias em que uma estratégia viável precisa surgir, como as disrupções no novo mercado, essa é uma política útil. Nas disrupções de baixo custo, a estratégia certa geralmente é muito mais clara e ocorre muito mais cedo. Assim que as aplicações do mercado ficam claras e surge um modelo de negócio que pode lidar de modo viável e lucrativa com esse mercado, um investimento agressivo, ou seja, a impaciência com o crescimento, será apropriado.

Seguro para Quando a Corporação Foca de Novo a Atividade Principal

Outra razão pela qual obter um lucro inicial é importante para o sucesso de um novo negócio é que o financiamento para novos empreendimentos, muitas vezes, é cortado não porque eles estão fora do plano, mas porque o negócio principal está doente e precisa de todos os recursos da corporação para se recuperar. Quando ocorre desaceleração, os empreendimentos NGT que não podem desempenhar um papel significativo e imediato no retorno da corporação para a saúde financeira simplesmente são sacrificados, mesmo que todos os envolvidos saibam que estão fechando o caminho para o futuro a fim de salvar o presente. A necessidade de sobreviver supera a necessidade de crescer.[19]

O Dr. Nick Fiore, que de tempos em tempos fala para nossos alunos na Harvard Business School, é um inovador corporativo com cicatrizes de batalha cujas experiências ilustram esses princípios em ação. Fiore foi contratado em diferentes momentos de sua carreira pelos CEOs de duas empresas de capital aberto para iniciar negócios NGT que definiriam suas corporações em trajetórias de crescimento robustas.[20] Em ambas as situações, os CEOs — executivos poderosos, respeitáveis e firmes em suas posições — asseguraram sinceramente a Fiore que a iniciativa de criar negócios NGT tinha o apoio total e paciente dos respectivos conselhos de administração das empresas.

Fiore adverte nossos alunos de que, se algum dia receberem tais garantias, mesmo dos executivos mais poderosos e ricos em suas empresas, será melhor terem cuidado.

> Quando você inicia um negócio NGT, há um relógio batendo por trás. O problema é que esse relógio bate em um ritmo variável que é determinado pela saúde do resultado corporativo, não importa se seu pequeno empreendimento está no plano. Ao passo que o resultado é saudável, o relógio bate com paciência. Mas se o resultado fica perturbado, o relógio começa a bater muito rápido. Quando de repente ele marca 12, é melhor que seu novo negócio seja lucrativo o suficiente para que o resultado corporativo pareça pior sem você. Você precisa ser parte da solução para os problemas imediatos de lucro da corporação ou a lâmina da guilhotina cairá. Isso acontecerá porque o conselho e o presidente não têm opção, a não ser focar de

> novo a atividade principal, apesar do que eles podem ter dito com as melhores e mais honestas intenções.[21]

É por isso que a impaciência com o lucro é uma característica virtuosa do capital corporativo. Ela força empreendimentos NGT a descobrir as oportunidades disruptivas mais promissoras rapidamente e dá alguma segurança (sempre imperfeita) contra o risco de o empreendimento ser zerado quando a saúde da organização maior ficar em perigo.

A Figura 9-2 resume as virtudes do crescimento orientado por políticas. Mostra que as políticas apropriadas, se bem compreendidas e adequadamente implementadas, podem gerar uma espiral ascendente para substituir a espiral fatal do crescimento inadequado que descrevemos no início deste capítulo. Quando isso acontece, as empresas se colocam em um crescimento contínuo. Elas investem seu dinheiro bom e evitam que ele se torne ruim. É a única forma de evitar que o motor de crescimento pare e de fugir da espiral fatal com crescimento inadequado.

O Capital de Risco Bom Também Pode Ficar Ruim

Aqueles que trabalham para construir negócios de crescimento disruptivo dentro das empresas estabelecidas às vezes olham com ansiedade para a grama verde do outro lado da cerca corporativa, onde os inovadores que constroem startups não só podem evitar o ônus da burocracia corporativa, mas também têm a liberdade de financiar suas ideias com capital de risco. Na verdade, a crença de que os capitalistas de risco podem financiar as startups de forma muito mais eficaz do que os capitalistas corporativos é tão generalizada que as armas de investimento do capital de risco de muitas corporações são se recusar a participar de um acordo, a menos que uma empresa de capital de risco independente invista em conjunto.

Porém argumentaríamos que a distinção entre empresa e empreendimento não é tão importante quanto a vontade ou a incapacidade de ser paciente com o crescimento. Assim como a Honda, a maioria das empresas de capital de risco de sucesso tinha pouco capital precioso para investir no início. A falta de dinheiro conferiu aos seus empreendimentos uma capacidade superior no processo estratégico emergente. Mas quando os capitalistas de risco ficam sobrecarregados com muito dinheiro, muitos parecem se comportar como os capitalistas corporativos nos estágios 3, 4 e 5 da espiral com lacuna de crescimento.

FIGURA 9-2

Espirais de autorreforço nos crescimentos adequado e inadequado

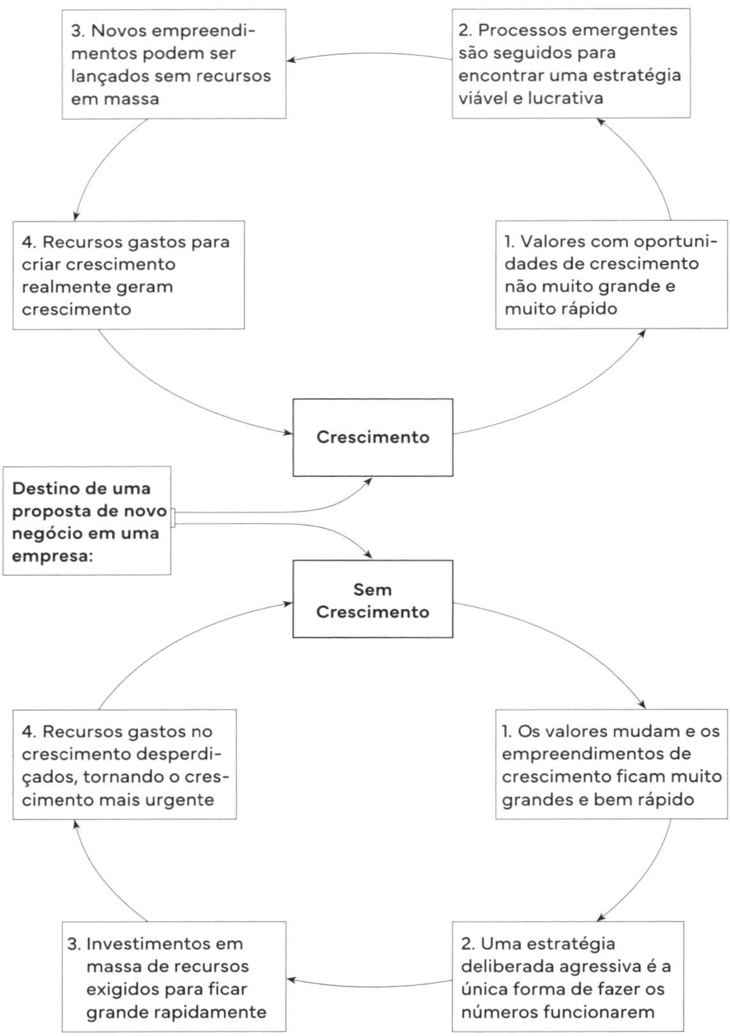

No final dos anos 1990, os investidores de risco colocaram enormes somas de capital em empresas em estágio inicial, conferindo-lhes avaliações extraordinárias. Por que pessoas com tanta experiência teriam feito algo tão tolo ao investir todo esse dinheiro em empresas antes de terem produtos e clientes? A resposta é que *tiveram* de fazer investimentos desse tamanho. Seus pequenos investimentos em estágio inicial foram tão bem-sucedidos no passado que os investidores haviam colocado grandes somas em seus novos fundos, esperando obter taxas de retorno comparáveis em quantias muito maiores de dinheiro. As empresas de risco não aumentaram seu número de sócios em proporção ao aumento dos ativos que se comprometeram a investir. Como consequência, os parceiros simplesmente não se incomodaram em fazer pequenos investimentos iniciais de US$2 milhões a US$5 milhões que levaram ao seu sucesso inicial. Os valores mudaram. Eles *tiveram* de exigir que os empreendimentos em que investiram se tornassem muito grandes, bem rápido, assim como suas contrapartes corporativas.[22]

E assim como elas, esses fundos passaram pelas etapas 3, 4 e 5 descritas no início deste capítulo. Esses fundos de risco não foram vítimas da bolha — o colapso nas avaliações que ocorreram entre 2000 e 2002. Em muitos aspectos, eles foram a causa. Eles moveram o mercado de ponta para as magnitudes de investimento que normalmente são aplicadas nas fases posteriores da estratégia deliberada, mas as empresas em estágio inicial em que continuaram a investir estavam em uma circunstância que precisava de um tipo de capital e um processo de estratégia diferentes.[23] A escassez de capital em estágio inicial que continuava a impedir muitos empreendedores com grandes ideias de crescimento disruptivo de obter financiamento na época da escrita deste livro é, em muitos aspectos, resultado de tantos fundos de capital de risco estarem na sua etapa 5 equivalente 5, a espiral fatal — concentrando todo o dinheiro e a atenção para corrigir os negócios anteriores.

Muitas vezes nos perguntam se é uma boa ou má ideia para as empresas criarem grupos de capital de risco corporativo para financiar a criação de negócios NGT. Respondemos que essa é a pergunta errada: eles têm as categorias erradas. Poucos fundos de risco corporativos foram bem-sucedidos ou têm longa duração; mas a razão não é que eles são "corporativos" ou são "de risco". Quando esses fundos não conseguem promover negócios de crescimento bem-sucedido, costuma ser porque eles investiram em inovações sustentáveis, em vez de em inovações disruptivas ou em soluções modulares quando a interdependência era necessária. Frequentemente, os investimentos fracassam porque o contexto corporativo do qual o capital veio era impaciente com o crescimento e perversamente paciente com a rentabilidade.

A experiência e a sabedoria de homens e mulheres que investem e depois supervisionam a construção de um negócio em crescimento são sempre importantes em todas as situações. Além disso, o contexto a partir do qual o capital é investido tem uma influência poderosa sobre se o capital inicial fornecido é bom ou ruim para o crescimento. Se são capitalistas corporativos ou de risco, quando o contexto do investimento muda para um que exige que seus empreendimentos se tornem muito grandes rapidamente, a probabilidade de que o empreendimento possa ter sucesso cai acentuadamente. E quando os capitalistas de qualquer tipo seguem uma teoria sólida, conscientemente, por intuição ou acaso, eles são muito mais propensos a ter sucesso.

A mensagem central deste capítulo para aqueles que investem e recebem investimento pode ser resumida em um único provérbio: seja paciente com o crescimento, não com o lucro. Devido à dinâmica perversa da espiral fatal do crescimento inadequado, alcançar crescimento requer uma capacidade quase zen para buscá-lo quando ele não é necessário. O segredo para encontrar posições disruptivas é conectar-se com um trabalho que inicialmente será de segmentos de mercado pequenos e não óbvios — o ideal é que sejam segmentos de mercado caracterizados pelo não consumo.

A pressão por lucro inicial mantém os investidores dispostos a aplicar o dinheiro necessário para alimentar o crescimento na base de ativos de um empreendimento. Exigir rentabilidade inicial não é apenas uma boa disciplina, é fundamental para o sucesso contínuo. Garante que você realmente se conectou com um trabalho em mercados que os possíveis concorrentes estão felizes em ignorar. À medida que você busca as primeiras inovações sustentáveis que realizam seu potencial de crescimento, manter-se rentável requer ficar conectado com esse trabalho. Essa lucratividade garante que você mantenha o apoio e o entusiasmo do conselho e dos acionistas. Internamente, a lucratividade contínua lhe dá o apoio sucessivo e o entusiasmo da alta administração que apostou sua reputação e dos funcionários que apostaram suas carreiras no sucesso. Não há substituto. Empreendimentos que podem adiar a rentabilidade normalmente nunca chegam lá.

NOTAS

1. Muitos livros foram escritos sobre os desafios de combinar o dinheiro certo com a oportunidade certa. Três que consideramos úteis são os seguintes: Mark Van Osnabrugge e Robert J. Robinson, *Angel Investing: Matching Startup Funds with Startup Companies: The Guide for Entrepreneurs, Individual Investors, and Venture Capitalists* (San Francisco: Jossey-Bass, 2000); David Amis e Howard Stevenson, *Winning Angels: The Seven Fundamentals of Early-Stage Investing* (Londres: Financial Times Prentice Hall, 2001); e Henry Chesbrough, *Open Innovation: The New Imperative for Creating and Profiting from Technology* (Boston: Harvard Business School Press, 2003).
2. Uma linha de pesquisa acadêmica explora a natureza da "vantagem pioneira" (por exemplo, M. B. Lieberman e D. B. Montgomery, "First-Mover Advantages", *Strategic Management Journal* 9 [1988]: 41–58). Isso pode se manifestar no "comportamento de corrida" (T. R. Eisenmann, "A Note on Racing to Acquire Customers", documento da Harvard Business School, Boston, 2002) no contexto das estratégias "fique grande rápido" (GBF, sigla em inglês) (T. R. Eisenmann, *Internet Business Models: Text and Cases.* Nova York: McGraw-Hill, 2001). O pensamento nesse campo é o de que, em algumas circunstâncias, é preferível seguir determinada estratégia de modo muito agressivo, mesmo correndo o risco de seguir uma estratégia subotimizada devido aos benefícios de estabelecer rapidamente uma posição de mercado significativa. Os motivadores dos benefícios de uma estratégia GBF são fortes efeitos de rede no uso do cliente (N. Economides, "The Economics of Networks", *International Journal of Industrial Organization* 14 [1996]: 673–699) ou outras formas de altos custos na troca de clientes. Os argumentos dessa escola de pensamento são bem articulados e convincentes e sugerem fortemente que há condições em que ser paciente com o crescimento pode prejudicar o potencial de longo prazo de um negócio.

   William Sahlman, professor da Harvard Business School, que também estudou muito essa questão, observou em conversas conosco que, por vezes, os investidores de capital de risco em massa concluem que uma "categoria" será "grande", mesmo quando não há nenhum consenso de que as empresas dentro dessa categoria terão sucesso. Isso resulta em um influxo em massa de capital no setor nascente, que financia mais startups do que podem sobreviver, em avaliações sem lógica. Ele observa que, quando investidores e empreendedores são apanhados em tal turbilhão, eles quase não têm alternativa, senão correr para vencer a competição. Quando a bolha estourar, a maioria desses investidores e empreendedores perderá — e no conjunto, o setor de capital de risco perde dinheiro nesses turbilhões. O único modo de não perder tudo é investir e executar os outros.

   O desafio é determinar se alguém está ou não em tais condições. O trabalho convincente de dois estudiosos em particular sugere que os efeitos de rede e os custos da mudança suficientemente fortes para sobrecarregar os determinantes mais prosaicos do sucesso surgem com muito menos frequência do que costuma ser afirmado. Veja Stan J. Liebowitz e Stephen E. Margolis, *The Economics of QWERTY: History, Theory, Policy,* Peter Lewin (ed.) (Nova York: New York University Press, 2002). Como exemplo, Ohashi ("The Role of Network Externalities in the U.S. VCR Market 1976–86", documento de trabalho da University of British Columbia, disponível no SSRN) argumenta que a Sony investiu pouco na aquisição de clientes no mercado de videocassetes, sugerindo que poderia ter sucesso se tivesse "corrido" mais. A modelagem econômica sugere que, de fato, controlando a qualidade do produto, faz sentido investir mais agressivamente na aquisição de clientes quando os efeitos da rede estão presentes.

Mas essa suposição *ceteris paribus* em relação à qualidade do produto é um pouco heroica, pois deixa de lado a própria razão de ser paciente e evitar corridas. Como Liebowitz e colegas (*The Economics of QWERTY*) mostraram, no caso da batalha Betamax/VHS, um elemento crítico que levou à escolha do cliente foi o tempo de gravação: embora sendo a primeira a comercializar e oferecer melhor qualidade de vídeo, a Betamax não permitia tempos de gravação de duas horas, o mínimo normalmente necessário para fazer uma filmagem transmitida pela televisão em rede. Isso acabou sendo um fator crítico para a adoção do consumidor. O padrão VHS da JVC permitia esse tipo de gravação e atendia a pelo menos padrões mínimos aceitáveis de fidelidade de vídeo. Como resultado, estava mais bem alinhado com o trabalho a ser feito, e esse alinhamento superior ultrapassou a vantagem do primeiro fator da Betamax. É difícil crer que o aumento da fatia de mercado por conta de um marketing mais agressivo feito pela Sony para o padrão Betamax poderia ter causado retração do produto superior VHS.

Com essas ressalvas, é importante reconhecer a possibilidade de compensações poderosas para o comportamento de corrida ideal, que, em nossa linguagem, capturaria um aspecto particular do trabalho a ser feito por certo produto ou serviço. No caso dos efeitos de rede, isso é capturado pela noção de que, para um produto fazer um bom trabalho para mim, ele também deve fazer esse mesmo trabalho para muitas outras pessoas. À medida que tais requisitos competitivos prejudicam a rentabilidade onde o comportamento de corrida é necessário, a necessidade de ser paciente com os lucros pode ser mitigada.

Como o foco deste livro é ajudar os gestores corporativos a lançar negócios NGT de forma consistente, prevemos que eles serão pegos em situações de corrida GBF com menos frequência do que, por exemplo, certos investidores de capital de risco cujas estratégias sejam participar de grandes categorias.

3. Na linguagem do autor e capitalista de risco Geoffrey Moore, é quando o "tornado" acontece. Veja Geoffrey A. Moore, *Inside the Tornado* (Nova York: HarperBusiness, 1995) e *Living on the Fault Lin*e (Nova York: HarperBusiness, 2000).
4. Encaminhamos ao leitor novamente o estudo de caso do professor Robert Burgelman, de Stanford, sobre os processos de desenvolvimento e implementação de estratégias na Intel, *Strategy Is Destiny* (Nova York: Free Press, 2002). Nesse relato, Burgelman enfatiza a importância de que, assim que a estratégia vencedora do microprocessador surgiu, Andy Grove e Gordon Moore focassem muito agressivamente todos os investimentos da corporação nela.
5. Veja Alfred Rappaport e Michael Mauboussin, *Expectations Investing: Reading Stock Prices for Better Returns* (Boston: Harvard Business School Press, 2001). Mencionamos este ponto no Capítulo 1, mas merece ser repetido aqui. Como os mercados descontam o crescimento projetado no preço atual das ações, as

empresas que entregarem o que os investidores previram e descontaram só ganharão taxas médias de retorno para os acionistas. É verdade que ao longo de suas histórias, as empresas que crescem a taxas mais rápidas dão retornos mais elevados aos seus acionistas do que aquelas que crescem mais lentamente. Porém os acionistas em particular nessa história que percebem os retornos acima da média são aqueles que seguram as ações quando o mercado nota que sua previsão de crescimento da empresa era muito baixa.

6. As reduções de custos que permitem a uma empresa gerar fluxos de caixa maiores do que os investidores esperavam também criam valor para os acionistas, claro. Classificamos estas como inovações sustentáveis porque permitem que as empresas líderes ganhem mais dinheiro na forma como estão estruturadas para tanto. Como os investidores costumam esperar melhorias contínuas de eficiência de qualquer empresa, nossas declarações aqui apenas refletem a realidade de que gerar valor para o acionista excedendo as expectativas dos investidores em relação à eficiência operacional normalmente só pode levar os preços das ações para um patamar mais alto, porém *plano*. Colocar a inclinação do gráfico do preço das ações para cima requer uma inovação disruptiva.
7. Muitas vezes, isso ocorre em situações sustentáveis — é importante investir agressivamente antes do lançamento do produto para assegurar que os canais estejam preenchidos e exista capacidade para atender à demanda esperada. Mas esse não é o caso nas situações disruptivas.
8. Veja Corporate Strategy Board, *Stall Points* (Washington, D.C.: The Corporate Strategy Board, 1998).
9. Esse é o tema de uma importante linha de trabalho do professor Robert Kaplan e seus colegas que os levou a defender o uso de uma ferramenta chamada *Balanced Scorecard*, em vez de demonstrações financeiras, como uma medida da saúde estratégica de longo prazo de uma organização. Veja, por exemplo, Robert S. Kaplan e David P. Norton, *The Strategy-Focused Organization* (Boston: Harvard Business School Press, 2001).
10. Ao afirmar que os gestores devem deixar a teoria guiar suas ações e não esperar até que dados convincentes sejam disponibilizados, certamente esperamos que os leitores não interpretem que estamos aconselhando os gestores a seguir por instinto e sem números. Medir em detalhes o desempenho operacional das linhas de negócios estabelecidas e tomar decisões com base nesses dados é essencial para um movimento lucrativo na trajetória sustentável. Ao se envolver em um planejamento orientado à descoberta para um novo negócio disruptivo, a modelagem financeira pró-forma de possíveis resultados ajuda os planejadores a entender quais suposições são mais importantes. Nosso caso para decisões orientadas pela teoria é fundamentado na crença de que a teoria sólida pode ajudar os executivos a dar um significado estratégico aos números que, de outra forma, poderiam parecer inconclusivos e classificar o sinal a partir do ruído à medida que os dados entram.
11. Como explorado no Capítulo 6, esperaríamos que a formação em gestão no trabalho, como uma disrupção no novo mercado, fosse uma indústria modular, e não integrada, cuja capacidade de obter lucros atraentes provavelmente não residirá no design e na montagem de cursos. No entanto, a maioria das escolas de negócios tenta competir nesse mercado, planejando e oferecendo

cursos de formação executiva personalizados para grandes corporações. Em nossa opinião, as escolas de negócios precisam de uma grande dose de teoria. Em vez de simplesmente vender casos e artigos, uma estratégia melhor para elas seria criar módulos curriculares de valor agregado que permitiriam que dezenas de milhares de pessoas de treinamento corporativo montassem rapidamente um conteúdo atraente para ajudar os funcionários a aprender exatamente o que eles precisam, quando e onde precisam aprender. Também seria fundamental permitir que esses instrutores ensinassem esses materiais de formas tão convincentes e interessantes que nenhum dos alunos no trabalho tenha vontade de estar novamente nas aulas de um professor da escola de negócios. Se a história fosse um guia, se as divisões editoriais das escolas de negócios fizessem isso, elas teriam um impacto muito mais amplo e seriam muito mais lucrativas do que as organizações de ensino existentes no campus.

12. A literatura que avalia as implicações de desempenho da atividade de fusão e aquisição é enorme e surpreendentemente clara. Inúmeros estudos revelaram que muitas, e talvez até a maioria, fusões destroem o valor na empresa compradora; veja, por exemplo, Michael Porter, "From Competitive Advantage to Competitive Strategy", *Harvard Business Review* 65, nº 3 (1987), 43–59, e J. B. Young, "A Conclusive Investigation into the Causative Elements of Failure in Acquisitions and Mergers", em *Handbook of Mergers, Acquisitions, and Buyouts,* S. J. Lee e R. D. Colman (eds.) (Englewood Cliffs, NJ: Prentice-Hall, 1981), 605–628. Na melhor das hipóteses, os únicos vencedores parecem ser os vendedores; veja, por exemplo, G. A. Jarrell, J. A. Brickley e J. M. Netter, "The Market for Corporate Control: The Empirical Evidence Since 1980", *Journal of Economic Perspectives* 2 (1988): 21–48; e M. C. Jensen e R. S. Ruback, "The Market for Corporate Control: The Scientific Evidence", *Journal of Financial Economics* 11 (1983): 5–50. Mesmo que as metas de aquisição sejam "bem selecionadas" do ponto de vista estratégico convencional, há uma grande evidência sugerindo que as dificuldades da implementação podem atrapalhar a realização de quaisquer benefícios supostos; veja, por exemplo, Anthony B. Buono e James L. Bowditch, *The Human Side of Mergers and Acquisitions: Managing Collisions Between People, Cultures, and Organizations* (San Francisco: Jossey-Bass, 1988), e D. J. Ravenscraft e F. M. Scherer, "The Profitability of Mergers", *International Journal of Industrial Organization* 7 (1989): 101–116.

13. Queremos enfatizar que nossa mensagem não é a de que as aquisições podem resolver os problemas de crescimento de uma empresa. Como observamos no texto, mesmo a aquisição bem-sucedida de negócios maduros não muda a trajetória de crescimento de uma corporação, apenas coloca as receitas corporativas em um patamar mais alto, porém plano. No final dos anos 1990, a Cisco seguiu uma estratégia de aquisição muito diferente daquela que descrevemos no negócio de MDD da J&J. Os roteadores de comutação de pacotes da Cisco criaram uma poderosa onda de disrupção contra a Lucent e a Nortel, que faziam equipamentos de comutação de circuitos para telefonia de voz. A maioria das aquisições da Cisco era *sustentável* em relação ao seu modelo de negócios e posição no mercado, na medida em que ajudou a empresa a ir para o mercado de ponta melhor e mais rápido. Elas não constituíram plataformas para novos negócios de crescimento disruptivo.

14. É uma das conclusões do recente livro do professor Donald N. Sull, *Revival of the Fittest* (Boston: Harvard Business School Press, 2003).
15. De fato, preocupamo-nos que exatamente esse raciocínio tenha feito com que os executivos seniores da Hewlett-Packard combinassem as unidades de negócios da empresa em algumas organizações em massa. A reorganização facilitou o corte de custos, sem dúvidas. Mas, em nossa opinião, só pode exacerbar a batalha da empresa com seus valores em um momento em que o crescimento reacionário é muito importante. Ao mesmo tempo, e é por isso que uma boa teoria é tão importante, "pequenez" *versus* "grandeza" não é o esquema de categorização correto ao pensar nos benefícios desses tipos de fusões ou nas vantagens da pequenez alcançadas pela separação organizacional ou pelas reestruturações societárias. A consolidação pode gerar economias de custos importantes, mas, como destacamos neste capítulo, ela pode corromper os valores necessários para buscar oportunidades disruptivas em potencial. Organizações menores, ou grandes organizações separadas em várias organizações menores, podem ter mais facilidade para lidar com os desafios de adotar valores favoráveis à disrupção, mas, como destacamos nos Capítulos 5 e 6, as organizações também devem lidar com as demandas de interdependências arquitetônicas, que muitas vezes podem exigir organizações maiores e mais integradas. Em nossa opinião, não se trata tanto de fazer concessões, isto é, aceitar compromissos inevitáveis, mas reconhecer as circunstâncias em que se está e adotar a solução adequada para o problema mais urgente.
16. Muitas vezes nos perguntam quanto dinheiro um empreendimento deve perder e quanto tempo deve levar até que os lucros sejam esperados. Claro, não pode haver regras rígidas, porque a intensidade do custo fixo de cada negócio variará. A telefonia móvel foi um negócio de crescimento disruptivo que implicou grandes investimentos de custo fixo e, portanto, perdas mais significativas do que muitas outras. Ao fazer essas recomendações, apenas esperamos oferecer aos executivos o princípio orientador de que perder menos é mais.
17. A experiência da Honda é resumida no livro *O Dilema da Inovação*. Esse relato foi condensado a partir de um estudo de caso de Evelyn Tatum Christensen e Richard Tanner Pascale, "Honda (B)", Caso 9-384-050 (Boston: Harvard Business School, 1983).
18. Buscar sucessos inesperados, em vez de procurar corrigir os desvios de um plano, é um dos princípios mais importantes que Peter F. Drucker ensinou em seu livro clássico *Inovação e Espírito Empreendedor: Prática e Princípios* (Editora Cengage, 2016).
19. Essa tendência de focar imediatamente a atividade principal quando as coisas ficam ruins, mesmo à custa das soluções de longo prazo para o problema que fez tal atividade adoecer, é conhecida entre os psicólogos comportamentais como "rigidez da ameaça". Veja o Capítulo 4 para saber mais sobre isso.
20. As experiências de Fiore são detalhadas em Clayton M. Christensen e Tara Donovan, "Nick Fiore: Healer or Hitman? (A)", Caso 9-601-062 (Boston: Harvard Business School, 2000).
21. Apresentação do Dr. Nick Fiore para os estudantes da Harvard Business School, 26 fevereiro 2003.

22. O professor William Sahlman, da Harvard Business School, estudou o fenômeno da "bolha" do capital de risco por duas décadas. Ele observa que, quando muitos investidores de risco concluem que precisam ter fortes posições de investimento em uma "categoria", os investidores desenvolvem uma "miopia do mercado de capitais" — uma visão que não considera o impacto que os investimentos de outras empresas terão na probabilidade de que seu investimento individual será bem-sucedido. Quando grandes quantidades de capital de risco disponíveis estão focadas em um setor onde os investidores percebem economias de escala acentuadas e fortes efeitos de rede, os fundos e as empresas em que investem são obrigados a ter um comportamento de "corrida". As empresas procuram superar radicalmente a concorrência, porque é a taxa de gastos *relativa* de uma empresa e sua capacidade de execução *relativa* que impulsionam o sucesso. Sahlman observa que, uma vez que uma corrida como essa começa, os fundos de risco não têm opção a não ser ter esse comportamento se quiserem participar dessa categoria de investimento. Sahlman observou que em meados dos anos 1980 até o início dos anos 1990, o período após a primeira dessas bolhas de investimento, os retornos para o capital de risco eram zero. Vimos um declínio semelhante nos retornos de risco nos anos seguintes à bolha de investimentos em telecomunicações e pontocom no final da década de 1990.
23. O investimento em grande escala de dinheiro que é impaciente com o lucro e o crescimento é muito apropriado nas fases posteriores da etapa 1 da espiral, quando a empresa precisa focar deliberadamente uma estratégia vencedora que ficou clara. Curiosamente, a Bain Capital, que foi uma das empresas de investimento mais bem-sucedidas na última década, fez essa transição de forma muito eficaz. A Bain começou a fazer pequenos investimentos de risco. Por exemplo, forneceu o financiamento inicial para a Staples, a superestrela do escritório. Foi tão bem-sucedida com seu primeiro fundo que os investidores simplesmente deram tanto dinheiro nos fundos subsequentes quanto a Bain permitiria. Isso significava que os valores da empresa mudaram e ela não podia mais priorizar os pequenos investimentos. Em contraste com o comportamento dos fundos de risco na bolha, no entanto, a Bain parou de fazer investimentos no estágio inicial à medida que ficava maior. Tornou-se um investidor de capital privado em um estágio posterior e continuou a ter um desempenho magnífico. Na linguagem do modelo de construção teórica que apresentamos na introdução, conforme esses fundos de investimento crescem, eles se encontram em diferentes circunstâncias. As estratégias que levaram ao sucesso em uma circunstância podem levar ao desastre em outra. A Bain Capital mudou de estratégia ao passo que suas circunstâncias mudaram. Muitos dos fundos de capital de risco não.

CAPÍTULO DEZ

O PAPEL DOS EXECUTIVOS SENIORES AO LIDERAR O NOVO CRESCIMENTO

Como os executivos seniores devem alocar seu tempo e sua energia em todas as empresas e iniciativas que exigem sua atenção? Como sua supervisão das inovações sustentáveis deve diferir de seu modo de gestão em situações disruptivas? A criação de negócios NGT é inerentemente um empreendimento idiossincrático e *ad hoc*, ou é possível criar um processo repetido que gera com sucesso onda após onda de crescimento disruptivo?

Os executivos seniores de uma empresa que procura repetidamente criar novas ondas de crescimento disruptivo têm três funções. A primeira é uma atribuição de curto prazo: supervisionar pessoalmente a interface entre as empresas de crescimento disruptivo e as empresas tradicionais para julgar quais recursos e processos da corporação devem ou não ser impostos ao novo negócio. A segunda é uma responsabilidade de longo prazo: conduzir a criação de um processo que chamamos de "motor de crescimento disruptivo", que lança com habilidade e repetidas vezes negócios de crescimento bem-sucedidos. A terceira responsabilidade é perpétua: sentir quando as *circunstâncias* estão mudando e continuar ensinando os outros a reconhecer esses sinais. Como a eficácia de qualquer estratégia depende da circunstância, os executivos seniores precisam ver o horizonte (que muitas vezes está na ponta baixa do mercado ou no não consumo) para comprovar que a base da concorrência está mudando e, em seguida, iniciar projetos e aquisições para garantir que a corporação responda à mudança como uma oportunidade de crescimento, e não uma ameaça a ser defendida.[1]

Posicionado na Interface Disruptiva Sustentável

Como os processos começam a se amontoar dentro de um grupo que é confrontado repetidamente com a mesma tarefa, o motor que impulsiona a realização em empresas bem administradas aos poucos fica menos dependente das capacidades de pessoas individuais e passa a ser incorporado nos processos, como descrevemos no Capítulo 7. Depois que as empresas de sucesso encontram sua posição inicial disruptiva, a tarefa que se repete várias vezes é a inovação sustentável, não a disrupção. Os processos bem lubrificados e capazes de abordar com sucesso as oportunidades sustentáveis se uniram na maioria das empresas de sucesso. No entanto, até agora não conhecemos nenhuma empresa que tenha construído processos para lidar com a disrupção, porque o lançamento de negócios disruptivos ainda não tem sido uma tarefa recorrente.[2]

No momento, a capacidade de criar negócios em crescimento com disrupção reside nos recursos das empresas, e por razões que exploraremos neste capítulo, o mais crítico desses recursos é o CEO ou outro executivo muito sênior com influência parecida. Dizemos "no momento" porque nem sempre precisa ser assim. Se uma empresa enfrenta a tarefa de criar um crescimento disruptivo repetidas vezes, a capacidade de criar negócios de crescimento disruptivo bem-sucedidos pode ficar abrigada em um processo também — um processo que este capítulo chama de *motor de crescimento disruptivo*. Embora não conheçamos nenhuma empresa que tenha desenvolvido esse motor, acreditamos que seja possível e propomos quatro etapas críticas que os executivos seniores podem adotar. Uma empresa que tenha sucesso na criação de um motor de crescimento disruptivo se colocará em um caminho previsível para o crescimento lucrativo, patinando consistentemente em direção às oportunidades para ganhar dinheiro do futuro.

Uma Teoria do Envolvimento dos Executivos Seniores

Até que os processos que podem gerenciar com competência a inovação disruptiva se combinem, a supervisão pessoal de um executivo sênior é um dos recursos mais essenciais que as empresas disruptivas precisam ter para alcançar o sucesso. Uma das dimensões mais desanimadoras da vida dos executivos seniores é o coro de escritores de muitos livros de gestão dizendo que eles devem estar envolvidos para corrigir qualquer problema. Ética corporativa, valor acionário, desenvolvimento de negócios e produtos, aquisições, cidadania corporativa, cultura corporativa, desenvolvimento de gestão e programas de melhoria de processos são todos engrenagens que exigem graxa executiva. Os gerentes seniores devem prestar muita atenção ao gerenciar a linha superior, a linha inferior e todas as linhas intermediárias. Confrontando tal cacofonia, os executivos precisam de uma boa teoria baseada em circunstâncias para o envolvimento executivo, uma maneira de discerni-las em que seu envolvimento direto é realmente crítico para o sucesso e as condições em que devem delegar.

Uma das teorias mais comuns de quando os executivos seniores devem ou não se envolver em uma decisão é baseada em um atributo da decisão, a saber, a magnitude do dinheiro em jogo. A teoria afirma que gerentes de nível inferior podem tomar decisões menores ou que envolvam pequenas mudanças, mas que apenas os executivos seniores têm sabedoria suficiente para tomar as decisões importantes corretamente. Quase todas as empresas ordenam essa teoria por meio de políticas que dão aprovação à tomada de decisões para investimentos menores para os executivos de nível inferior e elevam os itens de grande porte para o escrutínio da equipe mais sênior.

Às vezes, essa teoria prevê com precisão a qualidade das decisões, outras vezes, não.[3] Um problema com sistemas que refletem a teoria de enviar as grandes decisões para grandes pessoas é que os dados estão nas divisões: há uma assimetria de informação na dimensão vertical de toda organização. Os sistemas de relatórios podem realmente elevar as informações que os gerentes seniores pedem, mas o problema é que, às vezes, a alta administração não sabe quais perguntas precisam ser feitas.[4] Portanto, as pessoas seniores nas grandes organizações normalmente não podem saber muito além do que os gerentes abaixo delas escolhem divulgar. Pior, quando os gerentes de nível médio passam por alguns ciclos de decisão da alta administração, eles aprendem como os números devem ser para que a alta administração aprove as propostas e aprendem quais informações não devem ser apresentadas à alta administração porque podem "confundi-la". Portanto, uma boa parte do esforço dos gerentes intermediários é gasta peneirando toda a informação em um subconjunto específico que é necessário para obter a aprovação sênior para projetos que os gerentes intermediários já decidiram que são importantes. As iniciativas que não fazem sentido para os gerentes intermediários raramente são levadas para a consideração das pessoas seniores. Os executivos seniores *imaginam-se* tomando grandes decisões, mas, na verdade, na maioria das vezes, não é o que acontece.

Como os executivos mais seniores na realidade não podem participar quando e onde essas decisões são realmente tomadas, os processos de tomada de decisão que funcionam bem *sem* a atenção sênior são *críticos* para o sucesso nas circunstâncias de inovação sustentável. Na circunstância sustentável em que existem processos capazes, mesmo em muitas decisões importantes, os executivos seniores normalmente não podem melhorar a qualidade da decisão por causa da assimetria das informações existentes.[5] É quando a verdade de "levar as decisões para o nível mais baixo" e "tornar competente o nível mais baixo" é, de fato, uma boa notícia.

Outra versão da "teoria do tamanho" afirma que as grandes empresas exigem um envolvimento mais ativo da alta administração; já os gerentes de nível inferior podem lidar com as demandas das unidades organizacionais menores. Menos pessoas e menos ativos, diz a crença, significam que menos habilidades gerenciais são necessárias. Às vezes é o caso, mas outras vezes, não. Os negócios potencialmente disruptivos são pequenos. Mas com suas estratégias mal definidas e metas de rentabilidade exigentes, as decisões de "fazer ou parar" surgem com uma frequência alarmante, e essas empresas não têm processos para tomar decisões corretamente. Por outro lado, as grandes empresas em organizações bem-sucedidas em geral estabeleceram clientes com necessidades claramente articuladas e aperfeiçoaram a alocação de recursos e os processos de produção para atender a essas necessidades. Os requisitos de tomada de decisão dessas organizações costumam transcender o envolvimento de qualquer indivíduo e são normalmente, e adequadamente, atendidos pelo funcionamento ordenado dos processos estabelecidos.

Ambas as teorias têm categorias erradas. Uma teoria melhor e baseada em circunstâncias pode ajudar os gestores a decidir quais decisões devem ser tomadas em quais níveis. Para as decisões que os principais processos e valores foram projetados para fazer de forma eficaz (inovações sustentáveis, principalmente), é necessário menos envolvimento dos executivos seniores. É quando esses executivos sentem que os processos e os valores da organização principal *não* foram planejados para lidar com as decisões importantes em uma organização (que é geralmente o caso nas circunstâncias disruptivas) que um executivo sênior precisa participar. Como os planos para negócios disruptivos, por definição, precisam ser moldados por critérios diferentes e como os valores do negócio tradicional evoluíram para eliminar as ideias com potencial disruptivo, a inovação disruptiva é a categoria de circunstância na qual os gerentes seniores poderosos devem estar pessoalmente envolvidos. A inovação sustentável é a circunstância em que a delegação funciona com eficiência. Um executivo sênior é o único que pode endossar o uso de processos corporativos quando eles são apropriados e acabar com o controle desses processos e regras de decisão quando não são.

Outra razão pela qual os executivos seniores precisam se posicionar na interface entre as inovações sustentáveis e a disrupção é que os gestores das principais unidades de negócios precisam estar totalmente informados sobre as inovações tecnológicas e o modelo de negócios que são desenvolvidos no novo negócio disruptivo, porque a disrupção muitas vezes é onde as melhorias mais importantes para o futuro de toda a corporação são incubadas. Se os gerentes seniores se informaram adequadamente com as teorias sólidas de estratégia e gestão, eles podem treinar os gestores dos negócios em crescimento importantes nos lados sustentáveis e disruptivos da interface para tomar as ações apropriadas para cada circunstância em particular. Garantir que os processos estratégicos deliberados e emergentes sejam empregados nas circunstâncias certas e que os gestores sejam contratados cuja experiência corresponda aos problemas em questão são desafios contínuos em ambos os lados da divisão.

A Importância da Interferência

Um de nossos estudos de caso de ensino favoritos, sobre a Nypro, Inc., ilustra quando e por que um executivo sênior precisa zelar pessoalmente pela criação dos negócios de crescimento disruptivo.[6] A Nypro é uma moldadora de injeção personalizada de peças plásticas de precisão extraordinariamente bem-sucedida. Grande parte da cultura inovadora e do sucesso financeiro da empresa pode ser atribuída ao seu proprietário e CEO recém-aposentado, Gordon Lankton.

Os clientes da Nypro são fabricantes globais de produtos de saúde e microeletrônica. Eles requerem o fornecimento mundial de componentes plásticos cuja complexidade e tolerâncias dimensionais exigem recursos de processo de moldagem mais sofisticados. A Nypro procura oferecer uma capacidade uniforme em qualquer uma de suas 28 fábricas, na América do Norte, em Porto Rico, na Irlanda, no México, em Cingapura ou na China, com o mantra "A Nypro é sua fonte local… em todo o mundo". Se a Nypro buscasse alcançar essa capacidade uniforme impedindo que qualquer fábrica se desviasse dos procedimentos padrão em toda a empresa, isso acabaria com a inovação no exato nível em que ela é melhor: nas fábricas. A maioria das importantes inovações de processo que ajudam a Nypro a fazer produtos cada vez melhores é desenvolvida por equipes de engenharia que trabalham para resolver problemas de clientes nas fábricas individuais distantes, fora da vista e do alcance da alta administração. Essa situação é um estereótipo do dilema que a maioria das empresas enfrenta de uma forma ou de outra: as empresas precisam de capacidade uniforme, mas de flexibilidade para mudar, e os gerentes seniores normalmente não podem *ver* quais inovações estão sendo consideradas e desenvolvidas, muito menos decidir quais merecem investimento.

Em resposta a esse desafio, Lankton criou um sistema para trazer à tona as inovações mais importantes e bem-sucedidas para que ele pudesse avaliar quais melhorias deveriam ser adotadas por todas as fábricas, permitindo, assim, que a Nypro oferecesse uma capacidade de fabricação global uniforme, mas cada vez melhor. Um elemento-chave foi um sistema de relatórios financeiros mensais que avaliava o desempenho das fábricas em uma série de dimensões importantes que Lankton julgava serem os fatores do desempenho financeiro de curto prazo da empresa e de seu sucesso estratégico de longo prazo. Esses relatórios mostravam, para todos verem, quais fábricas estavam melhor e quais precisavam melhorar. Os gestores eram avaliados segundo as medidas de desempenho da fábrica nesses relatórios e sua reputação em relação aos outros era afetada pelo ranking relativo das fábricas. Em outras palavras, o sistema proporcionava uma ampla motivação para os gestores buscarem qualquer inovação que melhorasse seu desempenho e classificação relativa.

Lankton criou conselhos de administração interligados para cada fábrica, de modo que cada conselho era composto por gerentes e engenheiros de várias outras fábricas. Isso mantinha as informações fluindo entre elas. A empresa aumentou isso com várias reuniões globais todo ano para os gerentes de fábrica e os engenheiros, nas quais eles trocavam informações sobre quais processos e inovações de produtos cada um havia implementado e quais foram os resultados. Com o tempo, surgiu uma cultura em que os gestores eram intensamente competitivos para se adiantarem uns aos outros, e ainda cooperavam ao compartilhar as inovações de processo que cada um havia desenvolvido.

Lankton observava atentamente sempre que a inovação bem-sucedida de uma fábrica começava a ser adotada pelos gestores de outras fábricas. Para ele, era o sinal de que a ideia tinha mérito. Depois que vários gestores respeitados copiavam a inovação do processo da outra fábrica, Lankton tinha evidências suficientes para decidir que a inovação deveria ser implementada e, em seguida, determinava que ela se tornasse uma prática padrão no mundo inteiro. Esse método primeiro testava e validava as inovações sustentáveis e, depois, acelerava a implementação daquelas que se mostravam importantes.

Em meados dos anos 1990, ficou claro para Lankton que o mundo da Nypro estava mudando. Seus engenheiros podiam moldar milhões de peças plásticas complicadas por mês com tolerâncias mínimas. Embora houvesse algumas aplicações que precisavam de uma precisão ainda maior, os recursos da Nypro eram mais do que bons o suficiente para grande parte do mercado, e outros concorrentes melhoraram para competir favoravelmente com o custo e a qualidade da Nypro. Em outras palavras, Lankton sentiu que a base da concorrência em seus mercados estava começando a mudar. Ele observou que o tipo de negócio que levou ao sucesso da Nypro — a moldagem de alto volume e alta precisão — não estava crescendo tão rapidamente quanto a demanda por uma variedade maior de peças com volumes menores. Algumas dessas peças também exigiam alta precisão, mas era a capacidade de responder rapidamente com essa precisão que surgia como o segredo do sucesso.

Sentir uma mudança de circunstância e elaborar uma resposta é um papel que só o CEO pode ter. Lankton sentiu essa mudança com maestria, mas quando ele deixou para a organização implementar a mudança necessária, ela não conseguiu. Veja o que aconteceu.

Para preparar a Nypro para essa mudança na base da concorrência, Lankton encomendou um projeto na sede da empresa para desenvolver uma máquina chamada "Novaplast", que poderia ser configurada em menos de um minuto.[7] O design exclusivo da tecnologia possibilitava uma moldagem econômica e de baixa pressão de várias peças de precisão em tiragens de curto prazo.

Para ser consistente com a prática da empresa, Lankton optou por não obrigar todas as fábricas a começar a usar a nova máquina. Ele garantiu que todos os gestores entendessem como a tecnologia funcionava e qual era seu propósito estratégico. Então, disponibilizou a máquina para os gerentes de fábrica alugarem, na esperança de que essa abordagem minimizasse as barreiras à experimentação e à adoção — e, como de costume, para ver se aqueles cujo julgamento ele aprendeu a respeitar votavam pela tecnologia. Seis das fábricas da Nypro alugaram a máquina, mas dentro de quatro meses, quatro delas retornaram suas máquinas para a sede. O motivo: eles concluíram que simplesmente não havia nenhum negócio que pudesse ser executado economicamente nas máquinas. As duas fábricas que mantiveram a máquina Novaplast tinham um pedido antigo de um grande fabricante de pilhas AA para fornecer um revestimento plástico que se encaixava na estrutura de metal dessas pilhas. As fábricas moldavam milhões desses revestimentos todos os meses, e, por razões únicas, descobriu-se que a máquina Novaplast poderia montar essas peças com rendimentos maiores e custos menores do que as máquinas convencionais de alto volume e alta pressão da Nypro.

O resultado desse caso didático mostra Lankton intricado com o resultado. Por que ele viu claramente a crescente demanda por entrega rápida de uma variedade cada vez maior de peças de precisão de curto prazo e, no entanto, suas fábricas não conseguiram obter nenhum desses negócios para suas máquinas Novaplast? Foi uma vitória ou um fracasso que o sucesso final da Novaplast veio de uma peça com volume muito alto, padrão e de alta precisão?

A resposta é que esse é exatamente o resultado que esperaríamos dos processos e dos valores que davam suporte ao modelo de negócio existente. O motor de inovação finamente aperfeiçoado da Nypro transformou a Novaplast em uma tecnologia sustentável, porque é exatamente isso que o sistema foi projetado para fazer: moldar todos os investimentos para ajudar a empresa a ganhar dinheiro da forma como foi estruturada. Uma organização não pode fazer disrupção em si mesma. Ela só pode implementar tecnologias de maneira a sustentar seu lucro ou modelo de negócios. A consequência para a Nypro de permitir que o processo padrão permaneça no controle é que (até então) a empresa perdeu a chance de criar um novo negócio de crescimento disruptivo.

Para ter sucesso nessa disrupção, Lankton precisaria criar uma organização de vendas cuja estrutura de compensação estimulasse os vendedores a buscar esse negócio de alta variedade e baixo volume por peça. Ele precisaria construir uma organização operacional cujos processos estivessem sintonizados com esse trabalho e criar medidas de desempenho diferentes daquelas que impulsionaram o sucesso na atividade principal. Nenhum processo do negócio principal poderia fazer esses julgamentos corretamente. É por isso que o CEO precisa se posicionar na interface entre as principais unidades de negócios e os novos negócios de crescimento disruptivo.[8]

Qualquer Executivo Pode Liderar o Crescimento Disruptivo?

Como os processos e os valores do negócio tradicional, por sua própria natureza, são voltados para gerenciar a inovação sustentável, não há alternativa no início para o CEO ou alguém com poder parecido assumindo a responsabilidade de supervisão para o crescimento disruptivo. Apenas alguns executivos podem exercer essa supervisão de modo eficaz, ou é possível que *qualquer* pessoa sênior tenha sucesso? Observamos no Capítulo 2 que a maioria das empresas cujas ações gostaríamos de ter nos últimos cinquenta anos criou raízes com uma estratégia disruptiva. Algumas, mas não muitas, dessas empresas posteriormente pegaram ou criaram outras ondas de disrupção que mantiveram a empresa-mãe crescendo em um ritmo robusto por um tempo.

Uma das nossas percepções mais preocupantes é a de que, dentro da população de empresas que conseguiram uma onda subsequente de disrupção e permaneceram no topo de seus setores, a grande maioria ainda estava sendo administrada pelo fundador no momento em que enfrentaram a disrupção. Apenas algumas que eram administradas por gestores profissionais (não fundadores) conseguiram criar novos negócios de crescimento disruptivo. A Tabela 10-1, embora incompleta, ilustra o que sentimos.[9]

Vale a pena notar que essas organizações lideradas por fundadores também eram empresas essencialmente de um único setor (isto é, relativamente não diversificadas quando enfrentaram a disrupção), o que, como o Capítulo 9 observou, pode tornar a criação de um novo negócio disruptivo ainda mais difícil. Suspeitamos que os fundadores tenham uma vantagem em lidar com a disrupção porque não apenas exercem a influência política necessária, mas também têm autoconfiança para superar os processos estabelecidos no interesse de buscar oportunidades disruptivas. Já os gestores profissionais muitas vezes parecem ter dificuldades em seguir nas direções disruptivas que aparentam ser contraditórias para a maioria das outras pessoas na organização.

A Tabela 10-2 mostra, no entanto, que existem algumas exceções ao princípio de que apenas os fundadores parecem capazes de gerar disrupção. Conhecemos cinco grandes empresas que foram administradas por gestores profissionais no momento em que lançaram disrupções bem-sucedidas. Destas, Johnson & Johnson, Procter & Gamble e General Electric são ícones da diversificação. A IBM e a Hewlett-Packard eram relativamente não diversificadas quando seus fundadores lançaram os primeiros negócios disruptivos de sucesso; portanto, elas estão listadas na Tabela 10-1. Mais tarde, quando os gestores profissionais estavam no comando, essas duas empresas lançaram ou adquiriram negócios disruptivos adicionais, mas o fizeram quando as empresas ficaram muito mais amplamente diversificadas.

Suspeitamos que, como os gestores profissionais das empresas listadas na Tabela 10-2 realizaram suas novas disrupções no contexto de uma corporação diversificada e multiempresarial, foi mais fácil para eles ter sucesso. Embora suas capacidades como recursos gerenciais fossem, sem dúvidas, importantes nessas ações, havia precedentes e processos para criar ou adquirir novos negócios e gerenciá-los adequadamente, auxiliando os CEOs profissionais na geração de um crescimento disruptivo.[10]

TABELA 10-1

Empresas lideradas por fundadores que lançaram novos negócios disruptivos

Empresa	Negócio de crescimento disruptivo	CEO/Fundador
Bank One	Cartões de crédito Monoline (compra da First USA)	John McCoy[a]
Charles Schwab	Corretagem online	Charles Schwab[b]
Dayton Hudson	Varejo com desconto (Target Stores)	The Dayton family
Hewlett- Packard	PCs com microprocessador	David Packard
IBM	Minicomputadores	Thomas Watson Jr.[c]
Intel	Microprocessadores de baixo custo (chip Celeron)	Andrew Grove
Intuit	Software de contabilidade de pequenas empresas QuickBooks; software de assistência fiscal pessoal TurboTax; colocar online o software de gerenciamento de dinheiro Quicken	Scott Cook
Microsoft	Computação pela internet; software de banco de dados SQL e Access; software de soluções empresariais Great Plains	Bill Gates
Oracle	Software central (provedor de serviços de aplicativos)	Larry Ellison
Quantum	Unidades de disco de 3,5 pol.	Dave Brown/ Steve Berkley
Sony	Eletrônicos de consumo com transistor	Akio Morita
Teradyne	Testadores de circuito integrado com processadores CMOS	Alex d'Arbeloff
The Gap	Roupas casuais com preço baixo Old Navy	Mickey Wexler
Wal-Mart	Sam's Club	Sam Walton

a. McCoy não era o fundador, mas foi o principal arquiteto da estratégia de aquisição que levou o Bank One à sua projeção.
b. O coCEO da empresa, David Pottruck, ajudou muito Charles Schwab neste esforço.
c. Mais uma vez, Watson era filho do fundador, mas foi o principal fator do sucesso da IBM na computação digital de mainframe.

TABELA 10-2

Empresas administradas profissionalmente que lançaram novos negócios disruptivos

Empresa	Negócio de crescimento disruptivo
General Electric	GE Capital
Hewlett- Packard	Impressoras a jato de tinta
IBM	Computadores pessoais
Johnson & Johnson	Monitores de glicose, lentes de contato descartáveis, equipamentos para cirurgia endoscópica e angio-plastia
Procter & Gamble	Limpeza a seco doméstica Dryel, escovas de dentes elétricas baratas, tiras de branqueamento de dentes da marca Crest

Criando um Motor de Crescimento: Incorporando a Capacidade de Disrupção em um Processo

Lançar um único negócio disruptivo de sucesso pode criar anos de crescimento lucrativo para uma empresa, como a GE Capital fez com sua empresa-mãe durante os anos em que Jack Welch estava no comando. A disrupção abençoou o grupo de dispositivos médicos e de diagnóstico da Johnson & Johnson, como observamos no Capítulo 9. A disruptiva impressora a jato de tinta da Hewlett-Packard é agora o fator de lucro de toda a corporação. Se é tão bom fazer uma disrupção uma vez, por que não fazê-la repetidas vezes?

Se uma empresa lança uma *sequência* de negócios em crescimento, se seus líderes usam repetidamente testes decisivos para moldar ideias ou adquirir disrupções emergentes e se eles usam repetidamente teorias sólidas para tomar outras decisões importantes de criação de negócios, acreditamos que um processo previsível e repetido para identificar, moldar e lançar um crescimento bem-sucedido pode ser combinado. Uma empresa que incorpora a capacidade de fazer isso em um *processo* teria um motor de crescimento valioso.

Tal motor teria quatro componentes críticos, como descrito na Figura 10-1. Em primeiro lugar, tem de funcionar de forma ritmada e *política*, em vez de responder à evolução financeira. Isso asseguraria que novos negócios

FIGURA 10-1

Motor de crescimento disruptivo

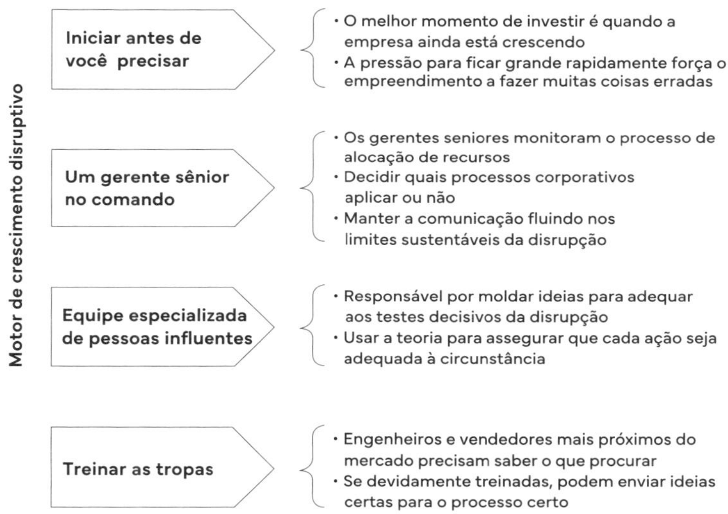

sejam lançados enquanto a corporação ainda cresce com robustez e que os novos negócios não sejam pressionados a crescer rápido demais. Em segundo lugar, o CEO ou outro executivo sênior que tem a confiança e a autoridade para liderar do topo *quando necessário* deve liderar o esforço. Isso é particularmente importante nos primeiros anos, quando o sucesso ainda depende mais dos recursos do que dos processos. Em terceiro lugar, montaria um pequeno grupo no nível corporativo (pessoas influentes) cujos membros desenvolvem um sistema prático e repetido para moldar ideias em planos de negócios disruptivos que são financiados e lançados. Em quarto lugar, incluiria um sistema de treinamento e reciclagem de pessoas em toda a organização para identificar oportunidades disruptivas e levá-las às pessoas influentes.[11]

Etapa 1: Iniciar Antes de Você Precisar

O melhor momento para investir para ter crescimento é, como observamos no Capítulo 9, quando a empresa está crescendo. Para construir o que será um negócio de crescimento respeitável em cinco anos, você deve começar agora. E precisa adicionar novas unidades ao portfólio de negócios em crescimento no ritmo ditado pelas necessidades de crescimento da corporação daqui a cinco anos. As empresas que constroem enquanto crescem podem proteger seus negócios emergentes de alto potencial da pressão do mercado financeiro, dando a cada uma o tempo necessário para iterar em direção a uma estratégia viável e decolar. Lembre-se do Wal-Mart. Em 2002, ele gerou quase US$220 bilhões em receitas. Mas a partir do momento em que abriu sua primeira loja de desconto, foram necessários doze anos, em dólares atuais, até ultrapassar o limite de receita de bilhões de dólares. As disrupções precisam de uma pista mais longa antes de decolarem para grandes volumes, então é preciso iniciá-las antes que seu relatório anual sugira que você está estabilizando.

A melhor forma de fazer isso é com o orçamento, não apenas uma quantia de capital reservada para investir no crescimento disruptivo, mas um número orçado de novos negócios que precisam ser lançados a cada ano.[12] Lembre-se de que não estamos defendendo a criação de um fundo de capital de risco corporativo cuja estrutura é baseada na crença de que não se pode prever quais investimentos serão ou não realizados. Acreditamos que o processo de criação do crescimento bem-sucedido é capaz de uma previsibilidade muito maior se os gestores usam teorias sólidas para moldar as ideias adequadamente. O número necessário de novos negócios pode, portanto, ser lançado a cada ano não apenas com esperança, mas com a expectativa de que terão sucesso.

Etapa 2: Nomear um Executivo Sênior para Orientar as Ideias nos Processos Adequados de Modelagem e Alocação de Recursos

A criação de um motor de crescimento disruptivo bem-sucedido requer o treinamento cuidadoso do CEO ou outro gerente sênior que tenha a confiança e o poder de isentar um empreendimento de um processo corporativo estabelecido, declarar quando diferentes processos precisam ser criados e garantir que os critérios sendo usados na alocação de recursos sejam adequados à circunstância de cada empreendimento e às necessidades da corporação. Esse executivo deve ser bem versado na teoria da inovação disruptiva e capaz de separar as ideias com potencial disruptivo daquelas que são mais bem implantadas em uma trajetória sustentável estabelecida. A principal função desse gestor é garantir que as ideias mais bem empregadas para criar posições disruptivas sejam alimentadas em um processo que maximize suas chances de sucesso.

Como observado antes, esse papel executivo mudará com o tempo. No início, implicará o monitoramento e o treinamento das decisões individuais nas empresas de crescimento individual. Por fim, consistirá em monitorar os processos para coletar, moldar e financiar ideias; orientar e treinar de forma contínua; e monitorar os ventos da mudança das circunstâncias no ambiente da empresa.

Etapa 3: Criar uma Equipe e um Processo para Moldar Ideias

Afirmamos no Capítulo 1 que a falta de ideias de crescimento interessantes raramente é um problema em empresas que correm o risco de perder seu crescimento. O problema é que as ideias muitas vezes perdem seu potencial de crescimento disruptivo no processo de modelagem pelo qual passam para obter financiamento. O desafio desse terceiro componente do motor de crescimento é, portanto, criar um processo operacional separado pelo qual as ideias podem ser moldadas em disrupções de alto potencial.

Processos como esse podem ser diagramados em alto nível no papel, mas eles se tornam concretos apenas conforme um grupo estável de pessoas resolve com sucesso problemas semelhantes repetidas vezes. A alta administração deve, portanto, criar uma equipe principal no nível corporativo que seja responsável pela coleta de ideias de inovação disruptivas e moldá-las em propostas que se encaixam nos testes decisivos descritos nos Capítulos 2 a 6 deste livro. Os membros dessa equipe devem entender essas teorias em um nível profundo, ficar juntos e aplicá-las com frequência. Essa experiência os ajudará a perceber quais ideias podem ou não ser moldadas em disrupções interessantes e a distingui-las das ideias cujo potencial é sustentável e devem ser canalizadas pelo processo de modelagem e alocação de recursos de um negócio estabelecido.

Apesar da orientação que esperamos que este livro forneça, muitas dimensões da estratégia que, em última análise, serão bem-sucedidas para empreendimentos de crescimento não podem ser conhecidas no início. Isso significa que esse grupo de modelagem principal não pode usar os processos de planejamento estratégico e orçamento padrão da empresa ao lançar negócios disruptivos. O Capítulo 8 detalhou um processo de planejamento orientado por descobertas igualmente rigoroso para o uso em circunstâncias disruptivas.[13] Os membros do grupo principal podem treinar a gestão de cada novo empreendimento nessas técnicas de planejamento estratégico e orçamentário. Estamos confiantes de que, ao fazerem isso, sua intuição e compreensão das ideias melhorarão muito além do que agora sabemos e podemos transmitir em um livro limitado como este.

Etapa 4: Treinar as Tropas para Identificar Ideias Disruptivas

O quarto componente de um motor de crescimento disruptivo que funciona bem é o treinamento das tropas, em particular o pessoal de vendas, marketing e engenharia, porque eles estão mais bem posicionados para encontrar ideias de crescimento interessantes e explorar pequenas aquisições com potencial disruptivo. Eles devem ser treinados na linguagem da inovação sustentável e disruptiva e absorver uma compreensão profunda dos testes decisivos, porque é essencial que saibam quais ideias devem canalizar para os processos sustentáveis das unidades de negócios estabelecidas, quais devem ser direcionadas para canais disruptivos e quais têm potencial para nenhum dos dois. É realmente uma situação em que "tornar o nível mais baixo competente" será recompensado com lucros. Capturar ideias para negócios NGT a partir de pessoas em contato direto com mercados e tecnologias pode ser muito mais produtivo do que confiar em departamentos de estratégia corporativa ou desenvolvimento de negócios repletos de analistas — desde que as tropas tenham a intuição de fazer a triagem no primeiro nível e moldá-las.

Os executivos seniores precisam desempenhar quatro papéis na gestão da inovação. Primeiro, eles devem coordenar ativamente a ação e as decisões quando não há processos para fazer a coordenação. Em segundo lugar, eles devem acabar com o controle dos processos estabelecidos quando uma equipe é confrontada com novas tarefas que exigem novos padrões de comunicação, coordenação e tomada de decisão. Terceiro, quando surgem atividades e decisões recorrentes em uma organização, os executivos devem criar processos para orientar e coordenar de forma confiável o trabalho dos funcionários envolvidos. E quarto, como o cultivo recorrente de novos negócios de crescimento disruptivo implica a construção e a manutenção de múltiplos processos simultâneos e modelos de negócios dentro da corporação, os executivos seniores precisam se posicionar nas interfaces dessas organizações para garantir que o aprendizado útil dos novos negócios em crescimento retorne para a empresa principal e garantir que os recursos, os processos e os valores corretos sejam sempre aplicados na situação certa.

Quando uma empresa estabelecida realiza pela primeira vez a criação de um novo negócio de crescimento disruptivo, os executivos seniores precisam desempenhar a primeira e a segunda funções. A disrupção é uma tarefa nova, e não existirão processos apropriados para lidar com grande parte da coordenação e da tomada de decisão necessárias e relacionadas aos projetos iniciais. Alguns dos processos da organização principal precisam ser antecipados ou divididos, porque não facilitarão o trabalho que a equipe disruptiva precisa fazer. Para criar um motor de crescimento que sustente o crescimento da corporação por um longo período, os executivos seniores precisam desempenhar o terceiro papel com maestria, porque o lançamento de novos negócios disruptivos precisa se tornar uma tarefa com ritmo e recorrente. Isso implica em treinamento repetido para os funcionários envolvidos, para que eles possam identificar instintivamente ideias disruptivas em potencial e moldá-las em planos de negócios que levarão ao sucesso. Na quarta tarefa, que é se posicionar na fronteira entre os negócios disruptivo e tradicional, monitorar ativamente o fluxo apropriado de recursos, processos e valores do negócio principal para o novo e vice-versa, é a essência contínua da gestão de uma corporação em constante crescimento.

NOTAS

1. Neste capítulo, usaremos o termo *executivos seniores* para nos referir a homens e mulheres em cargos como presidente, vice-presidente, CEO e diretor. Os executivos seniores que podem desempenhar bem os papéis de liderança que descrevemos neste capítulo precisam ter o poder e a confiança para declarar que certas regras corporativas serão ou não seguidas, dadas as circunstâncias em que um empreendimento de crescimento está.
2. Como mencionado no Capítulo 8, a Sony é o único exemplo que conhecemos de que foi um disruptor *em série*, tendo criado uma sequência de dezenas de negócios NGT disruptivos entre 1950 e 1982. A Hewlett-Packard fez isso pelo menos duas vezes, quando lançou computadores com microprocessadores e impressoras a jato de tinta. Mais recentemente, nosso senso é o de que a Intuit tem buscado ativamente criar negócios NGT por meios disruptivos. Mas para a grande maioria das empresas, a disrupção tem sido, no máximo, um evento isolado.
3. Novamente indicamos aos leitores o livro *Strategy is Destiny*, de Robert Burgelman, uma crônica extraordinariamente perspicaz de como a qualidade *ex ante* e *ex post* de decisões estratégicas de alto impacto foi distribuída nas camadas de gestão da Intel Corporation.
4. Práticas como "gestão andando por aí", popularizadas por Thomas Peters e Robert Waterman em seu clássico livro sobre gestão *Vencendo a Crise* (Editora Harbra, 1983), são destinadas a esse desafio. A esperança é a de que, andando por aí, os gerentes seniores possam ter uma noção das perguntas importantes, para que sejam capazes de pedir as informações certas necessárias para tomar boas decisões.
5. Alguns afirmam que a maioria dos executivos seniores ainda precisa estar envolvida em decisões sobre grandes despesas por causa de sua responsabilidade fiduciária em não gastar mais do que a empresa tem. Até decisões como essas, no entanto, podem ser tomadas com processos capazes.
6. Esse relato resume um caso didático de Clayton Christensen e Rebecca Voorheis, "Managing Innovation at Nypro, Inc. (A)", Caso 9-696-061 (Boston: Harvard Business School, 1995) e "Managing Innovation at Nypro, Inc. (B)", Caso 9-697-057 (Boston: Harvard Business School, 1996).
7. Em nosso relato dessa história, usamos a linguagem de nossos modelos. Lankton não conhecia nossa pesquisa, portanto, foi guiado por sua própria intuição, não por nosso conselho. Porém sua intuição era incrivelmente consistente com o modo como vimos a situação.

8. Curiosamente, apesar do fato de que a empresa perdeu (até agora) a oportunidade de pegar essa onda de crescimento disruptivo na fabricação de alta variedade e baixo volume por modelo, ela se saiu muito bem. Ela seguiu o padrão descrito no Capítulo 6 de abrir seu caminho com informações históricas, integrando-se diretamente com a fabricação de componentes em subconjuntos tecnologicamente interdependentes e até mesmo na montagem do produto final. Ela (com muito lucro) *triplicou* suas receitas para quase US$1 bilhão entre 1997 e 2002, um período em que vários grandes concorrentes fracassaram.
9. A natureza das disrupções dessas empresas é analisada na Figura 2-4 e no apêndice do Capítulo 2.
10. Outra coisa que vale a pena notar é que não estudamos as taxas de sucesso relativas das iniciativas disruptivas lideradas pelos fundadores e pelos agentes. Tudo o que podemos dizer com base na análise que fizemos até agora é que a incidência relativa da disrupção liderada por fundadores bem-sucedida é maior do que a disrupção liderada por agentes. Quem tem uma média de acertos melhor, ainda não podemos dizer. Por razões infelizes, mas compreensíveis, dados sobre os esforços fracassados da criação de negócios são difíceis de encontrar.
11. Clayton M. Christensen, Mark Johnson e Darrell K. Rigby, "Foundations for Growth: How to Identify and Build Disruptive New Businesses", *MIT Sloan Management Review,* primavera 2002, 22–31. Somos gratos a Darrell Rigby por apontar a possibilidade de que um motor de crescimento pode ser criado.
12. Uma boa ferramenta para usar nesse processo de orçamento é chamada de planejamento de projeto agregado. Steven C. Wheelwright e Kim B. Clark descreveram esse método em seu livro *Revolutionizing Product* Development (Nova York: Free Press, 1992). Seu conceito foi estendido ao processo de alocação de recursos corporativos em uma nota do curso feita por Clayton Christensen, "Using Aggregate Project Planning to Link Strategy, Innovation, and the Resource Allocation Process", Nota 9-301-041 (Boston: Harvard Business School, 2000).
13. Veja Rita G. McGrath e Ian MacMillan, "Discovery-Driven Planning", *Harvard Business Review,* julho–agosto 1995, 44–54.

EPÍLOGO

PASSANDO O BASTÃO

Os gestores raramente podem exercer uma função livre e desenfreada. Forças poderosas e previsíveis atuam sobre eles. Essas forças incluem a necessidade de ir para o mercado de ponta para manter as margens de lucro, a necessidade de atender os clientes existentes, as forças de comoditização e descomoditização, a obrigação de crescer a partir de uma base de receita cada vez maior e o fato de que os processos e os valores que definem as capacidades de um modelo de negócios simultaneamente especificam as deficiências para outros modelos de negócios. Essas forças não predestinam de forma calvinista os gestores a adotar uma sequência particular de ações, mas influenciam fortemente as escolhas que eles enfrentam ou não e moldam a atratividade das diferentes escolhas em relação às situações deles. Neste livro, tentamos mostrar que, quando as empresas enfrentam o lado errado dessas forças, elas levam a patologias de crescimento previsíveis. Mas quando aproveitam essas mesmas forças, os ventos sopram a favor delas. A previsibilidade dessas forças torna possível capturá-las e transformá-las em sua vantagem na busca, na exploração e na sustentação de oportunidades NGT.

Se este fosse um livro para marinheiros, estaria repleto de discussões sobre navegação a favor ou contra marés e correntes e como zarpar para aproveitar os ventos predominantes. Tal livro tornaria mais fácil ver que onde e quando você começa, em relação à direção que essas forças querem levá-lo, pode fazer uma enorme diferença em como será fácil chegar ao seu destino.

Do mesmo modo, esperamos que este livro facilite ver que onde você começa, em relação à direção das forças competitivas, tecnológicas e lucrativas que atuam sobre você, pode fazer uma enorme diferença na probabilidade de que terá sucesso. Essa visão simplifica o desafio de criar negócios

NGT. Isso significa que, quando você inicia um novo negócio, não precisa imaginar com precisão os detalhes de sua estratégia nem prever como a tecnologia evoluirá. Em vez disso, é preciso se concentrar principalmente em acertar as condições iniciais. Se você começa de um bom lugar, então *as escolhas que levam ao sucesso parecerão as escolhas certas*. Para explorar essas escolhas, você precisa criar um modelo de negócios cujos recursos, processos e valores possam aproveitar essas forças para que elas o impulsionem em direção ao sucesso, no lugar de surpreendê-lo.

Histórias pesquisadas e escritas com cuidado revelariam que muitos fundadores de empresas de sucesso, incluindo diversas das empresas disruptivas dispostas na Figura 2-4, tinham a estratégia errada em mente quando começaram. Mas devido a uma combinação de intuição e sorte, eles se colocaram em uma situação em que foram confrontados com escolhas atraentes. Fazer o que fazia sentido levou a um próximo conjunto de escolhas atraentes, e assim por diante. As condições iniciais em que começaram e as estruturas de negócios que criaram permitiram que eles acompanhassem as tendências e as forças que posteriormente os levaram ao crescimento bem-sucedido.

As estruturas e as condições iniciais exigidas para o crescimento bem-sucedido são enumeradas nos capítulos deste livro. Incluem começar por uma estrutura de custos em que seja possível ter lucros atrativos a preços baixos e que possam ser transportados para o mercado; estar em uma posição disruptiva em relação aos concorrentes, para que sejam motivados a fugir, em vez de lutar; começar com um grupo de clientes que não eram consumidores, para que eles fiquem satisfeitos com produtos modestos; visar um trabalho que os clientes tentam fazer; patinar para onde o dinheiro estará, não para onde estava; designar gestores que fizeram os cursos certos na escola de experiências e colocá-los para trabalhar dentro dos processos e dos valores organizacionais que estão em sintonia com o que precisa ser feito; ter a flexibilidade para responder conforme uma estratégia viável surge; e iniciar com capital que pode ser paciente com o crescimento. Se você começar nessas condições, não precisará ver muito além no futuro. Escolhas atraentes que levam ao sucesso se apresentarão. Quando você começa em condições opostas a essas, as opções atraentes podem não aparecer e será difícil fazer as escolhas certas.

Também acreditamos que as enormes chances de que as corporações parem de crescer e sejam incapazes de reiniciar o crescimento podem ser adiadas por muito mais tempo do que até agora parecia possível. Executivos que entendem como essas forças criam patologias de crescimento podem combatê-las melhor quando a maré dessas forças começa a mudar de oportunidade para ameaça.

Um refrão principal neste livro é que copiar cegamente as melhores práticas de empresas bem-sucedidas sem a orientação da teoria das circunstâncias contingentes é semelhante a fabricar asas com penas e batê-las com força. Replicar seu sucesso não é sobre duplicar seus atributos; é sobre como gerar sustentação. Boas teorias são baseadas em circunstâncias. Elas descrevem como os gestores precisam empregar diferentes estratégias à medida que as circunstâncias mudam para alcançar os resultados necessários. Historicamente, o uso de processos e valores genéricos tornou a geração de crescimento uma tortura. Uma das contribuições mais valiosas que você pode fazer no processo de geração de crescimento, portanto, é continuar observando as mudanças nas circunstâncias. Se fizer isso, poderá entender quando e por que as mudanças precisam ser feitas muito antes que a evidência seja nítida para aqueles cuja visão não é esclarecida pela teoria.

Quem? Eu? Usar Teoria?

Enquanto o livro *O Dilema da Inovação* procurou *construir* uma teoria, nosso propósito ao escrever *A Solução do Inovador* foi ensinar a você, como gestor, a *usar* a teoria. Se sua reação foi a de que a teoria é muito complicada, que você é um gestor de ação, e não uma pessoa teórica, pense novamente. Releia a passagem em *O Cavalheiro Burguês,* de Molière, na qual Monsieur Jourdain acha a escrita da poesia intimidante. Lembra como ele fica encantado ao descobrir que pode usar outra opção, que é compor sua carta de amor em prosa, porque ele involuntariamente falou em prosa por toda a sua vida? Embora não saiba, você tem usado a teoria em toda a sua vida gerencial. Sempre que tomou uma ação ou fez um plano, baseou-se em uma teoria em sua mente de que suas ações levariam ao resultado previsto. Portanto, usar a teoria para criar negócios de crescimento bem-sucedidos não precisa parecer estranho. Embora talvez, involuntariamente, você seja um teórico com prática.

Concluímos com um resumo de nossa assessoria para os executivos que buscam soluções para o dilema do inovador.

1. Nunca diga sim para uma estratégia que tem como alvo clientes e mercados que parecem atraentes para um concorrente estabelecido. Continue enviando a equipe de volta à prancheta até que ela identifique uma posição disruptiva que os concorrentes estabelecidos ficarão felizes em ignorar ou aliviados por se afastar. Se você criar assimetrias de motivação, seus concorrentes o ajudarão a vencer. Embora possa não ter feito isso antes, deve se sentir bem se estiver acostumado às lutas sangrentas da inovação sustentável com concorrentes motivados.

2. Se sua equipe visa clientes que já usam produtos muito bons, envie-a de volta para ver se pode encontrar um modo de competir com o não consumo. Quando seus clientes estão satisfeitos em ter um produto simples e barato, porque a alternativa deles é não ter nada, todas as técnicas para agradá-los que você aprendeu nas aulas de marketing serão fáceis e baratas. Isso também deve significar um alívio bem-vindo em comparação com a alternativa, que é o investimento em massa normalmente necessário para tornar as tecnologias disruptivas preferíveis aos produtos estabelecidos que os clientes já usam com certo conforto.

3. Se não houver não consumidores disponíveis, peça à sua equipe para explorar se uma disrupção de baixo custo é viável. Ela deve conceber um modelo de negócios que possa gerar lucros atraentes com os preços reduzidos necessários para capturar clientes na ponta inferior do mercado, que não podem usar todas as funcionalidades pelas quais devem pagar atualmente. Se também não for possível, então não invista, ou, pelo menos, não o faça com a expectativa de que isso criará um negócio de crescimento significativo.

4. Se o chefe do projeto usar a frase "Se pudermos levar o cliente a...", encerre a conversa. Envie a equipe de volta para encontrar um modo de ajudar os clientes a fazer de forma mais con-

veniente e barata o que eles já tentam fazer. Competir de bom grado com as prioridades manifestadas dos clientes encurtou a permanência no trabalho de pessoas muito boas.

5. Se o produto ou o plano de marketing da equipe se concentra em segmentos de mercado cujos limites espelham os limites de sua organização, ou se o mercado-alvo é segmentado nas linhas para as quais os dados estão prontamente disponíveis (por tipo de produto, preço ou categoria demográfica), envie a equipe de volta. Peça-lhe para segmentar o mercado de maneiras que espelhem os trabalhos que os clientes tentam fazer.

   Lembre à equipe que você *ainda* não tem alternativa, a não ser contratar um milkshake genérico para pelo menos dois trabalhos diferentes que surgem regularmente em sua vida. O negócio de milkshake está parado porque os restaurantes de serviço rápido continuam melhorando os atributos do shake, em vez de fazer cada trabalho sempre melhor, o que aumentaria a categoria ajudando os shakes a roubar participação da concorrência *real*.

6. Se o roteiro de melhoria do produto de sua equipe presume que a base da concorrência não mudará, que os tipos de melhorias que mereceram boas margens no passado continuarão a merecer essas margens no futuro, veja a ponta baixa. Muitas vezes, você pode ver lá a oportunidade de mudar a base da concorrência.

7. Se seu produto ou serviço disruptivo ainda não é bom o suficiente e sua equipe parece encantada com os padrões do setor e os acordos de terceirização e parceria, levante uma grande bandeira vermelha. Se você buscar prematuramente modularidade e padrões abertos, ou se mantiver uma arquitetura patenteada fechada enquanto a base da concorrência muda, terá dificuldades para ter sucesso. Lembre-se do que tornou Wayne Gretzky tão bom. É melhor desenvolver competências onde o dinheiro estará no futuro do que se apegar com afinco às habilidades que o tornaram bem-sucedido no passado.

8. Se sua equipe garante que você terá sucesso porque um novo empreendimento se encaixa na competência principal de sua empresa, diga-lhe que você não pode lidar com conceitos confusos. Peça respostas para três perguntas específicas:

— Temos os recursos para ter sucesso?

— Nossos processos, as formas como aprendemos a trabalhar juntos para ter sucesso em nossos negócios estabelecidos, facilitarão o que precisa ser feito para ter sucesso no novo negócio?

— Nossos valores, ou os critérios que as pessoas aqui usam para priorizar uma coisa e não outra, permitirão que as pessoas críticas deem a prioridade necessária a essa iniciativa quando comparadas com outras iniciativas que competem por seu tempo, dinheiro e talento?

Use as respostas para essas perguntas e escolha a estrutura e a base organizacionais corretas para o projeto.

9. Faça essas três perguntas sobre cada uma das entidades que também constituem os *canais* do empreendimento. Não é só você. Os processos e os valores das empresas de canal (seus métodos e motivações) podem fazer com que seu empreendimento saia dos trilhos ou até mesmo pare antes de sair da estação.

10. Infelizmente, você pode precisar desconfiar dos gestores em quem aprendeu a confiar. Os gestores de sua organização que entregaram resultados de forma mais consistente no passado podem ser os menos qualificados para entregar sucesso nos negócios NGT. Ao escolher a equipe de gestão para o novo empreendimento, não veja os *atributos* que descrevem as pessoas que você pode ter para liderar um empreendimento NGT ou a magnitude de suas responsabilidades no passado. Busque em seus currículos os problemas que elas enfrentaram e compare-os com os problemas que você sabe que esse empreendimento deve ter.

11. Verifique se, nos primeiros anos após o lançamento de um empreendimento, a equipe de desenvolvimento continua convencida de que *não tem* certeza de qual é a melhor estratégia, em termos de produtos, clientes e aplicações. Insista que a equipe lhe dê um plano para acelerar o surgimento de uma estratégia viável. Ponha um fim nos planos decisivos para implementar qualquer estratégia antes que haja evidências de que ela funciona.

12. Seja impaciente com o lucro. Quando alguém lhe diz, como executivo sênior, que você deve suportar anos de perdas substanciais antes que um novo negócio se torne enorme e lucrativo, isso sinaliza um plano para forçar uma tecnologia disruptiva em um papel sustentável em um mercado estabelecido. Alguns investimentos em tecnologias sustentáveis com interdependências extensas em toda a cadeia de valor podem realmente exigir anos de investimento em massa. Deixe que os concorrentes estabelecidos os enfrentem. Em circunstâncias disruptivas, suportar com paciência anos de perdas geralmente possibilita que uma equipe busque a estratégia errada por um longo tempo.

13. Mantenha sua empresa crescendo para que você possa ser paciente com o crescimento. A disrupção, e a concorrência com o não consumo em particular, exigem uma pista mais longa antes que uma subida acentuada seja possível. Se o crescimento corporativo diminuir e você forçar os novos negócios a tentar uma decolagem muito rápida, você forçará a administração a cometer outros erros fatais. O outro lado dessa missão também é importante. Se você está programado para liderar um novo empreendimento e a gestão corporativa diz que você precisa se tornar muito grande e muito rápido, o que você *realmente* está ouvindo é que a gestão fará você forçar sua tecnologia disruptiva em um mercado estabelecido. Quando sentir isso, não aceite o trabalho. É muito provável que fracasse.

Note que não há nenhuma exigência nessa lista de que os executivos sejam estrategistas brilhantes para supervisionar a criação de negócios NGT disruptivos. Esse é o objetivo deste livro. As empresas disruptivas listadas no Capítulo 2 não tiveram sucesso porque seus fundadores previram toda a estratégia. Se dependesse do brilho dos fundadores e da correção de suas estratégias, o sucesso seria imprevisível.

Muitas empresas de sucesso sofreram disrupção uma vez. Algumas, incluindo IBM, Intel, Microsoft, Hewlett-Packard, Johnson & Johnson, Kodak, Cisco e Intuit, sofreram disrupção várias vezes. Aconteceu com a Sony repetidamente entre 1955 e 1982, antes de seu motor de disrupção ser desligado. Até onde sabemos, nenhuma empresa foi capaz de construir um motor de crescimento disruptivo e mantê-lo funcionando sem parar. Essa realidade tornou este um livro arriscado para nós: poucos livros de negócios dizem "Faça; ninguém nunca fez isso antes". Mas há pouca escolha. Criar e sustentar um crescimento bem-sucedido tem, historicamente falando, incomodado alguns grandes gestores.

Dada a existência de princípios, mas sem precedentes, simplesmente fizemos o nosso melhor para sugerir como o crescimento bem-sucedido pode ser criado e sustentado. Oferecemos um corpo de teoria integrado derivado dos sucessos *e* dos fracassos de centenas de empresas diferentes, cada uma iluminando um aspecto oposto do dilema da inovação. E agora passamos o bastão para você, na esperança de que descubra nossos esforços como uma base valiosa sobre a qual construir sua própria solução do inovador.

SOBRE OS AUTORES

Clayton M. Christensen (1952–2020) é um dos pensadores mais conhecidos e influentes na teoria e na prática da inovação. Sua pesquisa levou a uma das ideias mais importantes do século XX — a inovação disruptiva. Como professor na Harvard Business School, ele influenciou gerações de líderes e empresários. É autor de doze livros, incluindo cinco best-sellers do *New York Times*, e mais de cem artigos sobre inovação disruptiva em negócios, saúde e educação. *The Economist* citou o livro *O Dilema da Inovação* como um dos seis mais importantes já escritos sobre negócios. Christensen é vencedor do Global Business Book Award; foi duas vezes nomeado o Maior Pensador de Negócios do Mundo; ganhou os prêmios Abernathy, Newcomen, James Madison e Circle; e recebeu cinco vezes o Prêmio McKinsey, dado todo ano aos melhores artigos publicados na *Harvard Business Review*. Christensen cofundou a Innosight, uma consultoria de gestão; a Rose Park Advisors, uma empresa de investimentos; e o Clayton Christensen Institute, um laboratório de ideias sem fins lucrativos, e foi amigo e mentor de alguns dos inovadores mais importantes de nosso tempo. Ele e sua esposa são os pais orgulhosos de cinco filhos e têm onze netos.

Michael E. Raynor é diretor administrativo da Deloitte. Seus 25 anos de trabalho com clientes e pesquisa centrada no profissional abordam estratégias competitiva e corporativa, inovação e incerteza. É também autor dos livros *The Strategy Paradox*, *The Innovator's Manifesto* e *The Three Rules* (com Mumtaz Ahmed). Seu foco atual é aplicar esses insights aos desafios de descarbonizar a economia global. Ele fez doutorado na Harvard Business School, tem MBA na Ivey Business School e diploma de filosofia pela Harvard University.

ÍNDICE

D

E

N

O

P

R

S

T

V

W

Impressão e Acabamento| Gráfica Viena
www.graficaviena.com.br